Горное гнездо

Дмитрий Мамин-Сибиряк

ГОРНОЕ ГНЕЗДО

Вот приедет барин —
Барин нас рассудит...

Некрасов

I

— Афанасья, пошли сейчас рассылку за Родионом Антонычем... Да слышишь: скорее!!.

В подтверждение своих слов Раиса Павловна притопнула ногой и сдвинула вылезшие белые брови. Она была в утреннем дезабилье и нервно держала правую руку, в которой качался исписанный листик почтовой бумаги. Письмо застало Раису Павловну еще в постели; она любила понежиться часов до двенадцати. Но этот лоскуток исписанной бумаги заставил ее вскочить в неуказанное время с такой же быстротой, с какой электрическая искра подбрасывает спящую кошку. Первой мыслью, когда она пробежала письмо, было послать за Родионом Антонычем.

Горничная вышла, осторожно затворив за собой дверь. В большие окна врывались пыльными полосами лучи горячего майского солнца; под письменным столом мирно похрапывала бурая легавая собака. В соседней комнате пробило девять часов. Нет, это было невыносимо!.. Раиса Павловна дернула за сонетку.

— Ну? — крикливо спросила она появившуюся Афанасью своим сиповатым, неприятным голосом.

— Сейчас будут-с.

— Видно, в курятнике своем сидит?

— Точно так-с. У них курица вторых цыплят выводит...

Раиса Павловна сердито плюнула и торопливо зашагала по кабинету. Горничная нерешительпо продолжала оставаться в дверях.

— Ты чего тут торчишь чучелом гороховым? — сердито оборвала ее взволнованная барыня.

— Когда прикажете подавать одеваться?

1

— Ах, да... Некогда мне... Принеси пока оренбургский платок.

Горничная исчезла, как тень. Раиса Павловна опустилась в кресло и задумалась. Она была очень некрасива в настоящую минуту: желтое, сморщенное лицо, с мешками под глазами, неприятно выкаченные серые глаза, взбитые клочьями остатки белокурых волос на голове и брюзглая полнота, которая портила ей шею, плечи и талию. Около рта и вокруг глаз залегли тонкие морщины, которые появляются у женщин под пятьдесят лет. "Ведьма... Нет, хуже: старая баба",— думала иногда Раиса Павловна, когда смотрелась в зеркало. А между тем она когда-то была очень и очень красива, по крайней мере, мужчины находили ее такой, чему она имела самые неопровержимые доказательства. Но красивые формы и линии заплыли жиром, кожа пожелтела, глаза выцвели и поблекли; всеразрушающая рука времени беспощадно коснулась всего, оставив под этой разрушавшейся оболочкой женщину, которая, как разорившийся богач, на каждом шагу должна была испытывать коварство и черную неблагодарность самых лучших своих друзей. Может быть, это последнее обстоятельство и придало желтоватому лицу Раисы Павловны вызывающее и озлобленное выражение.

— Оставь! — капризно проговорила Раиса Павловна, когда горничная, накинув ей на голые плечи платок, мимоходом поправила сбившуюся юбку,— Да сейчас же послать за Родионом Антонычем второго рассылку. Слышишь?

Прошло мучительных десять минут, а Родион Антоныч все не приходил. Раиса Павловна лежала в своем кресле с полузакрытыми глазами, в сотый раз перебирая несколько фраз, которые лезли ей в голову: "Генерал Блинов честный человек... С ним едет одна особа, которая пользуется безграничным влиянием на генерала; она, кажется, настроена против вас, а в особенности против Сахарова. Осторожность и осторожность..."

Кабинет, где теперь сидела Раиса Павловна, представлял собой высокую угловую комнату, выходившую тремя окнами на главную площадь Кукарского завода, а двумя в тенистый сад, из-за разорванной линии которого блестела полоса заводского пруда, а за ним придавленными линиями поднимались контуры грудившихся гор. Посередине комнаты стоял громадный письменный стол, заваленный книгами, планами и тысячью дорогих безделушек, беспорядочной кучей занимавших центр стола. Под ногами лежала попорченная молью медвежья шкура. Расписанный потолок и бархатные синие обои придавали комнате отпечаток роскоши, хотя и с казенной ноткой, сквозившей во всей обстановке. От этой казенной нотки Раиса Павловна, несмотря на все свои старания, никак не могла избавиться и наконец помирилась с ней. В простенках висело несколько картин хорошей работы; на внутренней стене, над широким оттоманом, помещались оленьи рога с развешанным на них оружием. Воздух был пропитан дымом хороших сигар, окурки которых валялись по окнам и на столе. Словом, это был кабинет главного управляющего Кукарских заводов, а все главные управляющие, поверенные и доверенные не любят стеснять себя обстановкой. В ожидании Родиона Антоныча Раиса Павловна в третий раз пробежала полученное письмо. Оно было из Петербурга, от Прохора Сазоныча Загнеткина, главного бухгалтера при петербургской конторе заводовладельца Лаптева. Прохор Сазоныч редко писал, но зато каждое его письмо всегда было интересно той деловой обстоятельностью, какой отличаются только люди очень практические. Даже в этом мелком и убористом почерке, каким писал Прохор Сазоныч, чувствовалась твердая рука настоящего дельца, каким он и был в действительности. Занимая довольно видный пост в конторе и пользуясь своим столичным положением, где вовремя и под рукой всегда и все можно было разведать и разузнать, Загнеткин служил Раисе Павловне самым исправным корреспондентом, извещая ее о малейших изменениях и колебаниях в служебной атмосфере. Правда, писал он неровно, с отступлениями и забеганиями вперед, постоянно боролся — и не в свою пользу — с орфографией, как большинство самоучек, но эти маленькие недостатки в "штиле" выкупались другими неоцененными достоинствами. Загнеткин для Раисы Павловны был тем же, чем для садовника служит в оранжерее термометр. Закулисная сторона всякой частной службы, в особенности заводской, представляет собой самую ожесточенную борьбу за существование, где каждый вершок вверх делается по чужим спинам. Схематически изобразить то, что, например, творилось в иерархии Кукарских заводов, можно так: представьте сеое совершенно коническую гору, на вершине которой стоит сам заводовладелец Лаптев; снизу со всех сторон бегут, лезут и ползут сотни людей, толкая и обгоняя друг друга. Чем выше, тем давка сильнее; на вершине горы, около самого заводовладельца, может поместиться всего несколько человек, и попавшим сюда счастливцам всего труднее сохранить равновесие и не скатиться под гору.

Раиса Павловна, как жена главного управляющего

3

Кукарских заводов, пережила и переживает все случайности своего высокого положения и поэтому умеет ценить всякую сильную руку, которая помогает ей сохранить за собой выдающуюся позицию. Такой рукой и был Прохор Сазоныч Загнеткин. Как женщина, Раиса Павловна относилась ко всему, что происходило вокруг нее и с ней самой, с большой страстностью, и в ее глазах вся путаница творящихся в заводском мире событий окрашивалась слишком ярко. Такая яркая окраска считается при научных исследованиях громадным недостатком, но на практике она приносит несомненную пользу. Может быть, этой своей особенности Раиса Павловна отчасти и была обязана тем, что, несмотря на все перевороты и пертурбации, она твердо и неизменно в течение нескольких лет сохраняла власть в своих руках. И теперь, перечитывая письмо Загнеткина, она сильно волновалась, как старый боевой конь, почуявший пороховой дым. Вот что ей писал Прохор Сазоныч:

"Я уже писал вам, что Евгений Константиныч (заводовладелец) очень сблизился с генералом Блиновым, и не только сблизился, но даже совсем подпал под его влияние. Блинов служил профессором, юрист, человек не глупый и вместе глупый. Сами увидите, что за птица. Теперь занят проектом финансовых реформ, которые должны быть произведены на заводах. Что это за проект — пока неизвестно, но Блинову удалось убедить Евгения Константиныча отправиться нынче же на Урал, а это что-нибудь значит, и вы можете судить по этому, насколько сильно влияние генерала. Нужно сказать вам, что сам по себе Блинов, пожалуй, и не так страшен, как может показаться, но он находится под влиянием одной особы, которая, кажется, предубеждена против вас и особенно против Сахарова. Предупредите его, и пусть примет соответствующие меры к приезду Евгения Константиныча. От себя пока сказать ничего не могу об этой особе, которая теперь вертит Блиновым, но есть кой-какие обстоятельства, которые оказывают, что эта особа уже имеет сношения с Тетюевым. Значит, можно так рассуждать, что вся поездка Евгения Константиныча есть дело тетюевских рук, а может быть, заодно с ним орудуют Вершинин и Майзель, на которых никогда нельзя надеяться: продадут... Еще скажу я вам, Раиса Павловна, что вы все-таки не опасайтесь: господь милостив! А вы спросите меня о Прейне, как он? — скажу одно, что по-прежнему, как флюгер, вертится по ветру. Но все-таки, если на кого и можно, и следует надеяться, так это на Прейна: с ним Евгений Константиныч никогда не расстанется, а генерал

4

Блинов сегодня здесь, а завтра и след простыл. Знаю, что вам интересно бы узнать, что эта за особа, которая вертит генералом,— разузнавал и пока узнал только то, что она живет с генералом в гражданском виде, очень некрасива и немолода. Постараюсь разузнать все подробнее и тогда опишу.

Главное, нужно приготовиться к приему Евгения Константиныча, которого вы хорошо знаете, и также знаете и то, что нужно вам делать. Майзель и Вершинин не ударят лицом в грязь, а вам только остальное. Много вам будет хлопот, Раиса Павловна, но страшен сон, да милостив бог... С своей стороны буду стараться извещать вас о всем, что здесь будет делаться. Может, Евгений Константиныч и раздумает ехать на заводы, как не мог собраться съездить туда в течение двадцати лет раньше этого. А еще скажу вам, что в зимний сезон Евгений Константиныч очень были заинтересованы одной балериной и, несмотря на все старания Прейна, до сих пор ничего не могли от нее добиться, хотя это им стоило больших тысяч".

За Родионом Антонычем был послан третий рассылка. Раиса Павловна начинала терять терпение, и у ней по лицу выступили багровые пятна. В момент, когда она совсем была готова вспылить неудержимым барским гневом, дверь в кабинет неслышно растворилась, и в нее осторожно пролез сам Родион Антоныч. Он сначала высунул в отворенную половинку дверей свою седую, обритую голову с щурившимися серыми глазками, осторожно огляделся кругом и потом уже с подавленным кряхтением ввалился всей своей упитанной тушей в кабинет.

— Вы... что же это вы делаете со мной?! — с крикливыми нотками сдержанного гнева заговорила Раиса Павловна.

— Я?— удивился Родион Антоныч, поправляя на себе летнее коломянковое пальто.

— Да, вы... Я посылала за вами целых три раза, а вы сидите в своем курятнике и ничего на свете знать не хотите. Это бессовестно наконец!!.

— Виноват, Раиса Павловна. Ведь еще десятый час на дворе.

— Вот полюбуйтесь! — сунула под иос Родиону Антонычу рассерженная Раиса Павловна смятое письмо.— Вы только и знаете, что свой десятый час...

— От Прохора Сазоныча-с...— в раздумье проговорил Родион Антоныч, вооружая свой мясистый нос черепаховыми очками и сначала рассматривая письмо издали.

— Да читайте... тьфу!.. Точно старая баба с печи слезает...

Родион Антоныч вздохнул, далеко отодвинул письмо от

глаз и медленно принялся читать его, строчка за строчкой. По его оплывшему, жирному лицу трудно было угадать впечатление, какое производило на него это чтение. Он несколько раз принимался протирать очки и снова перечитывал сомнительные места. Прочитав все до конца, Родион Антоныч еще раз осмотрел письмо со всех сторон, осторожно сложил его и задумался.

— Ну?..

— Нужно будет с Платоном Васильичем посоветоваться...

— Да вы сегодня, кажется, совсем с ума спятили: я буду советоваться с Платоном Васильичем... Ха-ха!.. Для этого я вас и звала сюда!.. Если хотите знать, так Платон Васильич не увидит этого письма, как своих ушей. Неужели вы не нашли ничего глупее мне посоветовать? Что такое Платон Васильич? — дурак и больше ничего... Да говорите же наконец или убирайтесь, откуда пришли! Меня больше всего сводит с ума эта особа, которая едет с генералом Блиновым. Заметили, что слово особа подчеркнуто?

— Точно так-с.

— Вот меня это и бесит... Прохор Сазоныч не будет даром подчеркивать слова.

— Нет, не будет... Ох, не будет! — каким-то плаксивым голосом заговорил Родион Антоныч.— И обо мне есть: "настроены против Сахарова в особенности"... Ничего не разберу!..

— Если бы Лаптев ехал только с генералом Блиновым да с Прейном — это все были бы пустяки, а тут замешалась особа. Кто она? Что ей за дело до нас?

Родион Антоныч сделал кислую гримасу и только поднял кверху свои покатые, жирные плечи.

В кабинете водворилось тяжелое молчание. В саду весело заливалась безыменная птичка; набегавший ветерок гнул пушистые верхушки сиреней и акаций, врывался в окно пахучей струей и летел дальше, поднимая на пруду легкую рябь. Солнечные лучи прихотливыми узорами играли на стенах, скользя яркими искрами по золотому багету и разливаясь мягкими световыми тонами на массивных узорах обоев. С тонким жужжанием влетела в комнату какая-то зеленая мушка, покружилась над письменным столом и поползла по руке Раисы Павловны. Та вздрогнула и очнулась от своего раздумья.

— Ну?

— Это Тетюев да Майзель механику подводят,— проговорил Родион Антоныч.

6

— И опять глупо: этакую новость сообщил! Кто же этого не знает... ну, скажите, кто этого не знает? И Вершинину, и Майзелю, и Тетюеву, и всем давно хочется столкнуть нас с места; даже я за вас не могу поручиться в этом случае, но это — все пустяки и не в том дело. Вы мне скажите: кто эта особа, которая едет с Блиновым?

— Не знаю.

— Так узнайте! Ах, господи! господи! Непременно узнайте, и сегодня же!.. От этого все зависит: мы должны приготовиться. Странно, что Прохор Сазоныч не постарался разузнать о ней... Вероятно, какая-нибудь столичная выжига.

— Вот что, Раиса Павловна,— заговорил Родион Антоныч, снимая очки,— ведь Блинов-то учился, кажется, с Прозоровым...

— Ну?..

— Так вот от Прозорова и можно будет узнать.

— Ах, действительно... Как это мне не пришло в голову? Действительно, чего лучше! Так, так... Вы сейчас же, Родион Антоныч, сходите к Прозорову и стороной все разузнайте от него. Ведь Прозоров болтун, и от него все на свете можно узнать... Отлично!..

— Нет уж, к Прозорову будет лучше вам самим сходить, Раиса Павловна...— с кислой гримасой заговорил Родион Антоныч.

— Это почему?

— Да так... Вы ведь знаете, что Прозоров меня ненавидит...

— Ну, это вздор... Он и меня ненавидит, как ненавидит весь свет.

— Все-таки вам удобнее, Раиса Павловна. Вы бываете у Прозорова, а я...

— Ну, черт с вами, убирайтесь в свой курятник! — сердито оборвала Раиса Павловна, дергая сонетку.— Афанасья! Одеваться... да живее!.. Вы зайдите часика через два, Родион Антоныч!

"Ох, дрянь дело",— думал Родион Антоныч, вылезая из кабинета.

Его оплывшее лицо, блестевшее жирным загаром, теперь сморщилось в унылую улыбку, как у доктора, у которого только что умер самый надежный пациент.

II

Через полчаса Раиса Павловна спускалась с открытой веранды в густой и тенистый господский сад, который зеленой узорчатой прорезью драпировал берег пруда. На ней теперь было надето платье из голубого альпага, отделанное дорогими кружевами; красиво собранные рюши были схвачены под горлом бирюзовой брошью. В волосах, собранных в утреннюю прическу, удачно скрывалась чужая коса, которую носила Раиса Павловна очень давно. И в костюме, и в прическе, и в манере себя держать — везде сквозила какая-то фальшивая нота, которая придавала Раисе Павловне непривлекательный вид отжившей куртизанки. Впрочем, она это знала сама, но не стеснялась своей наружностью и даже точно нарочно щеголяла эксцентричностью костюма и своими полумужскими манерами. То, что губит в общественном мнении других женщин, для Раисы Павловны не существовало. На остроумном языке Прозорова эта особенность Раисы Павловны объяснялась тем, что "подозрение да не коснется жены Цезаря". Ведь Раиса Павловна была именно такой женой Цезаря в маленьком заводском мирке, где вся и все преклонялось пред ее авторитетом, чтобы вдоволь позлословить на ее счет за глаза. Как умная женщина, Раиса Павловна все это отлично понимала и точно наслаждалась развертывавшейся пред ней картиной человеческой подлости. Ей нравилось, что те люди, которые топтали ее в грязь, в то же время заискивали и унижались перед ней, льстили и подличали наперерыв. Это было даже пикантно и приятно щекотало расшатавшиеся нервы жены Цезаря. Чтобы пройти к Прозорову, который в качестве главного инспектора заводских школ занимал один из бесчисленных флигелей господского дома, нужно было миновать ряд широких аллей, перекрещивавшихся у центральной площадки сада, где по воскресеньям играла музыка. Сад был устроен на широкую барскую ногу. Оранжереи, теплички, клумбы цветов, аллеи и узкие дорожки красиво пестрили зеленую полосу берега. В воздухе пахучей струей разливался аромат только что распустившихся левкоев и резеды. Сирень, как невеста, стояла вся залитая напухшими, налившимися почками, готовыми развернуться с часу на час. Подстриженные щеткой акации образовали живые зеленые стены, в которых там и сям уютно прятались маленькие зеленые ниши с крошечными садовыми

8

диванчиками и чугунными круглыми столиками. Эти ниши походили на зеленые гнездышки, куда так и тянуло отдохнуть. Вообще садовник хорошо знал свое дело и на пять тысяч, которые ему ежегодно ассигновало кукарское заводоуправление специально на поддержку сада, оранжерей и теплиц, делал все, что мог сделать хороший садовник: зимой у него отлично цвели камелии, ранней весной тюльпаны и гиацинты; огурцы и свежая земляника подавались в феврале, летом сад превращался в душистый цветник. Только несколько отдельных куп из темных елей и пихт да до десятка старых кедров красноречиво свидетельствовали о том севере, где цвели эти выхоленные сирени, акации, тополи и тысячи красивых цветов, покрывавших клумбы и грядки яркой цветистой мозаикой. Растения были слабостью Раисы Павловны, и она каждый день по нескольку часов проводила в саду или лежала на своей веранде, откуда открывался широкий вид на весь сад, на заводский пруд, на деревянную раму окружавших его построек и на далекие окрестности.

Вид на Кукарский завод и на стеснившие его со всех сторон горы из господского сада, а особенно с веранды господского дома, был замечательно хорош, как одна из лучших уральских панорам. Центр картины, точно налитое до краев полное блюдо, занимал большой заводский пруд овальной формы. Направо широкой плотиной связаны были две возвышенности; на ближайшей красовалось своей греческой колоннадой кукарское главное заводоуправление с господским домом, а на противоположной качался мохнатыми вершинами редкий сосновый гребень. Издали эти две возвышенности походили на ворота, в которые выливалась горная река Кукарка, чтобы дальше сделать колено под крутой лесистой горой, оканчивавшейся утесистым пиком с воздушной часовенкой на самом верху. Между этими возвышенностями и по берегу пруда крепкпе заводские домики выровнялись в правильные широкие улицы; между ними яркими заплатами зеленели железные крыши богатых мужиков и белели каменные дома местного купечества. Пять больших церквей красовались на самых видных местах.

Сейчас под плотиной, где сердито бурлила бойкая Кукарка, с глухим вздрагиванием погромыхивали громадные фабрики. На первом плане дымились три доменных печи; из решетчатых железных коробок вечно тянулся черным хвостом густой дым, прорезанный снопами ярких искр и косматыми языками вырывавшегося огня. Рядом стояла черной пастью водяная

9

лесопильня, куда, как живые, ползли со свистом и хрипеньем ряды бревен. Дальше поднимались десятки всевозможных труб и правильными рядами горбились крыши отдельных корпусов, точно броня чудовища, которое железными лапами рвало землю, оглашая воздух на далекое расстояние металлическим лязгом, подавленным визгом вертевшегося железа и сдержанным ворчанием. Рядом с этим царством огня и железа картина широкого пруда с облепившими его домиками и зеленевшего по горам леса невольно манила к себе глаз своим простором, свежестью красок и далекой воздушной перспективой.

Флигелек Прозорова стоял в северном углу сада, куда совсем не хватало солнце. Раиса Павловна вошла в открытую дверь полусгнившей, покосившейся террасы. В первой комнате никого не было, как и в следующей за ней. Эти маленькие комнатки с выцветшими обоями и сборной мебелью показались ей сегодня особенно жалкими и мизерными: на полу оставались следы грязных ног, окна были покрыты пылью, везде царил страшный беспорядок. Откуда-то тянуло затхлой сыростью, точно из погреба. Раиса Павловна поморщилась и презрительно съежила плечи.

"Это какая-то конюшня..." — брезгливо подумала опа, заглядывая в следующую узкую полутемную комнату.

Она в нерешительности остановилась в дверях, когда из глубины до ее слуха долетел речитатив Мефистофеля:

Красотка-то немножко устарела...

— Это вы, Виталий Кузьмич, на мой счет упражняетесь? — весело спросила Раиса Павловна, переступая порог.

Старчески-фальшивый голос смолк, и в ответ послышался тихий, с детскими нотками смех.

— Царица Раиса! какими судьбами!..— заговорил небольшого роста худощавый господин, поднимаясь с прорванного клеенчатого дивана.

— Здравствуйте, великий человек... на малые дела! — развязно отозвалась Раиса Павловна, протягивая руку чудаку-хозяину.— Вы тут что-то такое пели сейчас?

— Да, да...— торопливо заговорил Прозоров, поправляя сбившийся на шее галстук.— Действительно, пел... Узрел сии голубые одежды, сию накладную косу, сие раскрашенное лицо — и запел!

— Если все остроумие заключается у вас сегодня в местоимении сей, то это немного скучно, Виталий Кузьмич.

— Что делать, что делать, голубушка! постарел, поглупел, выдохся... Ничто не вечно под луной!

— Где у вас тут присесть можно? — спрашивала Раиса Павловна, напрасно отыскивая глазами стул.

— А вот, пожалуйте на диван! Располагайтесь. Однако какими это судьбами занесло вас, царица Раиса, в мою берлогу?

— По старой памяти, Виталий Кузьмич... Когда-то и вы писывали стишки для женщины в голубых одеждах.

— О, помню, помню, царица Раиса! Дайте ручку поцеловать... Да, да... Когда-то, давно-давно, Виталий Прозоров не только декламировал вам чужие стихи, но и сам парил для вас. Ха-ха... Получается даже каламбур: парил и парил. Так-с... Вся жизнь состоит из таких каламбуров! Тогда, помните эту весеннюю лунную ночь... мы катались по озеру вдвоем... Как теперь вижу все: пахло сиренями, где-то заливался соловей! вы были молоды, полны сил, и судеб повинуясь закону...

Ты помнишь чудное мгновенье;
Передо мной явилась ты,
Как мимолетное виденье,
Как гений чистой красоты...

Прозоров припал своей седевшей головой к руке Раисы Павловны, и она почувствовала, как на руку закапали крупные слезы... Ей сделалось жутко от двойного чувства: она презирала этого несчастного человека, отравившего ей жизнь, и вместе с тем в ней смутно проснулось какое-то теплое чувство к нему, вернее сказать, не к нему лично, а к тем воспоминаниям, какие были связаны с этой кудрявой и все еще красивой головой. Раиса Павловна не отнимала руки и смотрела на Прозорова большими остановившимися глазами. Это узкое лицо с козлиной бородкой и большими, темными, горячими глазами все еще было красиво какой-то беспокойной, нервной красотой, хотя кудрявые темные волосы уже давно блестели сединой, точно серебристой плесенью. Такой же плесенью был покрыт и живой, остроумный мозг Прозорова, разлагавшийся от собственной работы.

— А теперь,— заговорил Прозоров, прерывая тяжелую паузу,— я смотрю на развалины моей Трои, которая напоминает мне о моем собственном разрушении, Да, да... Но я еще нахожу капельку поэзии:

Тихо запер я двери,
И один, без гостей,

11

Пью за здравие Мери,
Милой Мери моей...

"Кабинет" Прозорова, занимавший узкую проходную комнату, что-то вроде коридора, был насквозь пропитан дымом дешевых сигар и запахом водки. Ободранный письменный стол, придвинутый к внутренней стене, был завален книгами, которые лежали здесь в самом поэтическом беспорядке. Тут же валялись листы исписанной бумаги и пустая бутылка из-под водки. В углу комнаты помещался шкаф с книгами, в другом — пустая этажерка и сломанное кресло с вышитой цветными шелками спинкой. Измятый, небрежный костюм хозяина соответствовал обстановке кабинета: летнее пальто из парусины съежилось от стирки и некрасиво суживало и без того его узкие плечи; такие же брюки, смятая сорочка и нечищенные, порыжевшие сапоги дополняли костюм. Раиса Павловна готова была пожалеть этого жалкого старика, который уже заметил это мимолетное движение, и по его худощавому лицу скользнула презрительно-нахальная улыбка, которая Раисе Павловне была особенно хорошо знакома.

— А я зашла к вам за Лушей...— деловым тоном заговорила Раиса Павловна, испытывая маленькое смущение.

— Знаю, знаю...— торопливо отозвался Прозоров, взбивая на голове волосы привычным жестом.— Знаю, что за делом, только не знаю, за каким...

— Я же сказала вам.

— Ах, да... Верую, господи, помоги моему неверию. За Лушей... Так.

— А ведь она у вас совсем большая. Необходимо о ней позаботиться...

— Совершенно верно!

Что за комиссия, создатель,
Быть взрослой дочери отцом!

— Особенно таким отцом, каким судьба так несправедливо наградила бедную Лушу.

— Да, но я только отрицательным образом несправедлив к моей дочери, тогда как вы своим влиянием прививаете самое положительное зло.

— Именно?

— Именно, набиваете ей голову тряпками и разной бабьей философией. Я, по крайней мере, не вмешиваюсь в ее жизнь и

12

предоставляю ее самой себе: природа — лучший учитель, который никогда не ошибается...

— И я так же рассуждала бы, если бы не любила вашей Луши.

— Вы? Любили? Перестаньте, царица Раиса, играть в прятки; мы оба, кажется, немного устарели для таких пустяков... Мы слишком эгоисты, чтобы любить кого-нибудь, кроме себя, или, вернее сказать, если мы и любили, так любили и в других самих же себя. Так? А вы, кроме того, еще умеете ненавидеть и мстить... Впрочем, я если уважаю вас, так уважаю именно за это милое качество.

— Благодарю. Откровенность за откровенность; бросьте этот старый хлам и лучше расскажите мне, что за человек генерал Блинов, с которым вы учились.

— Блинов... генерал Блинов... Да, Мирон Блинов.

Прозоров остановился и, взглянув на Раису Павловну с своей ехидной улыбкой, проговорил:

— Так вот зачем вы пожаловали ко мне!

— Что же из этого?

— А для чего вам понадобился Блинов? Опять какая-нибудь мудреная комбинация в области политики...

— Если спрашиваю, значит мне это нужно знать, а для чего нужно — дело мое. Поняли? Бабье любопытство одолело.

— Я так спросил... Так вам, значит, нужно выправить через меня справку о Мироне Геннадьнче? Извольте... Во-первых, это очень честный человек — первая беда для вас; во-вторых, он очень умный человек — вторая беда, и, в-третьих, он, к вашему счастью, сам считает себя умным человеком. Из таких умных и честных людей можно веревки вить, хотя сноровка нужна. Впрочем, Блинов застрахован от вашей бабьей политики... Ха-ха!..

— Я не нахожу ничего смешного в том, что Мирон Геннадьич находится под сильным влиянием одной особы, которая...

— ...Которая безобразна, как гороховое чучело,— подхватил Прозоров удачно подброшенную реплику,— стара, как попова собака, и умна, как дьявол.

— А вы не знаете, кто эта особа сама по себе?

— Н-нет... Кажется, из девиц легкого чтения или из кухарок, но вообще не высокого полета. Ха-ха!.. Представьте же себе такую комбинацию: Блинов — профессор университета, стяжал себе известное имя, яко политико-эконом и светлая финансовая голова, затем, как я уже сказал вам, хороший человек во всех отношениях — и вдруг этот самый генерал

13

Блинов, со всей своей ученостью, честностью и превосходительством, сидит под башмаком какого-то урода. Я еще понимаю такую ошибку, потому что когда-то сам имел несчастье увлечься такой женщиной, как вы. Ведь и вы меня любили когда-то, царица Раиса...

— Я? Никогда!..

— Немножко?

— А вы видели эту особу, которая держит генерала под башмаком? — перебила Раиса Павловна этот откровенный вопрос.

— Издали. Про нее можно сказать словами балаганных остряков, что издали она безобразна, а чем ближе, тем хуже. Послушайте, однако, для чего вы меня исповедуете обо всем этом?

— А вы до сих пор не можете догадаться, что это секрет,— с улыбкой ответила Раиса Павловна,— а секретов вам, как известно, доверять нельзя.

— Да, да... Все разболтаю: язык мой — враг мой,— согласился Прозоров с полукомическим вздохом.

Раиса Павловна просидела в каморке Прозорова еще с полчаса, стараясь выведать у своего болтливого собеседника еще что-нибудь о таинственной особе. Прозоров в таких случаях не заставлял себя просить и принялся рассказывать такие подробности, которые даже не позаботился сколько-нибудь прикрасить для вероятности.

— Ну, вы, кажется, уж того...— заметила Раиса Павловна, поднимаясь с места.

— Убей меня бог, если вру!

Чтобы придать своим рассказам оттенок действительности, Прозоров углубился в воспоминания собственной юности, когда он еще студентом занимал вместе с Блиновым крошечную каморку в 17-й линии Васильевского острова. Славное было время, хотя Блинов был один из самых тупых студентов. Решительно не подавал никаких надежд, зубрил напропалую, вообще являлся дюжинной натурой и самой жалкой посредственностью. После их дороги разошлись, а теперь Блинов — видный ученый и превосходительная особа, тогда как Прозоров заживо тонет в водке.

— Кто же вам велит пить? — строго проговорила Раиса Павловна, стараясь не глядеть на своего собеседника.

— Кто меня заставляет? — спросил Прозоров, запуская обе руки в свои седые кудри.

— Да, вас...

— Эх, царица Раиса... Зачем вы меня спрашиваете? —

14

застонал Прозоров.— Вы ведь очень хорошо знаете всю эту историю: душа болит у Виталия Кузьмича, вот он и пьет. Думал когда-то гору своротить, а запнулся о соломинку... Знаете, у меня на днях блеснула очень хорошая теория, которую можно назвать теорией жертв. Да, да... Всякое движение вперед и во всякой сфере требует своих жертв. Это железный закон!.. Возьмите промышленность, науку, искусство — везде казовые концы, которыми мы любуемся, выкупаются целым рядом жертв. Каждая машина, каждое усовершенствование или изобретение в области техники, каждое новое открытие требует тысяч человеческих жертв, именно в лице тех тружеников, которые остаются благодаря этим благодеяниям цивилизации без куска хлеба, которых режет и дробит какое-нибудь глупейшее колесо, которые приносят в жертву своих детей с восьми лет... То же самое творится и в области искусства и науки, где каждая новая истина, всякое художественное произведение, редкие жемчужины истинной поэзии — все это выросло и созрело благодаря существованию тысяч неудачников и непризнанных гениев. И заметьте, эти жертвы не случайность, даже не несчастие, а только простой логический вывод из математически верного закона. Вот я и сопричислил себя к лику этих неудачников и непризнанных гениев: имя нам легион... Единственное утешение, которое осталось нам на долю, когда рядом генералы Блиновы процветают и блаженствуют,— есть мысль, что если бы не было нас, не было бы и действительно замечательных людей. Да-с...

Прозоров остановился перед своей слушательницей в трагической позе, какие "выкидывают" плохие провинциальные актеры. Раиса Павловна молчала, не поднимая глаз. Последние слова Прозорова отозвались в ее сердце болезненным чувством: в них было, может быть, слишком много правды, естественным продолжением которой служила вся беспорядочная обстановка Прозоровского жилья.

— И заметьте,— импровизировал Прозоров, начиная бегать из угла в угол,— как нас всех, таких межеумков, заедает рефлексия: мы не сделаем шагу, чтобы не оглянуться и не посмотреть на себя... И везде это проклятое я! И понятное дело! Настоящего, определенного занятия у нас нет,— вот мы и копаемся в собственной душонке да вытаскиваем оттуда разный хлам. Главное, я сознаю, что такое положение самое распоследнее дело, потому что создается скромным желанием оправить себя в глазах современников. Ха-ха!.. И сколько нас, таких артистов? Есть даже такие счастливцы, что ухитряются целую жизнь пользоваться репутацией умных людей.

Благодарю бога, что я не принадлежу к их числу, по крайней мере... Выеденное яйцо — вернее, болтун — и дело с концом.

— О чем же у вас душа болит?

— Ах, да... Душа-то?.. А болит она, царица Раиса, о том, что я мог выполнить и не выполнил. Самое тяжелое чувство... И так во всем: в общественной деятельности, в своей профессии, особенно в личных делах. Идешь туда — и, глядишь, пришел совсем в другое место; хочешь принести человеку пользу — получается вред, любишь человека — платят ненавистью, хочешь исправиться — только глубже опускаешься... Да. А там, в глубине души, сосет этакий дьявольский червяк: ведь ты умнее других, ведь ты бы мог быть и тем-то, и тем-то, ведь и счастье себе своими руками загубил. Вот тут и приходит мат, хоть петлю на шею!

— Я вас за что люблю? — неожиданно прервал Прозоров ход своих мыслей.— Люблю за то именно, чего мне недостает, хотя сам я этого, пожалуй, и не желал бы иметь. Ведь вы всегда меня давили и теперь давите, даже давите вот своим настоящим милостивым присутствием...

— Я ухожу.

— Еще одно слово! — остановил Прозоров свою гостью.— Моя песенка спета, и обо мне нечего говорить, но я хочу просить вас об одном... Исполните?

— Не знаю, какая просьба.

— Исполнить ее вам ничего не стоит...

— Обещать, не зная что, по меньшей мере глупо.

Прозоров неожиданно опустился перед Раисой Павловной на колени и, схватив ее за руку, задыхавшимся шепотом проговорил:

— Оставьте Лушу в покое... Слышите: оставьте! Я встретился с вами в несчастную минуту и дорого заплатил за это удовольствие...

— И я, кажется, не дешево!

— Но моя девочка не виновата ни душой, ни телом в наших ошибках...

— Перестаньте ломать комедию, Виталий Кузьмич,— строго заговорила Раиса Павловна, направляясь к выходу.— Достаточно того, что я люблю Лушу гораздо больше вашего и позабочусь о ней...

— Неужели вам мало ваших приживалок, которыми вы занимаете своих гостей?! — со злостью закричал Прозоров, сжимая кулаки.— Зачем вы втягиваете мою девочку в эту помойную яму? О, господи, господи! Вам мало видеть, как ползают и пресмыкаются у ваших ног десятки подлых людей,

16

мало их унижения и добровольного позора, вы хотите развратить еще и Лушу! Но я этого не позволю... Этого не будет!

— Вы забываете только одно маленькое обстоятельство, Виталий Кузьмич,— сухо заметила Раиса Павловна, останавливаясь в дверях,— забываете, что Луша совсем большая девушка и может иметь свое мнение, свои собственные желания.

Прозоров остановился, что-то подумал, махнул рукой и каким-то упавшим голосом спросил:

— Скажите, по крайней мере, Для чего вы меня исповедовали о генерале Блинове?

Раиса Павловна только пожала плечами и презрительно улыбнулась. Она вздохнула свободнее, когда очутилась на открытом воздухе.

— Дурак!..— энергично проговорила она, шагая по черемуховой аллее к центральной площадке.

III

Возвращаясь по саду домой, Раиса Павловна перебирала в уме только что слышанную болтовню Прозорова. Что такое генерал Блинов — она почти поняла, или, по крайней мере, отлично представляла себе этого человека; но относительно особы она мало вынесла из своего визита к Прозорову. Эта особа так и оставалась искомым неизвестным. Прозоров рисовал слишком густыми красками и, наверно, любую половину приврал. Раису Павловну смущало больше всего противоречие, которое вытекало из характеристики Прозорова: если эта таинственная особа стара и безобразна, то где же секрет ее влияния на Блинова, тем более что она не была даже его женой? Что-нибудь да не так, особенно если принять во внимание, что генерал, по всем отзывам, человек умный и честный... Конечно, бывают иногда случаи.

Занятая своими мыслями, Раиса Павловна не заметила, как столкнулась носом к носу с молоденькой девушкой, которая шла навстречу с мохнатым полотенцем в руках.

— Ах, как ты меня испугала, Луша!

— Куда это вы ходили, Раиса Павловна? — весело

17

спрашивала девушка, целуя Раису Павловну звонким поцелуем.

— К вам ходила... С папенькой твоим беседовали чуть не целый час. Даже голова заболела от его болтовни... Ты что это, купалась?

— Да...

Девушка показала свои густые мокрые волосы, завернутые толстым узлом и прикрытые сверху пестрым бумажным платком, который был сильно надвинут на глаза, как носят заводские бабы. Под навесом платка беззаботно смеялись бойкие карие глаза, опушенные длинными ресницами; красивый с горбиком нос как-то особенно смешно морщился, когда Луша начинала смеяться. Это молодое лицо, теперь все залитое румянцем, было хорошо даже своими недостатками: маленьким лбом, неправильным овалом щек, чем-то бесхарактерным, что лежало в очерке рта. Раиса Павловна любила это лицо и теперь с особенным удовольствием осматривала девушку с ног до головы: положительно, Луша унаследовала от отца его нервную красоту. С материнской улыбкой она осматривала теперь новенькое платье Луши. Это была дорогая обновка из чечунчи, и девушка в первый раз надела ее, чтобы идти купаться. Нет, в этой девчонке есть именно то качество, которое сразу выделяет женщину из тысячи других бесцветных кукол.

— Луша, я скажу тебе очень интересную новость...— заговорила Раиса Павловна, обнимая девушку за талию и увлекая ее за собой.— К нам едет Евгений Коистантиныч...

— Лаптев?

— Да. Только это пока секрет. Понимаешь?

— Понимаю, понимаю...

— С ним, конечно, едет Прейн, потом толпа молодежи... Превесело проведем все лето. Самый отличный случай для твоих первых триумфов!.. Да, мы им всем вскружим голову... У нас одни бюст чего стоит, плечи, шея... Да?.. Милочка, женщине так мало дано от бога на этом свете, что она своим малым должна распорядиться с величайшей осторожностью. Притом женщине ничего не прощают, особенно не прощают старости... Ведь так... а?..

При последних словах Раиса Павловна накинулась на девушку с такими ласками, от которых та принуждена была защищаться.

— Ах, какая ты недотрога!..— с улыбкой проговорила Раиса Павловна.— Не нужно быть слишком застенчивой. Все хорошо в меру: и застенчивость, и дерзость, и даже глупость... Ну, сознайся, ты рада, что приедет к нам Лаптев? Да?.. Ведь в семнадцать лет жить хочется, а в каком-нибудь Кукарском заводе что могла ты до сих пор видеть,— ровно ничего! Мне, старой бабе, и то иногда тошнехонько сделается, хоть сейчас же камень на шею да в воду.

— А Лаптев долго пробудет у нас?

— Пока ничего не знаю, но с месяц, никак не более. Как раз пробудет, одним словом, столько, что ты успеешь повеселиться до упаду, и, кто знает... Да, да!.. Говорю совершенно серьезно...

Луша тихо засмеялась теми же детскими нотками, как смеялся отец; ровные белые зубы и ямочки на щеках придавали смеху Луши какую-то наивную прелесть, хотя карие глаза оставались серьезными и в них светилось что-то жесткое и недоверчивое.

— Вы меня уж не за Прейна ли прочите? — проговорила Луша, делая гримасу.

— Нет. Прейн никогда не женится. Но это ему не мешает быть еще красивым мужчиной, конечно, красивым для своих лет. Когда-то он был замечательно хорош, но теперь...

— Мне он кажется просто отвратительным.

— Да? А между тем от него еще недавно женщины сходили с ума... Впрочем, ты еще была совсем крошкой, когда Прейн был здесь в последний раз.

— Все-таки я отлично его помню: зубы гнилые и смотрит так... совсем особенно. Я всегда боялась, когда он начинал смеяться.

— Дурочка!.. Что же мы здесь шатаемся с тобой, пойдем ко мне кофе пить.

— Я схожу переодеться сначала.

— Вздор! Можешь у меня переодеться. Афанасья уберет тебе волосы.

Они пошли от пруда по направлению к главному зданию господского дома. Солнце было уже высоко и подобрало ночную росу с травы и цветов. Только кой-где, под прикрытием кустов, оставались еще темно-зеленые полосы мокрой зелени, точно сейчас покрытой лаком. Из этих тенистых уголков так и обдавало свежестью, которая быстро исчезала под наплывом сгущавшегося летнего зноя. Легкое грозовое облачко, точно вскинутый кверху ворох темных кружев, круто поднималось над далекими горами, оставляя за собой длинную тень, скользившую по земле широким шлейфом.

С веранды дамы прошли прямо в уборную Раисы Павловны, великолепную голубую комнату с атласными обоями, штофными драпировками и ореховой мебелью в стиле которого-то Людовика. Мраморный умывальник, низкая резная кровать с балдахином над изголовьем, несколько столиков самой вычурной работы, в углах шифоньерки — вообще обстановка уборной придавала ей вид и спальни и будуара. Тысячи безделушек валялись кругом без всякой цели и порядка, единственно потому только, что их так бросили или забыли: японские коробки и лакированные ящички, несколько китайских фарфоровых ваз, пустые бонбоньерки, те специально дамские безделушки, которыми Париж наводняет все магазины, футляры всевозможной величины, формы и назначения, флаконы с духами, целый арсенал принадлежностей косметики и т. д. Приготовленное Афанасьей платье ждало Раису Павловну на широком атласном диванчике; различные принадлежности дамского костюма перемешались в беспорядочную цветочную кучу, из-под которой выставлялись рукава платья с болтавшимися манжетами, точно под этой кучей лежал раздавленный человек с бессильно опустившимися руками. Раиса Павловна любила щеголять в пестрых костюмах, особенно летом.

— Афанасья, прибери голову Луше,— лениво проговорила Раиса Павловна, усталым движением опускаясь на кушетку.— А я подожду...

Афанасья, худая и длинная особа, с костлявыми руками и узким злым лицом, молча принялась за дело. Девушка с удовольствием поместилась к дамскому уборному столику, овальное зеркало которого совсем пряталось под кружевным пологом, схваченным наверху короной из голубых и белых лент. Раиса Павловна несколько минут следила за работой Афанасьи и нахмурилась. Верная служанка, видимо, была недовольна своей работой н сердито приводила в порядок рассыпавшуюся по плечам Луши волну русых волос; гребень ходил у ней в руках неровно и заставил девушку несколько раз сморщиться от боли.

— Оставь...— проговорила Раиса Павловна, когда Афанасья принялась заплетать тяжелую косу.— Можешь идти.

Афанасья что-то проворчала себе под нос и вышла из комнаты.

— Настоящая змея! — с улыбкой проговорила Раиса Павловна, вставая с кушетки.— Я сама устрою тебе все... Сиди смирно и не верти головой. Какие у тебя славные волосы, Луша! — любовалась она, перебирая в руках тяжелые пряди еще не просохших волос.— Настоящий шелк.,. У затылка не нужно плести косу очень туго, а то будет болеть голова. Вот так будет лучше...

С ловкостью камеристки Раиса Павловна сделала пробор на голове, заплела косу и, отойдя в сторону, несколько времени безмолвно любовалась сидевшей неподвижно Лушей. Когда та хотела встать, она остановила ее:

— Погоди, у меня есть одна штучка, которая к тебе очень пойдет.

Вытащив из шифоньерки какой-то длинный футляр. Раиса Павловна торопливо достала из него несколько ниток красных кораллов с золотой застежкой и надела их на Лушу.

— Вот теперь хорошо! — довольным голосом заметила она.— Красные кораллы идут ко всякой коже...

Луша покраснела от удовольствия; у нее, кроме бус из дутого стекла, ничего не было, а тут были настоящие кораллы. Это движение ие ускользнуло от зоркого взгляда Раисы Павловны, и она поспешила им воспользоваться. На сцену появились браслеты, серьги, броши, колье. Все это примеривалось перед зеркалом и ценилось по достоинству. Девушке особенно понравилась брошь из восточного изумруда густого кровяного цвета; дорогой камень блестел, как сгусток свежезапекшейся крови.

— Не правда ли, хорошо? — спрашивала Раиса Павловна и потом вдруг расхохоталась.

Девушка смутилась и начала торопливо срывать с себя чужие сокровища, но Раиса Павловна удержала ее за руку.

— Знаешь, над чем я хохочу? — шептала она, вздрагивая от смеха.— Если бы твой папа увидел теперь нас, он просто приколотил бы и тебя и меня... Ведь он ненавидит все, что нравится женщинам. Ха-ха... Он хотел сделать из тебя мальчика — да? Но природа перехитрила его. Разве мы виноваты, если эти безделушки делают нас не красивее, а заметнее. Женщина — пассивное существо; ей, особенно в известном возрасте, поневоле приходится прибегать к искусству... Но это к тебе не относится: ты слишком хороша сама по себе, чтобы портить себя разным дорогим хламом. Какая-нибудь лента, несколько живых цветов — вот все, что для тебя теперь необходимо. Так?.. Только не следует забывать, что всякая красота, особенно типичная, редкая красота, держится недолго и ее приходится поддерживать. Вот об этом всякой женщине следует подумать заблаговременно. Женщина всегда останется женщиной, что бы там ни говорили... Будь ты умна, как все семь греческих мудрецов, но ни один мужчина не посмотрит на тебя, как на женщину, если ты не будешь красива. Заметь, что даже самой красивой девушке не всегда

21

будет семнадцать лет... Время — наш самый страшный враг, и мы всегда должны это помнить, ma petite[1].

Этот разговор был прерван появлением Афанасьи с кофе. За ней вошел в комнату высокий господин в круглых очках. Он осмотрелся в комнате и нерешительно проговорил:

— Раиса Павловна, вы слышали новость?

— Какую?

— Евгений Константиныч едет к нам...

— Неужели?

— Да, да... Все говорят об этом. Получено какое-то письмо. Я нарочно зашел к тебе узнать, что это такое?..

— Можешь успокоиться: Лаптев действительно едет сюда. Я сегодня получила письмо об этом.

— Здравствуйте, Платон Васильнч...— заговорила Луша.

— Ах, да... Виноват, я совсем не заметил тебя,— рассеянно проговорил Платон Васильич.— Я что-то хуже и хуже вижу с каждым днем... А ты выросла. Да... Совсем уж взрослая барышня, невеста. А что папа? Я его что-то давно не вижу у нас?

— Виталий Кузьмич сердится на тебя,— ответила Раиса Павловна.

Платон Васильевич постоял несколько минут на своем месте, рассеянным движением погладил свою лысину и вопросительно повернул сильно выгнутые стекла своих очков в сторону жены. На его широком добродушном лице с окладистой седой бородой промелькнула неопределенная улыбка. Эта улыбка рассердила Раису Павловну. "Этот идиот невыносим",— с щемящей злобой подумала она, нервно бросая в угол какой-то подвернувшийся под руку несчастный футляр. Ее теперь бесила и серая летняя пара мужа, и его блестевшие очки, и нерешительные движения, и эта широкая лысина, придававшая ему вид новорожденного.

— Ну? — сердито бросила она свой обычный вопрос.

— Я — ничего... Я сейчас иду в завод,— заговорил Платон Васильевич, ретируясь к двери.

— Ну и отправляйся в свой завод, а мы здесь будем одеваться. Кофе я пришлю к тебе в кабинет.

Когда Платон Васильевич удалился, Раиса Павловна тяжело вздохнула, точно с ее жирных плеч скатилось тяжелое бремя. Луша не заметила хорошенько этой семейной сцены и сидела по-прежнему перед зеркалом, вокруг которого в самом художественном беспорядке валялись броши, браслеты,

---

[1] моя маленькая (фр.).

кольца, серьги и колье. Живой огонь брильянтов, цветные искры рубинов и сапфиров, радужный, жирный блеск жемчуга, молочная теплота большого опала — все это притягивало теперь ее взгляд с магической силой, и она продолжала смотреть на разбросанные сокровища, как очарованная. Воображение рисовало ей, что эти брильянты искрятся у ней на шее и разливают по всему телу приятную теплоту, а на груди влажным огнем горит восточный изумруд. В карих глазах Луши вспыхнул жадный огонек, заставивший Раису Павловну улыбнуться. Кажется, еще одно мгновение, и Луша, как сорока, инстинктивно схватила бы первую блестевшую безделушку. Девушка очнулась только тогда, когда Раиса Павловна поцеловала ее в зарумянившуюся щечку.

— А... что?..— бормотала она, точно просыпаясь от своего забытья.

— Ничего... Я залюбовалась тобой. Хочешь, я подарю тебе эту коралловую нитку?

Действительность отрезвила Лушу. Инстинктивным движением она сорвала с шеи чужие кораллы и торопливо бросила их на зеркало. Молодое лицо было залито краской стыда и досады: она не имела ничего, но милостыни не принимала еще ни от кого. Да и что могла значить какая-нибудь коралловая нитка? Это душевное движение понравилось Раисе Павловне, и она с забившимся сердцем подумала: "Нет, положительно, эта девчонка пойдет далеко... Настоящий тигренок!"

IV

Известие о приезде Лаптева молнией облетело не только Кукарский, но и все остальные заводы.

Интересно было проследить, как распространилось это известие по всему заводскому округу. Родион Антоныч не сказал никому о содержании своего разговора с Раисой Павловной, но в заводоуправлении видели, как его долгушка не в урочный час прокатилась к господскому дому. Это — раз. Когда служащие навели необходимые справки, оказалось, что за Родионом Антонычем рассылка из господского дома бегала целых три раза. Вот вам — два. А это уж что-нибудь значило! После таких экстренных советов Раисы Павловны с своим

23

секретарем всегда следовали какие-нибудь важные события. Когда служащие вкривь и вкось обсуждали все случившееся, в заводскую библиотеку, которая помещалась в здании заводоуправления, прибежал Прозоров и торопливо сообщил, что на заводы едет Лаптев. Он сам не слыхал об этом, но дошел до такого заключения путем чисто логических выкладок и, как мы видим, не ошибся. В библиотеке в это время сидели молодой заводский доктор Кормилицын и старик Майзель, второй заводский управитель.

— Что же тут особенного: едет — так едет! — жидким теноркoм заметил доктор, поправляя свою нечесаную гриву.

— А па-азвольте узнать, Виталий Кузьмич, от кого вы это узнали? — спрашивал Майзель, отчеканивая каждое слово.

— Все будешь знать, скоро состаришься,— уклончиво ответил Прозоров, ероша свои седые кудри.— Сказал, что едет, и будет с вас.

Майзель презрительно сжал свои губы и подозрительно чмокнул углом рта. Его гладко остриженная голова, с закрученными седыми усами, и военная выправка выдавали старого военного, который постоянно выпячивал грудь и молодцевато встряхивал плечами. Красный короткий затылок и точно обрубленное лицо, с тупым и нахальным взглядом, выдавали в Майзеле кровного "русского немца", которыми кишмя кишит наше любезное отечество. В манере Майзеля держать себя с другими, особенно в резкой чеканке слов, так и резал глаз старый фронтовик, который привык к слепому подчинению живой человечсской массы, как сам умел сгибаться в кольцо перед сильными мира сего. К этому остается добавить только то, что Майзель никак не мог забыть тех жирных генеральских эполет, которые уже готовы были повиснуть на его широких плечах, но по одной маленькой случайности не только не повисли, но заставили Майзеля выйти в отставку и поступить на частную службу. Рядом с Майзелем, вылощенным и вычищенным, как на смотр, доктор Кормилицын представлял своей длинной, нескладной и тощей фигурой жалкую противоположность. В нем как-то все было не к месту, точно платье с чужого плеча: тонкие ноги с широчайшими ступнями, длинные руки с узкой, бессильной костью, впалая чахоточная грудь, расшатанная походка, зеленовато-серое лицо с длинным носом и узкими карими глазами, наконец вялые движения, где все выходило углом. Прозоров бойко и насмешливо посмотрел на своих слушателей и проговорил, обращаясь к Майзелю:

24

— Итак, драгоценнейший Николай Карлыч, дни наши сочтены, и воздастся коемуждо поделом его...

— Что вы хотите этим сказать?..

— Ха-ха... Ничего, ничего! Я пошутил...

— И очень глупо!..

— Нет, кроме шуток: с Лаптевым едет генерал Блинов, и нам всем достанется на орехи.

Последняя фраза целиком долетела до ушей входившего в библиотеку бухгалтера из Заозерного завода. Сгорбленный лысый старичок тускло посмотрел на беседовавших, неловко поклонился им и забился в самый дальний угол, где из-за раскрытой газеты торчало его любопытное старческое ухо, ловившее интересный беглый разговор.

Этого было достаточно, чтобы через полчаса все заводские служащие узнали интересную новость. Майзель торопливо уехал домой, чтобы из первых рук сообщить все слышанное своей Амалии Карловне, у которой — скажем в скобках — он нес очень тяжелую фронтовую службу. Тем, кто не был в этот день на службе, интересное известие обязательно развез доктор Кормилицын, причем своими бессвязными ответами любопытную половину человеческого рода привел в полное отчаяние. Через два часа новинка уже катилась по дороге в Заозерный завод и по пути была передана ехавшему навстречу кассиру из Куржака и Мельковскому заводскому надзирателю. Словом, полученное утром Раисой Павловной известие начало циркулировать по всем заводам с изумительной быстротой, поднимая на всех ступеньках заводской иерархии страшнейший переполох. Как это часто случается, последним узнал эту интересную новость главный управляющий Кукарских заводов Платон Васильич Горемыкин. Он с механиком дожидался отливки катальных валов, когда старик дозорный, сняв шапку, почтительно осведомился, не будет лн каких особенных приказаний по случаю приезда Лаптева.

— Что-нибудь да не так,— усомнился Горемыкин.

— Нет, они едут-с...— настаивал дозорный.— Вся фабрика в голос говорит.

— Вы разве ничего не слыхали, Платон Васильич? — с удивлением спрашивал механик.

— Нет.

— Странно... Все решительно говорят о приезде Евгения Константиныча на заводы.

— Гм... Нужно будет спросить у Раисы Павловны,— решил Горемыкин.— Она знает, вероятно.

Главный виновник поднявшегося переполоха, Прозоров,

был очень доволен той ролью, которая ему выпала в этом деле. Пущенным наудачу слухом он удовлетворил свое собственное озлобленное чувство против человеческой глупости: пусть-де их побеснуются и поломают свои пустые головы. С другой стороны, этому философу доставляло громадное наслаждение наблюдать базар житейской суеты в его самых живых движениях, когда наверх всплывали самые горячие интересы и злобы. Подавленная тревога Майзеля, детское равнодушие доктора, суета мелкой служительской сошки — все это доставляло богатый запас пищи для озлобленного ума Прозорова и служило материалом для его ядовитых сарказмов. Побродив по заводоуправлению, где в четырех отделениях работало до сотни служащих, Прозоров отправился к председателю земской управы Тетюеву, который по случаю летних вакаций жил в Кукарском заводе, где у него был свой дом.

— Слышали новость, Авдей Никитич? — крикливо спрашивал Прозоров еще из передней небольшого вертлявого господина в синих очках, который ждал его в дверях гостиной.

— Да, слышал... Только это нас не касается, Виталий Кузьмич,— отвечал председатель, протягивая свою короткую руку.— Для земства это совершенно безразлично.

— Ой ли?

— Конечно, безразлично... Хотя бы три дня шел дождь Лаптевыми, скажу словами Лютера, до земства это не касается... Земство должно держать высоко знамя своей независимости, оно стоит выше всего этого.

Прозоров засмеялся.

— Вы чему смеетесь?

— Да так... Скажу вам на ушко, что всю эту штуку я придумал — и только! Ха-ха!.. Пусть их поворочают мозгами...

— В таком случае, я могу вас уверить, что Лаптев действительно едет сюда. Я это знаю из самых наидостовернейших источников...

— Вот те и раз! Значит, иногда можно соврать истинную правду.

— Вы, конечно, знаете, какую борьбу ведет земство с заводоуправлением вот уже который год,— торопливо заговорил Тетюев.— Приезд Лаптева в этом случае имеет для нас только то значение, что мы окончательно выясним наши взаимные отношения. Чтобы нанести противнику окончательное поражение, прежде всего необходимо понять его планы. Мы так и сделаем. Я поклялся сломить

26

заводоуправление в его нынешнем составе и добьюсь своей цели.

— Война алой и белой розы?

— Да, около того. Я поклялся провести свою идею до конца, и не буду я, если когда-нибудь изменю этой идее.

— Враг силен, Авдей Никитич...

— Чтобы я когда-нибудь перешел на сторону Лаптева?! Нет, Виталий Кузьмич, наплюйте мне в лицо, если заметите хоть тень чего-нибудь подобного.

Плотная, приземистая фигура Тетюева, казалось, дышала той энергией, которая слышалась в его словах. Его широкое лицо с крупными чертами и окладистой русой бородкой носило на себе интеллигентный характер, так же как и простой домашний костюм, приспособленный для кабинетной работы. Вообще Тетюев представлял собой интересный тип земского деятеля, этого homo novus[2] захолустной провинциальной жизни. Отец и дед Тетюева служили управителями в Кукарском заводе и прославились в темные времена крепостного права особенной жестокостью относительно рабочих, под их железной рукой стонали и гнулись в бараний рог не одни рабочие, а весь штат заводских служащих, набранных из тех же крепостных. Авдей Никитич только чуть помнил это славное время процветания своей фамилии, а самому ему уже пришлось пробивать дорогу собственным лбом и не по заводской части. Полученное им университетское образование, вместе с наследством после отца, дало ему полную возможность не только фигурировать с приличным шиком в качестве председателя Ельниковской земской управы, но еще загибать углы такой крупной силе, как кукарское заводоуправление. В последнем случае одною из побудительных причин, поддававшей Авдею Никитичу неиссякаемый прилив энергии, служило самое простое обстоятельство: он не мог никак примазаться к заводам, куда его неудержимо тянуло в силу семейных традиций, и теперь в качестве земского деятеля солил заводоуправлению в его настоящем составе.

— А я вот "Лоэнгрина" здесь штудирую...— объяснял Тетюев, усаживая гостя на диван.— Чертовски трудная эта вагнеровская музыка.

— Ага!

— Знаете, такие оригинальные музыкальные фразы попадаются, что бьешься-бьешься над ними...

— Ага! Ага, ворона!

---

[2] нового человека (лат.).

— Да вот я вам лучше сыграю, сами увидите!

Тетюев подбежал к щегольскому роялю и бойко заиграл какую-то сцену из второго акта "Лоэнгрина". Поместившись на диване, Прозоров старался вслушаться в шумные аккорды музыки будущего; музыкальная тема была слишком растянута и расплывалась в неясных деталях. Старик предпочитал музыку прошедшего, где все было ясно и просто: хоры так хоры, мелодия так мелодия, а то извольте-ка выдержать всю пьесу до конца. Играл Тетюев порядочно и страстно любил музыку, которой отдавал все свое свободное время. В нем была артистическая жилка, которая теперь сближала этих антиподов. В сущности, Прозоров не понимал Тетюева: и умный он был человек, этот Авдей Никитич, и образование приличное получил, и хорошие слова умел говорить, и благородной энергией постоянно задыхался, а все-таки, если его разобрать, так черт его знает, что это был за человек... Собственно, Прозорова отталкивала та мужицкая закваска, какая порой сказывалась в Тетюеве: неискренность, хитрость, неуловимое себе на уме, которое вырабатывалось под давлением крепостного режима целым рядом поколений. Прозорову хотелось верить в Тетюева, но эту веру постоянно подмывала какая-то холодная и фальшивая нотка. Обстановка большого председательского дома отличалась пестрой смесью старой крепостной роскоши с требованиями нового времени. Почерневшие кресла из красного дерева с тонкими ножками и выгнутыми спинками простояли в этом доме целых полвека и теперь старчески-неприязненно смотрели на новую венскую мебель, на пестрые бархатные ковры и на щегольской рояль. Старик Тетюев был крепкий человек и не допустил бы к себе в дом ничего легковесного: каждая вещь должна была отслужить minimum сто лет, чтобы добиться отставки. Но старика Тетюева не стало, и в его дом вместе с новыми легковесными людьми ворвался целый поток разной дребедени. Звуки вагнеровской оперы дополняли картину, наполняя стены, выстроенные крепостным трудом, мелодиями музыки будущего. Прозоров слушал "Лоэнгрина" и незаметно позабылся, погрузившись в воспоминания своего тревожного прошлого, где вставало столько дорогих сердцу лиц и событий.

— Ну-с, как вы находите? — спрашивал хозяин, поднимаясь из-за рояля.

— А... что?

Тетюев немного обиделся. Невнимание к его игре задело его за живое, как артиста.

28

— Вот что,— прибавил он.— Соловья музыкой будущего не кормят... Так? Адмиральский час на дворе, и пора закусить.

От закуски Прозоров не отказался, тем более что Тетюев любил сам хорошо закусить и выпить, с теми специально барскими приемами, какие усваиваются на официальных обедах и парадных завтраках. За бутылкой рейнвейна Прозоров разболтался, и Тетюев много и долго говорил о процветании Ельниковского земства, о народном образовании, а особенно о том, что Кукарские заводы в стройном земском концерте являются страшным диссонансом, который необходимо перевести в гармонические комбииации. Развивая свою мысль, он доказывал, как дважды два четыре, что заводы должны быть обложены вчетверо больше, чем теперь, что должны быть обеспечены на счет заводовладельца все искалеченные на заводской работе, изработавшиеся и сироты, что он притянет заводовладельца по поводу профессионального образования и т. д. Прозоров, слушая все это внимательно, пил и не возражал, улыбаясь блаженной улыбкой довольного пьяницы. В заключение Тетюев не без ловкости принялся расспрашивать Прозорова о генерале Блинове, причем Прозоров не заставлял просить себя лишний раз и охотно повторил то же самое, что утром уже рассказывал Раисе Павловне.

— Так, так...— мягким грудным баритоном поддакивал Тетюев, рассматривая охмелевшего Прозорова через очки.— А я, знаете, несколько иначе думал об этом генерале Блинове...

— Да что вам дался этот генерал Блинов? — закончил Прозоров уже пьяным языком.— Блинов... хе-хе!.. это великий человек на малые дела... Да!.. Это... Да ну, черт с ним совсем! А все-таки какое странное совпадение обстоятельств: а женщина в голубых одеждах приходила утру глубоку... Да!.. Чер-рт побери... Знает кошка, чье мясо съела. А мне плевать.

Много красавиц в аулах у нас,
Звезды сияют во мраке их глаз,—

декламировал старик, склоняясь на подушку дивана.

— Отдохните здесь, Виталий Кузьмич.

— И то добре... "Звезды сияют во мраке их глаз"... Недурно сказано... Чисто восточная форма сравнения, а в этом анафемском "сияют" — настоящая музыка! Хе-хе!.. Когда-то и у царицы Раисы сияли звезды, а теперь! фюить...

И погибнет священная Троя,

V

Отдыхать у Тетюева Прозоров, однако, не остался, а побрел домой, "под свою смоковницу", как он объяснил своим заплетавшимся языком.

— Блинов едет... Великий человек едет!.. Ха-ха...— думал вслух Прозоров, нетвердой походкой приближаясь к своему жилищу.— Светило науки, финансист... Х-ха!.. Лукреция?

— Опять нализался?..— сердито встретила отца Луша, помогая ему добраться до своего кабинета.

— М-мы завтракали, Лукреция... Авдей Никитич — хороший челаэк... Он... он задаст перцеазра с горошком царице Раисе. Х-ха... А Майзель — дурак... солдафон!..

Пошатываясь на месте, Прозоров изобразил дочери надутую фигуру русского немца. В следующий момент он представил вытянутую и сутуловатую "натуру" доктора и засмеялся своим детским смехом.

— А что, Лукреция, Яшка Кормилицын все еще ухаживает за тобой? Ах, бисов сын! Ну, да ничего, дело житейское, а он парень хороший — как раз под дамское седло годится. А все-таки враг горами качает:

> Мой совет: до о-обрученья
> Две-ерь не отворя-ай!
> Две-ерь не от-воо-ря-аай...—

хрипло пропел Прозоров арию Мефистофеля.

— Ты слышал, папа, что сюда едет Лаптев? — перебила Луша пьяную болтовню старика.

— Слышал... Его тащит сюда на буксире генерал Блинов... Царица Раиса нарочно прибегала ко мне утром выведать кое-что о Блинове. Уж я ей врал-врал... Потом Тетюев тоже стороной выпытывал, и тому врал сторицей. Вот, Лукреция, поучайся житейской философии: когда-то Блинов... Ну, да что об этом говорить: плевать!.. Наше время другое было: идеалисты были, эстетики... На хороших словах помешались... Вам это даже слушать скучно, а мы обливались кровью над разными красивыми благоглупостями. Посвящали себя

30

служению истине, добру и красоте, а вместо того вышло — распивочно и навынос... Ха-а!.. Лукреция:

> На щеках, как в жаркое лето,
> Румянец, пылая, горит...
> А сердце морозом одето,
> И зимний там холод стоит.

— Будет, папа, ложись и выспись сначала. Твои стихи давно и всем надоели...

— Нет, постой, это Гейне стихи. Шалишь... Ты слушай:

> Верь, милая! время настанет,
> Время придет,
> И солнце в сердечко заглянет,
> И щечки морозом зальет!..

Гейне... О! это была такая шельма, Лукреция... это... это... ну, в ваше архиреальное время никто не напишет таких стихов! — болтал старик, обращаясь в пространство.

Девушка прошла в свою комнату, которая выходила в сад, села к окну и заплакала. Болтовня пьяного отца переполнила чашу. Разговоры Раисы Павловны привели Лушу в самое возбужденное состояние, и она ушла из господского дома в каком-то тумане, унося в душе жгучую жажду иной жизни, о какой могла только мечтать. Действительность слишком мало отвечала этим мечтам; напротив, она шла вразрез с теми идеальными постройками, какие сложились в голове семнадцатилетней девушки. Жажда богатства, наслаждений, веселья — вот что теперь сладко кружило голову Луши, а тут полугнилой флигель, нищенская обстановка, позорная бедность в каждом углу, полусумасшедший пьяница-отец и какой-то идиот-поклонник, в лице доктора Кормилицына. Тут было от чего заплакать... Луша теперь ненавидела даже воздух, которым дышала: он, казалось ей, тоже был насыщен той бедностью, какая обошла флигелек Прозорова со всех сторон, пряталась в каждой складке более чем скромных платьев Луши, вместе с пылью покрывала полинялые цветы ее летней соломенной шляпы, выглядывала в отверстия проносившихся прюнелевых ботинок и сквозила в каждую щель, в каждое отверстие.

Стоило ли жить так, как она жила? — думала девушка. Это какое-то прозябание, хуже — медленное разложение, как гниет где-нибудь в сыром углу плесень. И в то же время Раиса

Павловна наслаждается всеми благами жизни, царствует в полном смысле этого слова. Кораллы, которые Раиса Павловна утром предлагала Луше, еще раз подняли в ней всю желчь; молодая гордость заколотила у нее в душе. Разве она нищая, чтобы принимать подарки от Раисы Павловны? Разве ей нужны эти безделушки? Нет, она задыхалась под наплывом не таких желаний: уж если роскошь — так настоящая роскошь, а не эти лохмотья роскоши, которые хуже ее бедности. В Луше теперь с страшной силой заговорил тот разлагающий элемент, который шаг за шагом незаметно привила к ней Раиса Павловна.

"А тут еще Яшка Кормилицын...— со злостью думала девушка, начиная торопливо ходить по комнате из угла в угол.— Вот это было бы мило: madame Кормилицына, Гликерия Витальевна Кормилицына... Прелестно! Муж, который не умеет ни встать, ни сесть... Нужно быть идиоткой, чтобы слушать этого долговолосого дурня..."

Подойдя к зеркалу, Луша невольно рассмеялась своей патетической реплике. На нее из зеркала с сдвинутыми бровями гневно смотрело такое красивое, свежее лицо, от недавних слез сделавшееся еще краше, как трава после весеннего дождя. Луша улыбнулась себе в зеркало и капризно топнула ногой в дырявой ботинке: такая редкая типичная красота требовала слишком изящной и дорогой оправы.

Чтобы понять странные мысли Луши, мы должны обратиться к самому Прозорову.

Это был замечательный человек в том отношении, что принадлежал к совершенно особенному типу, который, вероятно, встречается только на Руси: Прозорова заело красное словцо... С блестящими способностями, с счастливой наружностью в молодые годы, с университетским образованием, он кончил тем, что доживал свои дни в страшной глуши, на копеечном жалованье. Из богатой, но разорившейся помещичьей семьи по происхождению, Прозоров унаследовал привычки и замашки широкой русской натуры. Еще ребенком он поражал учителей своим светлым, бойким умом; в университете около него группировался целый кружок молодежи; первые житейские дебюты обещали ему блестящую будущность. "Прозоров далеко пойдет" — было общим мнением учителей и товарищей. Внимание женщин сопровождало каждый шаг молодого счастливца, который был так умен, находчив, остер и с таким редким талантом читал лучших поэтов. Прозоров готовился к университетской кафедре, где ему пророчили судьбу второго Грановского.

Только один старичок профессор, к которому молодой магистрант иногда обращался за разными советами по поводу своей магистерской диссертации, в минуту откровенности прямо высказал Прозорову: "Эх, Виталий Кузьмич, Виталий Кузьмич... Хороший вы человек, и мне вас жаль!" — "Что так?" — "Да так... Ничего из вас не выйдет, Виталий Кузьмич". Этот профессор принадлежал к университетским замухрышкам, которые всю жизнь тянут самую неблагодарную лямку: работают за десятерых, не пользуются благами жизни и кончают тем, что оставляют после себя несколько томов исследования о каком-нибудь греческом придыхании и голодную семью. Товарищи-профессора относятся к таким замухрышкам с сдержанным чувством ученого презрения, студенты свысока,— и вдруг именно такой замухрышка делает Виталию Прозорову, будущему Грановскому, такое обидное предсказание. В первый момент вся кровь бросилась в голову Прозорову, но он сдержал себя и с принужденной улыбкой спросил: "На каком же основании вы заживо меня хороните, N. N.?" — "Да как вам сказать... Одним словом, вы принадлежите к людям, про которых говорят, что в них бочка меду, да ложка дегтя".

Вся дальнейшая карьера Прозорова служила точно опразданием этого глупого пророчества. Началось с того, что Прозоров для первого раза "разошелся" с университетским начальством из-за самого ничтожного повода: он за глаза сострил над профессором, под руководством которого работал. Профессор смолчал, но вступились товарищи и провалили магистерскую диссертацию будущего Грановского по всем правилам искусства. От такой неожиданности Прозоров сначала опешил, а потом решился идти напролом, то есть взять магистра с бою, по рецепту Тамерлана, который учился своим военным успехам у "мравия", сорок раз втаскивавшего зерно в гору и сорок раз свалившегося с ним, но все-таки втащившего его в сорок первый. Но, как на грех, в это время ему подвернулась одна девушка из хорошего семейства, которая отнеслась с большим сочувствием к его ученому горю. В отношениях с женщинами Прозоров держал себя очень свободно, а тут его точно враг попутал: в одно прекрасное утро он женился на сочувствовавшей ему девушке, точно для того только, чтобы через несколько дней сделать очень неприятное открытие,— именно, что он сделал величайшую и бесповоротную глупость... Он даже не любил своей жены, как припомнил после, а просто женился на ней от неожиданного огорчения.

К счастью Прозорова, жена ему попалась умная и с твердым характером. Она очень много поддерживала мужа, но все-таки не могла его дотянуть до профессорской кафедры. Как все бесхарактерные люди, Прозоров во всех своих неудачах стал обвинять жену, которая мешала ему работать и постепенно низвела его с его ученой высоты до собственного среднего уровня. В течение десяти лет Прозорову привелось переменить больше десятка служебных мест. Сначала он обыкновенно легко осваивался с своим новым положением и новыми товарищами, а потом неожиданно возникало какое-нибудь препятствие, и Прозоров, в счастливом случае, когда его не выгоняли со службы, сам убирался подобру-поздорову. Таким образом, Прозоров успел послужить учителем в трех мужских гимназиях и в двух женских, потом был чиновником министерства финансов, из министерства финансов попал в один из женских институтов и т. д. И везде Прозоров был прежде всего сам виноват, то есть непременно что-нибудь сболтнет лишнее, посмеется над начальством, устроит каверзу. В конце концов он решил, что служить на коронной службе не стоит и, не долго думая, перешел на частную. Тут уж ему пришлось совсем плохо, тем более что никакой подходящей профессии он не мог себе подыскать и бестолково толкался между крупными промышленниками. В это тяжелое время он получил свою дурную привычку утешаться в холостой компании, где сначала пили шампанское, а потом спускались до сивухи.

Жена Прозорова скоро разглядела своего мужа и мирилась с своей мудреной долей только ради детей. Мужа она уважала как пассивно-честного человека, но в его уме разочаровалась окончательно. Так они жили год за годом с скрытым недовольством друг против друга, связанные привычкой и детьми. Вероятно, они так дотянули бы до естественной развязки, какая необходимо наступает для всякого, но, к несчастью их обоих, выпал новый случай, который перевернул все вверх дном.

В один из самых тяжелых моментов своего мудреного существования, когда Прозоров целых полгода оставался без всяких средств и чуть не сморил семьи голодом, ему предложили урок в очень фешенебельном аристократическом семействе,— именно: предложили преподавать русскую словесность скучавшей малокровной барышне, типичной представительнице вырождавшейся аристократической семьи. Здесь Прозоров развернулся и по обыкновению показал товар лицом: его приличные манеры, остроты, находчивость и декламация открыли ему место своего человека и почти друга дома. Аристократическая обстановка богатого барского дома совсем опьянила увлекающуюся натуру Прозорова, тем более что для сравнения с ней вставало собственное полунищенское существование. Сделавшись почти своим человеком в доме, где он был совсем на особых правах, Прозоров позабыл, что он семейный человек и не в шутку увлекся одной барышней, которая жила у его патронов воспитанницей. Это и была Раиса Павловна, или, как ее там называли, Раечка. Стихи и самая непринужденная французская болтовня настолько сблизили молодых людей, что белокурая Раечка первая открыла чувства, какие питала к Прозорову, и не остановилась перед их реальным осуществлением даже тогда, когда узнала, что Прозоров не свободный человек. Умная, нылкая, с пикантным оттенком гривуазности[3], она очертя голову отдалась Прозорову и быстро забрала его в свои бархатные руки. Эти интимные отношения, конечно, открылись; Раечку кое-как пристроили за инженера Горемыкина, а Прозорову пришлось вернуться к своим пенатам.

Как это нередко случается, жена Прозорова узнала последняя о разыгравшемся романе. Эта женщина слишком много перенесла в жизни, чтобы простить мужу ничем не заслуженное оскорбление, и разошлась с ним. Прозоров и здесь сыграл самую жалкую, бесхарактерную роль: валялся в ногах, плакал, рвал на себе волосы, вымаливая прощение, и, вероятно, добился бы обидного для всякого другого мужчины снисхождения, если бы Раиса Павловна забыла его. Но эта женщина хорошо помнила свою первую любовь и не выпускала Прозорова из вида. Явившись к Прозоровой, она сама объяснила ей все и устроила окончательный разрыв между супругами. Расставшись с мужем, жена Прозорова несколько лет перебивалась в столице уроками и кончила свою незадавшуюся жизнь скоротечной чахоткой. Прозоров страшно горевал о жене, рвал на себе волосы и неистовствовал, клялся для успокоения ее памяти исправиться, но не мог никак освободиться от влияния Раисы Павловны, которая не выпускала его из своих рук. Это были самые странные отношения, какие только можно себе представить: Раиса Павловна ненавидела Прозорова и всюду тащила его за собой, заставляя опускаться все ниже и ниже. Неудачный декламатор очутился в положении самого тяжелого рабства, которое он не в силах был разорвать и которое он всюду таскал за собой, как

---

[3] игривости, нескромности (от фр. grivois).

35

каторжник таскает прикованное к ноге ядро. Когда Горемыкины поехали иа Урал, Прозорову было приказано ехать туда же, где для него специально было создано место инспектора заводских школ. Раиса Павловна не умела прощать и заживо похоронила свою первую любовь в гнилом флигельке кукарского господского дома.

У Прозорова после жены осталась маленькая дочь, Луша, которая вместе с отцом переживала все невзгоды его цыганского существования. Это был восприимчивый, впечатлительный ребенок, к своему несчастью унаследовавший от отца его счастливую наружность и известную дозу того дегтя, каким был испорчен отцовский мед. Прозоров, несмотря на все свои недостатки, отлично понимал сложный характер подраставшей девочки и решился переломить природу воспитанием. Свою педагогическую деятельность он начал с того, что переодел девочку мальчиком, точно в женском костюме таились все напасти и злобы, какими была отравлена жизнь Прозорова. Затем, с четырех лет он принялся проделывать на Луше все входившие в моду педагогические новинки: читать Луша училась по звуковому методу, играла по Фребелю, развивала свои умственные и нравственные силы по Песталоцци и т. д. Недостаток Прозоровского воспитания заключался в том, что он не мог выдержать характера в своих занятиях: то надсаживался и лез из кожи, то забывал о дочери на целый месяц. Девочка, пока была маленькой, мирилась с своим мужским костюмом, но с Фребелем и Песталоцци повела самую упорную, партизанскую войну, какую умеют вести только дети. А когда она подросла, Прозоров, к своему ужасу, убедился в той печальной истине, что его Лукреция увлеклась бантиками и ленточками гораздо больше тех девочек, которые всегда ходили в женских платьях.

Интересно проследить взаимные отношения между Лушей и Раисой Павловной. В первый момент, когда Раиса Павловна увидала маленькую девочку-сиротку, она почувствовала к ней почти органическую ненависть. Ребенок искал матери и с детской наивностью несколько раз ласкался к единственной женщине, которая напоминала ему мать. Но Раиса Павловна грубо и почти цинически отталкивала от себя эти доверчиво тянувшиеся к ней детские руки: она ненавидела эту девочку, которая для нее являлась всегда живым укором. Луша, как многие другие заброшенные дети, росла и развивалась наперекор всяким невзгодам своего детского существования н к десяти годам совсем выровнялась, превратившись в красивого и цветущего ребенка. Самая красота подраставшей Луши бесила Раису Павловну, и она с удовольствием по целым часам дразнила и мучила беззащитную девочку, которая слишком рано для своего возраста привыкла скрывать все свои душевные движения.

— Какая ты, Лукерка, упрямая,— удивлялась иногда Раиса Павловна.— Настоящая дикарка!

Девочка отмалчивалась в счастливом случае или убегала от своей мучительницы со слезами на глазах. Именно эти слезы и нужны были Раисе Павловне: они точно успокаивали в ней того беса, который мучил ее. Каждая ленточка, каждый бантик, каждое грязное пятно, не говоря уже о мужском костюме Луши,— все это доставляло Раисе Павловне обильный материал для самых тонких насмешек и сарказмов. Прозоров часто бывал свидетелем этой травли и относился к ней с своей обычной пассивностью.

Луше было двенадцать лет, когда в ее жизни произошел крупный переворот: раньше она бежала от преследований Раисы Павловны, теперь должна была бежать от ее ласк. Это случилось как-то вдруг. Раз летом, когда Раиса Павловна делала свой обычный предобеденный моцион по саду, она случайно забрела в самый глухой конец сада, куда редко заходила. На повороте одной аллеи она услышала чей-то шепот и сдержанный смех. Это, конечно, ее заинтересовало, а в следующий момент Раиса Павловна уже подкрадывалась к тому таинственному зеленому уголку, где ожидала вспугнуть влюбленную парочку. Действительно, разговаривали два голоса: один — детский, другой — женский. Раздвинув осторожно последний куст смородины, Раиса Павловна увидела такую картину: в самом углу сада, у каменной небеленой стены, прямо на земле сидела Луша в своем запачканном ситцевом платьице и стоптанных башмаках; перед ней на разложенных в ряд кирпичах сидело несколько скверных кукол. Девочка разговаривала за всех разом, подавала реплики и впересыпку вставляла свои собственные замечания. Она ухитрилась даже сохранять интонацию всех действующих лиц. На сцене фигурировало четверо: папа, мама, Раиса Павловна и сама Луша.

— Я не люблю папу, потому что он боится Раисы Павловны,— говорила кукла Луша.— Когда я вырасту большая, я откушу вам нос, Раиса Павловна! У меня будут хорошие платья, много, много лент и такой же браслет, как у Раисы Павловны. Какая она злая... папа зовет ее старой крымзой... Ххи-ххи-и!.. Ну, старая крымза, сиди смирно, пока я тебе не откусила нос. И коса у тебя фальшивая, и зубы фальшивые, и глаза подведены. Ах! как я тебя не люблю! А когда вырасту большая, поеду к маме... Мама ведь добрая, не такая, как папа. Мамочка, я приеду к тебе в гости... Ты обрадуешься мне... да?.. Не будешь смеяться надо мной, как Раиса Павловна? Славная ты моя, голубушка... Мы тогда прогоним Раису Павловну и будем жить вместе. Я выйду замуж за офицера с черными усами.

Вся эта детская беззаботная болтовня, как в фокусе, сосредоточивалась в одном магическом слове: мама... От него уже лучами расходились во все стороны детские грезы, воспоминания, радости и огорчения. В этом лепете звучало столько любви, чистой и бескорыстной, какая может жить только в чистом детском сердце, еще не омраченном ни одним дурным желанием больших людей. Так блестит алмазной яркой искрой капля ночной росы где-нибудь в густой траве, пока не сольется с другими такими же каплями и не попадется в ближайший мутный ручеек...

Раиса Павловна не помнила, сколько прошло времени, пока она слушала маленькую глупую девочку. От этого детского лепета у ней точно что оборвалось и растаяло в груди. Домой она вернулась бледная и взволнованная, с красными глазами. Целую ночь затем ей снился тот зеленый уголок, в котором притаился целый детский мир с своей великой любовью. "Злая... ведьма..." — стояли у ней в ушах роковые слова, и во сне она чувствовала, как все лицо у ней горело огнем п в глазах накипали слезы. Она хотела обнять эту маленькую девочку, но та ловко скрывалась и убегала. Этот сон повторился, и Раиса Павловна не могла избавиться от него наяву. Что-то такое новое, хорошее, еще не испытанное проснулось у ней в груди, не в душе, а именно — в груди, где теперь вставала с страшной силой жгучая потребность не того, что зовут любовью, а более сильное и могучее чувство... Оно подавляло ее своей необъятностью, все остальное казалось таким жалким и ничтожным. Под наплывом этих ощущений Раиса Павловна сделала первый шаг к сближению с Лушей и сразу получила молчаливый, но глухой отпор. Луша с светлым инстинктом детства отстаивала неприкосновенность своего крошечного мирка, может быть слишком рано выкроившегося из пестрой смеси самых разнообразных впечатлений. Эта маленькая девочка каким-то чутьем разгадала истинные отношения своего отца к Раисе Павловне и почувствовала к ней непреодолимое отвращение, хотя в то же время, по странному психологическому процессу, в присутствии этой женщины каждый раз испытывала какое-то болезненное влечение к ней.

Если бы маленькая девочка с первого раза сдалась на ласки Раисы Павловны, тогда, по всей вероятности, это увлечение так же скоро прошло бы, как оно родилось. Но упорство Луши и ее недоверчивость только сильнее разжигали Раису Павловну: она, перед которой ползали и заискивали сотни людей, она бессильна перед какой-нибудь девчонкой... Самолюбивая до крайности, она готова была возненавидеть свою фаворитку, если бы это было в ее воле: Раиса Павловна, не обманывая себя, со страхом видела, как она в Луше жаждет долюбить то, что потеряла когда-то в ее отце, как переживает с ней свою вторую весну. Это чувство являлось результатом очень сложной душевной комбинации, составные нити которой проходили через целую жизнь.

Вот молодость Раисы Павловны, молодость в чужом богатом доме, где она испытала все прелести существования из милости. А между тем она была молода, хороша собой, умна, энергична. Случай с Прозоровым выкинул бы ее прямо на улицу, если бы не подвернулся Горемыкин, за которого она вышла замуж. Мужа она никогда не любила, а смотрела на него только как на мужа, то есть как на печальную необходимость, без которой, к сожалению, обойтись было нельзя. Платон Васильич был честный и хороший человек, но он слишком был занят своей специальностью, которой посвящал почти все свое свободное время. По всей вероятности, ему, как многим другим труженикам, никогда не привелось бы играть никакой выдающейся роли. Таких "чернодслов" много во всяких специальностях. Но Раиса Павловна не могла помириться с такой скромной долей и собственными силами потащила мужа в гору. Это была трудная работа, сопровождавшаяся неудачами и разочарованиями на каждом шагу. Стараясь при помощи разных протекций и специально женских интриг составить карьеру мужу, Раиса Павловна случайно познакомилась с Прейном, который сразу увлекся белокурой красавицей, обладавшей тем счастливым "колоритным темпераментом", какой так ценится всеми пресыщенными людьми. О любви тут, конечно, не могло быть речи, но Раиса Павловна была молода, полна сил и переживала опасный душевный момент, когда настоящее было неизвестно, а будущее темно. Что происходило и произошло ли что-нибудь серьезное между ними — сказать трудно, но это знакомство совпало как раз с эмансипацией, и Горемыкин получил место главного управляющего Кукарских заводов. Много прошло времени с тех пор. Раиса Павловна успела утратить одно за другим все свои женские достоинства, оставшись при одном колоритном темпераменте и беспокойном, озлобленном уме, который вечно чего-то искал и не находил удовлетворения. Полнота окончательно погубила и то последнее, что сохраняется красивыми женщинами от счастливой молодой поры. Но Прейн, несмотря на самые очевидные доказательства этих геологических переворотов, продолжал сохранять прежние дружеские отношения к Раисе Павловне, хотя успел за этот длинный период времени подарить своими симпатиями десятки других красивых женщин.

— Все эти мужчины, все до одного — подлецы! — таков был общий знаменатель, к которому пришла Раиса Павловна.

В Луше, таким образом, для Раисы Павловны сосредоточивались и подавленная жажда неудовлетворенного чувства и чисто материнские отношения, каких она совсем не испытала, потому что не имела детей. Когда прямая атака не удалась, Раиса Павловна пошла к своей цели обходным движением: она принялась исподволь воспитывать эту девочку, платившую ей самой черной неблагодарностью за все хлопоты. Капля за каплей она прививала девочке свой мизантропический взгляд на жизнь и людей, стараясь этим путем застраховать ее от всяких опасностей; в каждом деле она старалась показать прежде всего его черную сторону, а в людях — их недостатки и пороки. Такая политика, конечно, принесла самые быстрые плоды: Луша бессознательно копировала во всем свою воспитательницу и удивляла отца своими резкими выходками и недевичьей проницательностью. Только в одном ученица и воспитательница расходились диаметрально: это было непреодолимое тяготение Луши к богатству. Но и этот недостаток в глазах Раисы Павловны вполне выкупался тем, что девушка была далеко от сорочьей жадности обыкновенных людишек. Ее трудно было купить теми блестящими безделушками, за которые продаются женщины. Сама Раиса Павловна любила не богатство, а власть.

VI

Все время, пока Родион Антоныч возвращался в своей зеленой тележке из господского дома домой, он вздыхал, делал кислые гримасы и морщился. Он был так удручен волновавшими его мыслями, что даже не замечал

40

попадавшихся навстречу знакомых служащих и снимавших шляпы рабочих. В таком прескверном настроении Родион Антоныч миновал главную заводскую площадь, на которую выходило своим фасадом "Главное кукарское заводоуправление", спустился под гору, где весело бурлила бойкая река Кукарка, и затем, обогнув красную кирпичную стену заводских фабрик, повернул к пруду, в широкую зеленую улицу.

"Уж Прохор Сазоныч недаром помянул про меня в письме к Раисе Павловне,— с горечью думал Родион Антоныч, когда тележка мягко подкатилась к большому двухэтажному каменному дому, упиравшемуся тенистым садом прямо в пруд.— Ох, недаром... "Она настроена в особенности против Сахарова",— повторил про себя Родион Антоныч слова письма.— Вот не было печали, а тут на, расхлебывай... И чего ей понадобилось от меня? Ох-хо-хо!.. Да и какая там особа... Шлюха какая-нибудь примазалась к этому генералу Блинову и теперь всем и вертит. Ох-хо-хо!.. Горе душам нашим..."

Старичок дворник торопливо распахнул перед зеленой тележкой крепкие ворота, и она мирно подкатилась к раскрашенному деревянному подъезду, откуда как угорелый выскочил великолепный белый сеттер с желтыми подпалинами. Собака с радостным визгом металась около хозяина и успела выбить у него изо рта сигару, пока он грузно вылезал из своей тележки.

— Ох, не до тебя, Зарез... отстань! — стонал Родион Антоныч, хозяйским всевидящим оком оглядывая усыпанный желтым песочком и чисто подметенный широкий двор, конюшни, где торчала лошадиная голова, и ряд хозяйственных пристроек.

— Архипушка, ты бы замесил жеребеночку мешанинки,— проговорил он, обращаясь к дворнику.— Да тележку-то смазать надо, а то заднее левое колесо все поскрипывает... Ох, ничего вы не смотрите, погляжу я, все скажи да все укажи!.. Курочкам-то, курочкам-то задали ли корму даве, как я уехал?

— Обыкновенно, Родион Антоныч, все как следует,— каким-то убитым голосом ответил Архипушка, жмурясь и моргая.— Курочки любят овес-от...

— Любят, любят... И ты вот тоже любишь его, Архипушка. Любишь ведь? Половину курочкам, а половину себе... Ох, за всеми за вами глаз да глаз нужен!

Архипушка только переминался на одном месте и почесывал в затылке, пока Родион Антоныч не прикрикнул на него:

— Ну, чего ты статуем-то торчишь передо мною? Вон и кучер, глядя на тебя, тоже вытаращил глаза. Откладывайте лошадку да к столбу и привяжите. Пусть выстоится!

После этого нравоучения Родион Антоныч поднялся к себе наверх, в кабинет, бережно снял камлотовую крылатку, повесил ее в угол на гвоздик и посмотрел кругом взглядом человека, который что-то потерял и даже не может припомнить хорошенько, что именно. "Ах, да... едет Лаптев на заводы",— мелькнуло в голове Родиона Антоновича, когда он принялся раскуривать потухшую сигару. Эта мысль завертелась опять в его голове, как жестяное колесо в вентиляторе. Собственно Лаптева Родион Антоныч, нисколько не боялся и даже был рад его видеть, а вот эта особа, которая едет с генералом Блиновым... О, чтоб пусто было всем этим бабам!.. Родион Антоныч с тоской посмотрел на расписной потолок своего кабинета, на расписанные трафаретом стены, на шелковые оконные драпировки, на картину заводского пруда и облепивших его домиков, которая точно была нарочно вставлена в раму окна, и у него еще тяжелее засосало под ложечкой. На стене, у которой стояла удобная кушетка, было развешано несколько хороших охотничьих ружей: пара бельгийских двустволок, шведский штуцер, тульская дробовка и даже "американка", то есть американский штуцер Пибоди и Мартини. Этот арсенал был красиво гарнирован различной охотничьей сбруей — ягдташами, патронницами, пороховницами, кожаными мешками с дробью, сумками и сумочками — вообще всякой охотничьей дрянью, назначение которой известно только записным охотникам.

"А я еще обещал на неделе ехать с Ильей Сергепчем за дупелями,— думал Родион Антоныч, взглянув на свои ружья,— вот тебе и дупеля... Ох-хо-хо!.."

По обстановке кабинета трудно было определить профессию его хозяина. О его секретарской деятельности говорил только стеклянный шкаф, плотно набитый какими-то канцелярскими делами, да несколько томиков разных законов, сложенных на ппсьменпом столе в пирамиду. Стеклянная старинная чернильница с гусиными перьями — Родион Антоныч не признавал стальных — говорила о той патриархальности, когда добрые люди всякой писаной бумаги, если только она не относилась к чему-нибудь божественному, боялись, как огня, и боялись не без основания, потому что из таких чернильниц много вылилось всяких зол и напастей. Чернильница Родиона Антоныча тоже могла бы много-много рассказать о своей деятельности. Сначала она стояла в заводской конторе, куда попал Родион Антоныч крепостным писцом на три с полтиной жалованья; потом Родион Антоныч присвоил ее себе и перенес на край завода, в бедную каморку, сырую и вонючую. Дальше эта чернильница видела целый ряд метаморфоз, пока не попала окончательно в расписной кабинет, где все дышало настоящим тугим довольством, как умеют жить только крепкие русские люди. В крепостное время из этой чернильницы выходило много головомоек управителям и служащим, но тогда она не имела самостоятельного значения, а только служила орудием неистовавшего старика Тетюева. Настоящее дело для нее наступило с эпохой освобождения, когда на месте Тетюева водворилась Раиса Павловна, и Родион Антоныч обязан был представлять массу докладных записок, отдельных мнений, проектов, соображений и планов.

Вот из этой же чернильницы велись подкопы под Тетюева-сына, когда он, в пику кукарскому заводоуправителю, занял пост председателя земской управы, чтобы донимать заводы разными новыми статьями земских налогов. Да, эта чернильница много испортила крови Авдею Никитичу, а теперь Авдей Никитич всем животы подвел: выписал какого-то генерала Блинова да еще и с "особой"... "И ведь прямо, бестия этакая, на меня указал,— раздумывал Родион Антоныч.— А то откуда этой шлюхе знать о каком-то Сахарове... Конечно, это Авдей Никитич всю механику подвел. Его работа..."

"И ведь как все вдруг случилось: трах — и всему конец. Уж, кажется, Раиса ли Павловна не крепко сидит на своем месте, и вот нашлась же и на нее гроза". Сахаров крепко задумался. Целую жизнь он прожил в качестве маленького человека за чужой спиной и вдруг почувствовал, как стена, на которую он упирался столько лет, начинает пошатываться и того гляди рухнет да еще и его задавит. А чем он виноват? Он маленький человек и целую жизнь только и знал, что творил волю пославшего. Конечно, крепко солил Тетюеву и не раз ему подставлял ножку, но ведь это он делал не для собственного удовольствия, а потому, что так хотела Раиса Павловна. Ведь Тетюев...

— Зарежет вас с Раисой Павловной этот Тетюев! — шептал какой-то предательский голос.

Как для всех слишком практических людей, для Сахарова его настоящее неопределенное положение было хуже всего: уж лучше бы знать, что все пропало, чем эта проклятая неизвестность. Ну, Тетюев так Тетюев... Чем он хуже Раисы Павловны? Нужно же и ему пожить, не век мыкаться председателем управы. И Тетюев не пропадет, и Раиса Павловна тоже, а вот он, Родион Антоныч, чем виноват, что им стало тесно жить на белом свете! Припоминая свои подходы под Тетюева, Родион Антоныч теперь от чистого сердца скорбел о том, что не принял заблаговременно во внимание переменчивости человеческого счастья... И как было не подумать: вчера Раиса Павловна, сегодня Раиса Павловна, все это хорошо! — вдруг послезавтра Авдей Никитич Тетюев. "Ох, не ладно! — застонал про себя Родион Антоныч.— Сморит он, если крылья отрастут. В батюшку, видно, пошел, хоть и не с того конца. А кто бы мог подумать? И Раиса Павловна тоже говорила: "Тетюев — болтун, Тетюев — недоносок..." Ох, Раиса Павловна, Раиса Павловна!"

Целый день Родиона Антоныча был испорчен: везде и все было неладно, все не так, как раньше. Кофе был пережарен, сливки пригорели; за обедом говядину подали пересушенную, даже сигара, и та сегодня как-то немного воняла, хотя Родион Антоныч постоянно курил сигары по шести рублей сотня.

— Да что ты на всех сегодня кидаешься, точно угорел! — заметила наконец Родиону Антонычу жена, когда он своему любимцу Зарезу дал здорового пинка.

— Я-то не угорел... гм...— опомнился Родион Антоныч, начиная гладить напрасно обиженную собаку.— Вот как бы мы все не угорели, матушка. Тетюев-то...

— Что Тетюев?

— Ах, отстань. Не твоего бабьего ума дело...

Мысль о Тетюеве и генерале Блинове просто давила Родиона Антоныча, и он напрасно бегал от нее по своему расписанному дому. Везде было хорошо, уютно, светло, но от этого Родиону Антонычу делалось еще тяжелее, точно пред ним живьем вставала та темнота, из которой возникало настоящее великолепие и довольство. Да и было от чего застонать: место под дом Родиону Антонычу подарил один подрядчик, которому он устроил деловое свидание с Раисой Павловной. Давно приглядывался к этому местечку Родион Антоныч — ах, хорошее было местечко: с садом у самого пруда!— а тут сам бог и нанес подрядчика; камень и кирпич поставил при случае другой подрядчик, когда пристраивали флигель к господскому дому. И подрядчик не в накладе остался, да и Родион Антоныч даром получил материал; железо на крышу, скобки да гвоздики были припасены еще заранее, когда Родион Антоныч был еще только магазинером,— из остатков и разной заводской "ветхости"; лес на службы и всякое прочее обзаведение привезли сами лесообъездчики тоже ни за грош, потому что

44

Родион Антоныч, несмотря на свою официальную слепоту, постоянно ездил с Майзелем за дупелями. Дом клали из даровых кирпичей, штукатурили, крыли крышей, красили, украшали — все это делалось при случае разными нужными людьми, которые сами после приходили благодарить Родиона Антоныча и величали его в глаза и за глаза благодетелем. А разве кого Родион Антоныч притеснил, обидел? Все сами делали... Еще Родион Антоныч не успел подумать, а нужный человек уж говорит: "Родной Антоныч, вам бы крышку-то малахитцом покрасить... Оно бы в лучшем виде, потому как там течь и всякое прочее!" Глядишь, крыша и выкрашена даром, да еще нужный же человек и благодарит, что ему позволили испытать такое удовольствие. Все делалось как-то само собой — каждый гвоздь сам собой лез в стену, песочек, глинка, известочка и прочая строительная благодать тоже сама собой тащилась с разных сторон к дому,— и вдруг все это начнет расползаться в разные стороны — тоже само собой. Родион Антоныч живо видел все каверзы и проделки, при которых созидал свое настоящее; он считал их давно похороненными и забытыми, и вдруг какая-нибудь пройдоха примется раскапывать всю подноготную! При одной мысли о такой возможности Родиона Аитоныча прошибал холодный пот, хотя в душе он считал себя бессребреником, что выводилось, впрочем, сравнительно: другие-то разве так рвали, да сходило с рук! Хотя бывали примеры и другого рода. Недалеко ходить, взять хоть того же старика Тетюева: уж у него-то был не дом — чаша полная,— а что осталось? — так, пустяки разные: стены да мебелишка сборная. Разве Авдей Никитич поправит... Ох, этот Авдей Никитич! Из каждой щели теперь смотрел на Родиона Антоныча этот страшный призрак, заставляя его вздрагивать.

— Что же, я ограбил кого? украл? — спрашивал он самого себя и нигде не находил обвиняющих ответов.— Если бы украсть — разве я стал бы руки марать о такие пустяки?.. Уж украсть так украсть, а то... Ах ты, господи, господи!.. Потом да кровью все наживал, а теперь вот под грозу попал.

Что ни делал Родион Антоныч, он никак не мог успокоиться. Даже в курятнике, куда он зашел по привычке, все было не по-старому: все эти кохинхинки, куропаточные, "галанки", бойцовые сегодня точно сговорились вывести его из терпения. Драка, беспорядок, отчаянное кудахтанье. В этом птичьем гаме Родиону Антонычу все слышались роковые звуки: "Тетюев — Тетюев — Тетюев — Тетюев... Блинов — Блинов — Блинов — Блинов"... Точно в самое ухо забрался какой-то безголовый дьячок и долбит поминанье за поминаньем, как в родительскую субботу. Великолепный брахмапутровый петух, гордость и сладость Родиона Антоныча, выглядел сегодня совсем плохо и только глупо моргал глазами, точно его оглушили. "Уж не окормил ли его кто-нибудь солью?" — подумал Родион Антоныч, но сейчас же спохватился и, махнув рукой, фатально проговорил:

— Все к одному пошло...

Даже ночью, когда Родион Антоныч лежал на одной постели со своей женой, он едва забылся тревожным тяжелым сном, как сейчас же увидал самый глупейший сон, какой только может присниться человеку. Именно, видит Родион Антоныч, что он не Родион Антоныч, а просто... дупель. Как есть, настоящий дупель: нос вытянулся, ноги голенастые, все тело обросло перышками пестренькими. Видит Родион Антоныч, что ходит он по болоту и копает носом вязкую тепловатую тину, и так ему хорошо: в воздухе парит, над ним густая осока колышется, всякая болотная мошка гудит-гудит... И вдруг, его собственный Зарез шасть в это самое болото и давай нюхать. Да ведь как взялся-то, разбойник! картину с него пиши! Вот ближе, ближе... На след напал, вот уж слышно, как он обнюхивает кочки и бултыхает лапами по воде. Дупель припал за кочку и даже закрыл глаза от страху... Ближе, ближе... Собака остановилась над ним и сделала молодецкую стойку! Родион Антоныч хочет взлететь, но никак не может подняться, открывает со страху глаза и вскрикивает: вместо Зареза над ним стоит та особа, о которой писал Загнеткин, а в сторонке покатывается со смеху Тетюев.

Родион Антоныч несколько раз просыпался в холодном поту, судорожно крестил свое толстое, заплывшее лицо, охал и долго ворочался с боку на бок.

VII

Округ Кукарских заводов занимал собой территорию в пятьсот тысяч десятин, что равнялось целому германскому княжеству или даже маленькому европейскому королевству. На этом громадном пространстве было разбросано семь заводов: Логовой, Исток, Заозерный, Мельковский, Баламутский, Куржак и Кукарский. Центр заводской тяжести распределялся по заводам, конечно, не одинаково. Главным заводом в

46

административном отношении считался Кукарский, раз — потому, что это был самый старый и самый большой завод, во-вторых, потому, что он занимал центральное положение относительно других заводов. За ним, вторым по важности, следовал Баламутский завод. Он занимал лесной, богатый топливом район и поэтому с каждым годом все шире и шире развивал свои операции. Остальные заводы служили дополнениями этих двух, переделывая черновое железо с Баламутского завода в сортовое. Заозерный существовал только благодаря богатому запасу воды, которая служила неистощимой двигающей силой, а Куржак вырос около богатого железного рудника.

Кукарский завод являлся, таким образом, во главе всех других заводов, их душой и административным сердцем, от которого радиусами разбегались по другим заводам все предписания, ордеры, рапорты и рапортички. Служить на Кукарском заводе, на виду у начальства, считалось завидной честью, о которой мелкая служительская сошка с других заводов иногда напрасно мечтала целую жизнь. Насколько громадное значение имел Кукарский завод, достаточно сказать только то, что во всех заводах, вместе с селами, деревнями и "половинками", считалось до пятидесяти тысяч рабочего населения. В крепостное время из Кукарского завода особенно много налетало напастей по окрестностям: главный управляющий тогда пользовался неограниченной властью и гнул в бараний рог десятки тысяч безответных людей. Кукарского завода боялись и сами приказчики мелких заводов, потому что это был крепостной, подневольный народ. Случалось нередко так, что приказчики попадали "в гору", то есть в железпып рудник, что тогда считалось равносильным каторге. Какой-нибудь Тетюев пользовался княжескими почестями, а насколько сильна была эта выдержка на всех уральских заводах, доказывает одно то, что и теперь при встрече с каждым, одетым "по-городски", старики рабочие почтительно ломают шапки. Только людям "оборотистым", каким был, например, Родион Антоныч, Кукарский завод был настоящей обетованной землей, где можно было добиться всего.

Сын какого-то лесообъездчика, Родион Антоныч первоначальное свое бытие получил в кукарской заводской конторе в качестве крепостного писца, которому выдавалось жалованья три с полтиной на ассигнации в месяц, то есть на наш счет — всего один рубль. Счастье для Сахарова заключалось в том, что он служил в Кукарском заводе и поймал случай попасть на глаза к самому старику Тетюеву. В свое время Тетюев был гроза и все заводы держал в ежовых рукавицах. Под его железной лапой задохлось много даровитых и умных людей, которые не умели подслуживаться и подличать. А для покладистого Родиона Антоныча такой человек был истинным кладом. Точкой сближения послужило пустое обстоятельство, которое, впрочем, в доброе старое время многих вывело в люди: это обстоятельство — красивый почерк. Нынче уже мало так пишут, что зависит, может быть, оттого, что стальным пером нельзя достичь такого каллиграфического искусства, как гусиным, а может быть, и оттого, что нынче меньше стали ценить один красивый почерк. Одним словом, как-никак, а Сахарова заметили — этого уже было достаточно, чтобы сразу выделиться из приниженной, обезличенной массы крепостных заводских служащих, и Сахаров быстро пошел в гору, то есть из писцов попал прямо в поденные записчики работ,— пост в заводской иерархии довольно видный, особенно для молодого человека.

Но здесь же Сахаров и получил первый жестокий урок за свое излишнее усердие: чтобы выслужиться, он принялся нажимать на рабочих и довел их до того, что в одну темную осеннюю ночь его так поучили, что он пролежал в больнице целый месяц.

— Эх, братец, ты не тово...— весело заметил старик Тетюев, когда выздоровевший Сахаров пришел к нему за приказаниями.— Не везде нужно с маху брать, а ты потихоньку да исподволь тяни...

— Я, Никита Ефремыч, всегда буду исподволь и потихоньку...

— Ну, вот так-то лучше: все люди — все человеки. Мало ли я что вижу, а другой раз и смолчу. Так-то...

Этот урок глубоко запал в душу Родиона Антоныча, так что он к концу крепостного права, по рецепту Тетюева, добился совершенно самостоятельного поста при отправке металлов по реке Межевой. Это было тепленькое местечко, где рвали крупные куши, но Сахаров не зарывался, а тянул свою линию год за годом, помаленьку обгоняя всех своих товарищей и сверстников.

— Хочешь, я тебя приказчиком сделаю в Мельковском заводе? — говорил ему в веселую минуту старик Тетюев.— Главное — ты хоть и воруешь, да потихоньку. Не так, как другие; назначишь его приказчиком, а он и давай надуваться, как мыльный пузырь. Дуется-дуется, глядишь, и лопнул...

Сахаров отказался от такой чести, раз — потому, что

караванное дело по части безгрешных доходов было выгоднее, а второе — потому, что не хотел хоронить себя где-нибудь в Мельковском заводе.

— Ну, тебе лучше знать...— согласился нравный старик, благодушествовавший после горячей бани.— Ты и так не пропадешь.

— Я по письменной части больше, Никита Ефремыч...

— Вот и вышел дурак: хочешь околеть с голоду с своей письменной частью! Убирайся с глаз долой!..

Когда Родион Антоныч считал себя совсем на линии, освобождение крестьян чуть не размыло его благополучия вплоть до самого основания.

Погром пошел сверху донизу. Крепостные порядки кончились, и на их место пошли новые. Даровой крепостной труд нужно было заменить трудом наемным, оставляя цифру владельческих доходов нетронутой. Старик Тетюев был совсем негоден для выполнения такой сложной задачи и прочил передать свое место сыну Авдею. Но случилось не так: сам Тетюев неожиданно получил чистую отставку, хотя и с приличным пенсионом, а на его место, по протекции всесильного Прейна, был назначен Горемыкин. Рассказывали интересный анекдот о том, как выжили Тетюева с места. Отказать заслуженному старику прямо не решались, нужно было подыскать предлог. Специально за этим на заводы выехал Прейн и прожил целое лето, напрасно выжидая, что старый Тетюев догадается и сам подаст в отставку. Может быть, Прей так и уехал бы в Петербург с пустыми руками, а Тетюев остался бы опять царствовать на заводах, но нашелся маленький служащий, который научил, что нужно было сделать. Именно, Прейн назначил внезапную ревизию заводоуправления и послал за Тетюевым как раз в тот момент, когда старик только что сел обедать — самое священное время тетюевского дня. Тетюева взорвало, он наотрез отказался идти в контору и тут же, не выходя из-за стола, подал в отставку. Гордый старик не перенес такого удара и прожил в отставке всего несколько месяцев: его хватил кондрашка. За Тетюевым полетели с своих мест все другие приказчики, за исключением двух-трех, которые удержались на своих местах каким-то чудом. Родион Антоныч тоже потерял свое место и некоторое время находился совсем не у дел. Реформы, как все реформы, начались с сокращений и урезок: сократили количество служащих, урезали всем жалованье, прибавили работы и т. д. Впрочем, сам Горемыкин в этом случае не был виноват ни душой, ни телом: всем делом верховодила Раиса Павловна, предоставившая мужу специально заводскую часть. Вместо старых крепостных приказчиков везде были понасажены управителями люди, получившие специальное образование, потому что Горемыкин хотел пополнить все ущербы, понесенные отменой крепостного права, расширением заводской производительности. Как специалист-техник и честный человек, он был незаменим. Но в практическом отношении ему недоставало многих качеств. Так, он не умел выбирать людей и часто попадал под влияние очень сомнительных личностей.

— Что же, это очень естественно, что я в каждом прежде всего стараюсь видеть честного человека,— оправдывался иногда Горемыкин.

— Очень убедительно для всех, кто привык, чтобы его везде водили за нос,— замечала Раиса Павловна с своей стороны.

Чтобы пробить себе дорогу при новом порядке вещей, Сахаров поступил сначала в счетное отделение, которое славилось тем, что здесь служащие, заваленные письменной работой, гибли, как мухи. Конечно, Сахаров мечтал не о такой письменной части и очень скоро попал на настоящую дорогу. Нужно было составлять уставную грамоту, которая для заводов являлась вопросом самой капитальной важности. В это смутное время еще не выяснилось хорошенько, где будут самые больные места совершавшегося акта. Неразрывные до тех пор интересы заводовладельца и мастеровых теперь раскалывались на две неровных половины, причем нужно было вперед угадать, как и где встретятся взаимные интересы, что необходимо обеспечить за собой и чем, ничего не теряя, поступиться в пользу мастеровых. Для решения массы возникших недоразумений и вопросов были устроены еженедельные съезды новых управителей, которые и выработали после усиленных хлопот проект уставной грамоты. Вот этот-то проект и дал случай Родиону Антонычу после разгрома крепостного права не только вынырнуть из неизвестности, но встать на такую высоту, с которой его уже трудно было столкнуть. Прочитавши проект уставной грамоты, выработанный управительскими съездами, он по поводу его составил собственную докладную записку, в которой очень подробно и основательно разобрал все недостатки выработанного проекта. К докладной записке был приложен собственный проект Родиона Антоныча. Вся эта "история" при помощи хорошего человека была партикулярным путем передана в руки самой Раисы Павловны. Когда эта умная женщина, достаточно умудренная в изворотах и петлях внутренней политики, прочла докладную записку Родиона Антоныча, то пришла положительно в восторженное состояние, хотя такие душевные движения совсем были не в ее натуре.

— Это Мазарини... Нет, Ришелье!..— воскликнула она несколько раз, перечитывая записку Родиона Антоныча.— Так все предусмотреть и предугадать,— нет, это положительно Ришелье... И какая дьявольски тонкая работа, какая проницательность!..

Первым делом Раисы Павловны было, конечно, сейчас же увидать заводского Ришелье, о котором, как о большинстве мелких служащих, она до сих пор ничего не знала. Непрезентабельный вид Родиона Антоныча и особенно его рабья манера держать себя несколько поохладили восторги Раисы Павловны. Ее аристократическую выдержку сильно шокировали стоны и вздохи вновь явленного Ришелье, который морщился и стонал, как раздавленный. Жирная физиономия и заискивающе-покорные взгляды Родиона Антоныча тоже были не в его пользу, но Раиса Павловна была, как многие умные женщины, немного упряма и не желала разочароваться в своей находке. Она взяла Ришелье таким, каким он явился к ней на выручку в критический момент. В этом случае она поддалась чисто женской слабости, хотя сама же первая смеялась над ней в других людях.

— Как это вы до сих пор пропадали в неизвестности с такой головой? — откровенно удивлялась Раиса Павловна прямо в глаза Родиону Антонычу.

— Темное время было, сударыня-с...

— Зачем вы говорите: "сударыня-с"... Зовите меня по имени.

— Буду стараться, Раиса Павловна-с.

Это "с" немного покоробило Раису Павловну, но с такой маленькой частичкой можно было и помириться.

— При Никите Ефремыче трудно было, суд... Раиса Павловна, особенно, ежели кто был расположен к письменной части. Они самую эту письменную часть, можно сказать, совсем ни во что ставили...

— Да... Но теперь другое время... Извините, все забываю: как вас зовут?

— Родион Антонов.

— Ах, да, Родион Антоныч... Что я хотела сказать? Да, да... Теперь другое время, и вы пригодитесь заводам. У вас есть эта, как вам сказать, ну, общая идея там, что ли... Дело не в названии. Вы взглянули на дело широко, а это-то нам и дорого:

51

и практика и теория смотрят на вещи слишком узко, а у вас счастливая голова...

Умиленный этими похвалами, Родион Антоныч даже пощупал свою "счастливую" голову, которая до сих пор шла за самую обыкновенную.

— А так как вы питаете такое пристрастие к письменной части, то вам и книги в руки: мужу необходим домашний секретарь — вот вам на первый раз самое подходящее место. А вперед увидим...

Составленный Родионом Антонычем проект уставной грамоты действительно был chef-d'œuvre'ом[4] в своем роде. Он обеспечил за Кукарскими заводами такие преимущества, которые головой выдавали десятки тысяч заводского населения в руки заводовладельца. Даже сомнительные статьи, которые, кажется, трудно было обойти, были так неясно редактированы и опутаны такими хитросплетенными условиями, что можно было только удивляться великой творческой спле приказного крючкотворства. Во-первых, по этой уставной грамоте совсем не было указано сельских работников, которым землевладелец обязан был выделить крестьянский надел, так что в мастеровые попали все крестьяне тех деревень, какие находились в округе Кукарских заводов. Затем, все мастеровые, по новой грамоте, пользовались выгоном, покосами, росчистями и лесом "на прежних основаниях", пока заводовладелец не изменит их по собственному усмотрению и пока мастеровые работают на его заводах. В виде особенной милости заводовладельца мастеровые получили от него в дар свои дома и усадьбы. Оговорено было даже то, что содержание церквей, школ и больниц остается на том же усмотрении заводовладельца, который волен все это в одно прекрасное утро "прекратить", то есть лишить материального обеспечения. Но центр тяжести всей уставной грамоты заключался в том, что уставная грамота касалась только мастеровых и давала нм известные условные гарантии только на том условии, если они будут работать на заводах. Все остальное население, которое не принимало непосредственного участия в заводской работе, совсем не шло в счет. Так что в результате на стороне заводовладельца оставались все выгоды, даже был оговорен оброк за пользование покосами и выгонами с тех мастеровых, которые почему-либо не находятся на заводской работе. Помещикам, наградившим своих бывших крепостных кошачьими даровыми

---

4 шедевром (фр.).

наделами, во сне никогда не снилось ничего подобного, особенно если принять во внимание то обстоятельство, что Лаптев был даже не заводовладелец в юридическом смысле, а только "пользовался" своими полумиллионами десятин богатейшей в свете земли на посессионном праве. Благодаря проекту Родиона Антоныча кукарское заводоуправление брало не только со всех посторонних, но даже со своих собственных мастеровых за пользование казенной землей в свою выгоду очень почтительный оброк — пятьдесят копеек и дороже за каждую десятину. Спорный юридический вопрос о правах посессионных владельцев на недра земли, в случае нахождения в них минеральных сокровищ, тоже был выговорен уставной грамотой в пользу заводовладельца, так что мастеровые не могли быть уверены, что у них не отберут для заводских целей даже те усадебные клочки, которые им принадлежат по закону, но которые, по проекту уставной грамоты Родиона Аптоныча, великодушно были подарены им заводовладельцем. Словом, в юридическом отношении проект Родиона Антопыча составлял выдающееся явление.

Раиса Павловна со своей стороны осыпала всевозможными милостями своего любимца, который сделался ее всегдашним советником и самым верным рабом. Она всегда гордилась им как своим произведением; ее самолюбию льстила мысль, что именно она создала этот самородок и вывела его на свет из тьмы неизвестности. В этом случае Раиса Павловна обольщала себя аналогией с другими великими людьми, прославившимися уменьем угадывать талантливых исполнителей своих планов.

Родион Антоныч, конечно, быстро освоился в своей новой обстановке и быстро забрал в свои руки все кругом. Погром, произведенный 19 февраля, оставил в его душе неизгладимый горький след, который заставлял его постоянно морщиться и стонать. Он так сросся душой и телом с крепостными порядками, что не мог помириться ни с чем новым, даже ради той сторицы, какую теперь получил. Его постоянно сосал какой-то червь, который не давал покоя. Неисправимый крепостник в душе, Родион Антоныч давил и гнул все новые порядки и всех новых людей, насколько хватало сил. Это был своего рода крепостной фанатизм, и в этом отношении у Родиона Антоныча была родственная черта с замашками великих французских кардиналов, хотя, конечно, это были величины несоизмеримые. Достаточно сказать, что ни одного дела по заводам не миновало рук Родиона Антоныча, и все обращались к нему, как к сказочному волшебнику. Его влияние отражалось на всех сферах заводской жизни и деятельности.

Но интереснее всего было то, как расправлялся Родион Антоныч с теми, кто ему не поддавался. Первым таким делом было то, что несколько обществ, в том числе и Кукарское, не захотели принять составленной им уставной грамоты, несмотря ни на какие увещания, внушения и даже угрозы. Глупые мужики уперлись и стояли на своем. Отыскались неизвестные законники, которые сумели растолковать им, какой паутиной опутывала их уставная грамота. Мировой посредник, становые, исправник выбивались из сил, стараясь привести стороны к соглашению: мужичье стояло на своем. Тогда взялся за эту распрю Родион Антоныч и покончил ее в несколько дней: подыскал несколько подходящих старичков, усовестил их, наобещал золотые горы, и те подмахнули за все общество. Этого было достаточно на первый раз, а там пусть дело гуляет по судам да палатам. Как упрямые мужики ни артачились, как ни хлопотали, дело оставалось в том положении, в какое его поставил Родион Антоныч, а сельские общества только несли убытки от своих хлопот да терпели всяческое утеснение на заводской работе.

— Еще бабушка-то надвое сказала,— говорил Родион Антоныч жалившимся общественникам.— Вы бы мирком да ладком лучше старались...

В этом случае он хотел показать заводскому населению, обрадовавшемуся "воле", что крепостное право для него еще не миновало. Ему доставляло громадное наслаждение давить этих свободных мастеровых на всех пунктах, особенно там, где специально заводские интересы соприкасались с интересами населения.

Другим подвигом, прославившим имя Родиона Антоныча, была его упорная борьба с Ельниковским земством, другими словами — с Авдеем Никитичем Тетюевым. Но здесь Родиону Антонычу пришлось некоторым образом идти даже против самого себя, потому что перед самой фамилией Тетюевых, по старой привычке, он чувствовал благоговейный ужас и даже полагал некоторое время, что Авдей Никитич в качестве нового человека непременно займет батюшкино местечко. Но вышло не так,— одолела Раиса Павловна, и ему прпшлось идти против заветного имени. Но в этом случае Родион Антоныч утешал себя тем, что начал поход против Тетюева не по собственной инициативе, а только творил волю пославшего. Борьба между земством, с одной стороны, и заводоуправлением, с другой, велась не на живот, а на смерть. Оно и понятно... Как! когда заводы на Урале в течение двух веков пользовались неизменным покровительством государства, которое поддерживало их постоянными субсидиями, гарантиями и высокими тарифами; когда заводчикам задаром были отданы миллионы десятин на Урале с лесами, водами и всякими минеральными сокровищами, только насаждай отечественную горную промышленность; когда на Урале во имя тех же интересов горных заводов не могли существовать никакие огнедействующие заведения, и уральское железо должно совершать прогулку во внутреннюю Россию, чтобы оттуда вернуться опять на Урал в виде павловских железных и стальных изделий, и хромистый железняк, чтобы превратиться в краску, отправлялся в Англию,— когда все это творилось, конечно, притязания какого-то паршивого земства, которое ни с того ни с сего принялось обкладывать заводы налогами, эти притязания просто были смешны. Но Тетюев не дремал, и в первый же год существования земства Кукарские заводы были обложены пятьюдесятью тысячами налога.

— Родион Антоныч, я ничего не пожалею, чтобы сломить Тетюева! — заявила Раиса Павловна.— Это бессовестно: пятьдесят тысяч... Раньше заводы не несли никаких налогов и пользовались даровым трудом крепостных, а теперь и то и другое.

— Можно будет постараться, Раиса Павловна. Только мы будем подводить свою линию под Авдоя Никитича исподволь да потихоньку... Дело-то вернее будет!..

— Как хотите, так и делайте... Если хлопоты будут стоить столько же, сколько теперь приходится налогов, то заводам лучше же платить за хлопоты, чем этому земству! Вы понимаете меня?

Политика Родиона Антоныча приводилась в действие, и результаты не замедлили себя показать: сначала были изъяты из обложения земскими налогами золотые промысла, потом железный рудник, фабрики и т. д. Ходатайства, докладные записки и прошения дождем сыпались в Петербург, где разные нужные человечки умели вовремя их представить куда следует. Каша заварилась вкрутую, и политика Родиона Антоныча много испортила крови Тетюеву. Например, гора Куржак, целиком состоявшая из магнитного железняка и по приблизительным вычислениям заключавшая в себе до тридцати миллиардов богатейшей в свете железной руды, приносила земству всего-навсего два рубля семнадцать копеек дохода, как любая усадьба какого-нибудь мастерового. Тетюев рвал на себе волосы, когда заходила речь о Куржаке, но поделать с последовательной политикой Родиона Антоныча ничего не мог. Когда все законные способы ограничения земской дерзости были исчерпаны, Родион Антоныч вкупе с Раисой Павловной решились нанести этому ненавистному учреждению самый роковой удар его же собственным оружием: неисповедимыми путями в Ельниковское земское собрание большинство гласных были избраны заводские приспешники и клевреты управителя, поверенные, разная мелкая служащая сошка и, наконец, сам Родион Антоныч, который сразу организовал большинство голосов в свою пользу. Сам губернатор был на стороне Родиона Антоныча и назначал председателями земских собраний тех лиц, на которых указывало кукарское заводоуправление. Таким образом, с каждым годом, по мере того как возрастала земская сумма налогов, Кукарские заводы платили меньше и меньше, слагая свою долю на крестьянское население. Тетюев был совсем прижат к стене, и, казалось, ему ничего не оставалось, как только покориться и перейти на сторону заводов, но он воспользовался политикой своих противников и перешел из осадного положения в наступающее. Поездка Лаптева в сопровождении генерала Блинова служила самым блестящим ответом с его стороны Родиону Антонычу и Раисе Павловне за всю их политику против него. Стороны теперь встали окончательно лицом к лицу, чтобы нанести друг другу последний и самый решительный удар.

Усложняющим обстоятельством в этой крупной игре являлись интриги и происки Майзеля с другими управителями, которые, как это свойственно человеческой природе, желали сами занять место повыше. Но Родион Антоныч относился к этим случайным людям с достойным презрением. Что они такое были сами по себе? Мыльные пузыри, не больше. Всплывет, покружится, поиграет и рассыплется радужной пылью... Этим людям везде скатертью дорога; где больше дадут — там они и покорные слуги. Это уж совсем не то, что Раиса Павловна, Авдей Никитич или сам Родион Антоныч. Для них троих заводы составляли все, они к ним приросли, вне их ничего не желали знать. Тот же Авдей Никитич, легко сказать, тянет второе трехлетие председателем управы и глазом не моргнет. Все крепкий, ухватистый народ, хотя и не без недостатков. Родион Антоныч, например, когда строил свой дом, то прежде чем перейти в него, съездил за триста верст за двумя черными тараканами, без которых, как известно, богатство в доме не будет держаться. Он же лечился хрусталем, когда у него болели глаза. Доктор Кормилицын пришел в ужас, когда узнал рецепт этого хрустального лечения. Именно: Родион Антоныч взял толстый хрустальный стакан, истолок его в порошок и это толченое стекло выпил преблагополучным образом. Раиса Павловна верила в сны и разные другие приметы, а Тетюев занимался спиритизмом.

VIII

Мы уже видели, как Родион Антоныч принял известие о приезде Лаптева на заводы. Он был трус по натуре и, как всякий трус, после первого припадка отчаяния деятельно принялся отыскивать путь к спасению. Прежде всего в нем поколебалась вера в Раису Павловну, которая не сегодня-завтра слетит с своей высоты. Раиса Павловна с свойственной ей проницательностью давно изучила заячью душу своего Ришелье и сейчас же угадала истинный ход его мыслей. Это обстоятельство ее не особенно огорчило, потому что она бывала и не в таких переделках и выходила суха из воды. Как все великие психологи-практики, она умела больше всего воспользоваться дурными сторонами и слабостями других людей в свою пользу. Так и теперь она решилась воспользоваться страхом Родиона Антоныча перед Тетюевым.

В господском доме шел ужаснейший переполох по случаю приезда барина, который не бывал на заводах с раннего детства. Для его приема готовили главный корпус господского дома, где на скорую руку переклеивали обои, обивали мебель, лощили полы, подкрашивали и замазывали каждую щель. Прейн был не особенно прихотливый человек и довольствовался всего двумя комнатами, которые сообщались с половиной Раисы Павловны и с кабинетом самого владельца. Для такого важного гостя, как сам заводовладелец, нужно было устроить княжеский прием. Не хватило тысячи самых необходимых вещей, которых в Кукарском заводе и в уездном городишке Ельникове не достанешь ни за какую цену, а выписывать из столицы было некогда.

— Как же мы будем? — спрашивал Родион Антоныч.

— А Прейн? — отвечала удивленная Раиса Павловна.— Ах, как вы просты, чтобы не сказать больше... Неужели вы думаете, что Прейн привезет Лаптева в пустые комнаты? Будьте уверены, что все предусмотрено и устроено, а нам нужно позаботиться только о том, что будет зависеть от нас. Во-первых, скажите Майзелю относительно охоты... Это главное. Думаете, Лаптев будет заниматься здесь нашими делами? Ха-ха... Да он умрет со скуки на третьи сутки.

— А Блинов?

— Ну, это еще бабушка надвое сказала: страшен сон, да милостив бог. Тетюев, кажется, слишком много надеется на этого генерала Блинова, а вот посмотрите... Ну, да сами увидите, что будет.

— Увидим, все увидим,— уныло соглашался Родион Антоныч, терявший последние признаки своей бодрости при одном имени барина.

— Да вы не трусьте; посмотрите на меня, ведь я же не трушу, хотя могла бы трусить больше вашего, потому что, во-первых, главным образом все направлено против меня, а во-вторых, в худом случае я потеряю больше вашего.

Родион Аитоныч щупал свою голову, вздыхал и даже тряс ушами, как понюхавшая дыму собака.

— Я давно хочу вам сказать, Раиса Павловна, одну вещь...— нерешительно заговорил Сахаров.— Нельзя ли будет войти в какое-нибудь соглашеиие-с...

— С Тетюевым? Никогда!.. Слышите, никогда!.. Да и поздно немного... Мы ему слишком много насолили, чтобы теперь входить в соглашения. Да и я не желаю ничего подобного: пусть будет что будет.

Стороны взаимно наблюдали друг друга, и Родиона Аптоныча повергло в немалое смущение то обстоятельство, что Раиса Павловна, даже ввиду таких критических обстоятельств, решительно ничего не делает, а проводит все время с Лушей, которую баловала и за которой ухаживала с необыкновенным приливом нежности. К довершению всех бед черные тараканы поползли из дома Родиона Антоныча, точно эта тварь предчувствовала надвигавшуюся грозу.

Действительно, Раиса Павловна, кажется, совсем не желала видеть, что делается кругом, как торопливо белили заводские здания, поправляли заборы, исправляли улицы, отовсюду убирали щепы и мусор. Особенное внимание было обращено на фабрики, где внутренний двор теперь был усыпан песком и каждая машина, при помощи песку н разных порошков, чистилась и охорашивалась, точно невеста под венец. Облупившаяся штукатурка, отставшие доски, проржавевшее железо — все одинаково подвергалось поправкам. Заводский надзиратель, плотинный, уставщики — все лезли из кожи, чтобы привести фабрику в настоящий форменный вид.

Доменные печи были выкрашены заново розовой краской, механический корпус — бледно-сиреневой, катальная фабрика — желтой и т. д. Пробоины в крышах и стенах заделывались, выбитые стекла вставлялись, покосившиеся двери навешивались прямо, даже пудлинговые, отражательные, сварочные и многие иные печи не избегали общей участи и были густо намазаны каким-то черным блестящим составом.

Платон Васильевич почти не выходил из фабрики, ставилось громадное маховое колесо для сортовой катальни. Раньше в Кукарском заводе приготовляли только болванку, которая переделывалась в мелкое сортовое железо уже на других заводах. Мельковский славился своим листокатальным производством, Заозерный — полосовым и проволокой, Баламутский — рельсами и т. д. Горемыкин задался целью расширить производительность заводов в качественном отношении, чтобы не тратить напрасно денег на перевозку металлов с завода на завод. Другая стальная болванка, из каких делаются рельсы, прогуливалась из Кукарского завода в Баламутский и обратно раз до шести, что напрасно только увеличивало стоимость готовых рельсов и набивало карманы разных подрядчиков, уделявших, конечно, малую толику кое-кому из влиятельных служащих. Разные безгрешные доходы процветали в полной силе, и к ним все так привыкли, что общим правилом было то, чтобы всяк сверчок знал свой шесток и чтобы сору из избы не выносил. Горемыкин, несмотря на свои физические немощи и плохое зрение, всегда сам наблюдал за производившимися работами, а теперь в особенности, потому что дело было спешное. Он ходил домой только есть, а все остальное время проводил на фабрике. В этом царстве огня и железа Горемыкин чувствовал себя больше дома, чем в своей квартире в господском доме. Для него было наслаждением по целым часам наблюдать торопливую фабричную работу, которая кипела кругом. Это была настоящая работа гномов, где покрытые сажей человеческие фигуры вырывались из темноты при неровно вспыхивавшем пламени в горнах печей, как привидения, и сейчас же исчезали в темноте, которая после каждой волны света казалась чернее предыдущей, пока глаз не осваивался с нею. Старик на время забывал о своих недостатках: при ослепительном блеске добела раскаленного железа он отчетливо различал подробности совершавшейся работы и лица всех рабочих; при грохоте вертевшихся колес и стучавших чугунных валов говорить можно было, только напрягая все свои голосовые средства, и Горемыкин слышал каждое слово. Когда ок выходил из фабрики на свежий воздух, предметы опять сливались в его глазах, принимая туманные, расплывавшиеся очертания — обыкновенный дневной свет был слаб для его глаз. Точно так же и ухо не могло уловить обыкновенного разговора, и он делал какое-то сосредоточенно-глупое лицо, стараясь не выдавать своей глухоты. Вообще Горемыкин жил полной, осмысленной жизнью только на фабрике, где чувствовал себя, как и все другие люди, но за стенами этой фабрики он сейчас же превращался в слепого и глухого старика, который сам тяготился своим существованием. За минуту одушевленное лицо, точно омытое волной свежих впечатлений, быстро теряло свой жизненный колорит и получало вопросительно-недоумевающее выражение.

Кроме своего заводского дела, во всех других отношениях Горемыкин был чистейшим ребенком. Его душа слишком крепко срослась с этими колесами, валами, эксцентриками и шестернями, которые совершали работу нашего железного века; из-за них он не замечал живых людей, вернее, эти живые люди являлись в его глазах только печальной необходимостью, без которой, к сожалению, самые лучшие машины не могут обойтись. Старик мечтал о том, как шаг за шагом, вместе с расширением производства, живая человеческая сила мало-помалу заменяется мертвой машинной работой и тем самым устраняются тысячи тех жгучих вопросов, какие создаются развивающейся крупной промышленностью. С этой именно точки зрения он и смотрел на все те общественные и экономические вопросы, которые создавались жизнью специально заводского населения. В них он видел только механическое препятствие, вроде того, какое происходит от трения колеса о собственную ось. В будущем, вместе с развитием промышленности и усовершенствованием техники, они падут до своего естественного минимума. Это была слишком своеобразная логика, но Горемыкин вполне довольствовался ею и смотрел на работу Родиона Антоныча глазами постороннего человека: его дело — на фабрике; больше этого он ничего не хотел знать. Машины, машины и машины,— чем больше машин, тем меньше живых рабочих, которые только тормозят величественное движение промышленности. Горемыкин проводил у семейного очага очень немного времени, но и оно не было свободно от заводских забот; он точно уносил в своей голове частицу этого двигавшегося, вертевшегося, пилившего и визжавшего железа, которое разрасталось в громадное грохотавшее чудовище нового времени. Перед этим чудовищем все отступало на

60

задний план, действительность представлялась в самом миниатюрном масштабе, а действующие лица походили на пигмеев. Железный братец Антей каждым своим движением давил кого-нибудь из пигмеев и даже не был виноват, потому что пигмеи сами лезли ему под ноги на каждом шагу.

— Я уверен,— говорил Горемыкин жене,— что Евгению Константинычу стоит только взглянуть на наши заводы, и все Тетюевы будут бессильны.

— Ты думаешь? Ха-ха... Да Евгений Константиныч и не заглянет к вам на фабрики. Очень ему нужно глотать заводскую пыль...

— А вот увидишь.

Раисе Павловне ничего не оставалось, как только презрительно пожать своими полными плечами и еще раз пожалеть о том обстоятельстве, что роковая судьба связала ее жизнь с жизнью этого идиота. Что такое этот Платон Васильич, если его разобрать? Сумасброд, ничтожность. Своим настоящим выдающимся положением он обязан ей — и только ей одной. Она создала его точно так же, как создала Родиона Антоныча и как теперь создавала Лушу. И ей же приходится испить всю чашу предстоящих испытаний исключительно из-за мужа... Ну как она покажет его Евгению Константинычу, с его глухотой и слепыми глазами? Предстоявший позор вперед заливал краской ее обрюзгшие, полные щеки. Мерзавец Тетюев хорошо рассчитал удар: если он ничего и не выиграет, то чего будет стоить Раисе Павловне эта новая победа над Тетюевым. У ней просто начинала кружиться голова от одолевавших ее планов, и она невольно припоминала ту лису, которая с своей тысячью думушек попала к старухе на воротник.

Первые неприятности уже дали себя почувствовать Раисе Павловне.

В господском доме были заведены Раисой Павловной официальные завтраки по воскресеньям. На этих завтраках фигурировал прежде всего заводской beau monde[5], который Раиса Павловна держала в ежовых рукавицах, а затем разный заезжий празношатающийся люд — горные инженеры, техники, приезжавшие на сессию члены судебного ведомства, светила юридического мира, занесенные неблагоприятной фортуной артисты, случайные корреспонденты и т. д. Здесь Раиса Павловна являлась настоящей царицей: недаром Тетюев называл господский дом "малым двором", в отплчие от "большого двора", группировавшегося около самого Лаптева.

---

[5] высший свет (фр.).

Люди солидные расточали любезности ее увядшим прелестям, люди средних лет удивлялись уму и великосветским непринужденным манерам, молодежь — ее ласковому приему, отдававшему веселой пикантной ноткой. Вообще все приезжие оставались необыкновенно довольны этими завтраками и следовавшими за ними обедами, слава о которых попадала даже в столичную прессу, благодаря услужливости разных литературных прощелыг. Раиса Павловна умела принять и важное сановное лицо, проезжавшее куда-нибудь в Сибирь, и какого-нибудь члена археологического общества, отыскивавшего по Уралу следы пещерного человека, и всплывшего на поверхность миллионера, обнюхивавшего подходящее местечко на Урале, и какое-нибудь сильное чиновное лицо, выкинутое на поверхность безличного чиновного моря одной из тех таинственных пертурбаций, какие время от времени потрясают мирный сон разных казенных сфер,— никто, одним словом, не миновал ловких рук Раисы Павловны, и всякий уезжал из господского дома с неизменной мыслью в голове, что эта Раиса Павловна удивительно умная женщина. Старичок сановник, сладко закрывая глаза, несколько раз рассказывал себе пикантный анекдот, которым его угостила Раиса Павловна; археолог бережно завертывал в бумагу каменный топор, который Раиса Павловна пожертвовала ему из своей коллекции; миллионер испытывал зуд во всем теле от комплиментов Раисы Павловны; сильное чиновное лицо долго нюхало воздух, насквозь прокуренный Раисой Павловной самым великосветским фимиамом. Когда никого не было из чужих, воскресные завтраки принимали более интимный характер, и Раиса Павловна держала себя, как мать большой семьи. Весь зависевший от главного управляющего люд съезжался на эти завтраки с благоговейным трепетом: здесь постоянно разыгрывались те бескровные драмы, какими полна жизнь, и кипели вечные интриги. Раиса Павловна любила развлекаться этой бурей в стакане воды, где все подкапывались друг под друга, злословили и даже нередко доходили в азарте до рукопашной.

Чтобы дополнить картину этих семейных завтраков, нам остается сказать два слова о demoiselles de compagnie[6], которые вечно ютились под гостеприимной кровлей кукарского господского дома. Раиса Павловна, как многие другие женщины, совсем не создана была для семейной жизни, но она все-таки была женщина и в качестве таковой питала

---

[6] компаньонках (фр.).

непреодолимую слабость окружать себя какими-нибудь компаньонками, недостатка в которых никогда не было. Эти компаньонки, набранные со всех четырех сторон, в глухие сезоны развлекали свою патронессу взаимными ссорами, сплетнями и болтовней, во время приездов служили танцевальным материалом и составляли partie de plaisir[7] для молодых людей и молодившихся старичков; но главная их служба заключалась в том, чтобы своим присутствием оживлять воскресные завтраки, занимать гостей. В настоящее время штат этих приживалок состоял всего из трех экземпляров: институтка Эмма, лимфатическая полная особа немецкого происхождения, какая-то безымянная дворяночка Аннинька, веселое и беспечное создание, и истерическая, некрасивая девица Прасковья Семеновна. Штат этих приживалок очень часто обновлялся. Раньше жила француженка m-lle Louise[8], до нее — красавица Лукина. Судьба этих приживалок была самая странная: они исчезали неизвестно куда, как и появлялись. Никто не замечал таких исчезновений, а сама Раиса Павловна не любила об этом рассказывать. Злые языки говорили, что такие обновления состава приживалок совпадали с приездами Прейна, который, как все старые холостяки, очень любил женское общество.

Из настоящего состава приживалок всего интереснее была судьба Прасковьи Семеновны. Она принадлежала к числу "заграничных", какие еще встречаются кое-где на заводах. Происхождение этого названия относится к первой четверти настоящего столетия, когда уральскими заводчиками овладела мания посылать молодых людей из своих крепостных за границу для получения специального образования по горной части. Из Кукарских заводов было послано двенадцать человек, выбранных из самых способных школьников при заводских училищах. Эти школьники прожили за границей лет десять, получая большое содержание. Они совсем освоились на новой почве и почти все переженились на иностранках. Вдруг их всех требуют в Россию, на заводы. Молодые парочки едут на Урал, где и узнают сначала, что они крепостные Лаптева, следовательно, попали в крепостные и их жены, все эти немки и француженки, а затем они из-под европейских порядков перешли прямо в железные лапы Никиты Тетюева, который возненавидел их за все: за европейский костюм, за приличные манеры, а больше всего за полученное ими европейское

[7] Здесь в смысле — развлечение (фр.).
[8] мадмуазель Луиза (фр.).

образование. Положение "заграничных" в Кукарских заводах было самое трагическое, тем более что переход от европейских свободных порядков к родному крепостному режиму ничем не был сглажен. Тетюев с своей стороны особенно налег на молодых людей, чтобы сразу выбить из них всю европейскую и ученую дурь. Загнанные и забитые, "заграничные" были рассованы по самым ничтожным должностям, на копеечное жалованье, без всякого выхода впереди. Чтобы усугубить кару, Тетюев устроил так, что механики получили места писарей, чертежники — машинистов, минералоги — в лесном отделении, металлурги — при заводских конюшнях. Понятное дело, что такая политика вызвала протесты со стороны "заграничных", и Тетюев рассчитывался с протестантами по-своему: одних разжаловал в простых рабочих, других, после наказания розгами, записывал в куренную работу, где приходилось рубить дрова и жечь уголья, и т. д. Самым любимым наказанием, которое особенно часто практиковал крутой старик, служила "гора", то есть опальных отправляли в медный рудник, в шахты, где они, совсем голые, на глубине восьмидесяти сажен, должны были копать медную руду. Эту каторжную работу не могли выносить самые привычные и сильные рабочие, а заграничные в своих европейских обносках были просто жалки, и их спускали в гору на верную смерть. Но Тетюев был неумолим. Вся эта чудовищная история закончилась тем, что из двенадцати заграничных в три года четверо кончили чахоткой, трое спились, а остальные посходили с ума. Положение заграничных женщин было еще ужаснее, тем более что некоторые из них каким-то чудом вынесли свою каторжную судьбу и остались живы с детьми на руках. Участь этих женщин, даже не умевших говорить по-русски, не привлекла к себе участия заводских палачей, и они мало-помалу дошли до последней степени унижения, до какого в состоянии только пасть голодная, несчастная женщина, принужденная еще воспитывать голодных детей. В чужом краю, среди общих насмешек и презрения, эти женщины являлись каким-то ужасным призраком крепостного насилия. Но и в самые черные дни своего существования они не могли расстаться с своим европейским костюмом, с теми модами, какие существовали в дни их юности... Трагедия переходила в комедию. Эта страшная кара перешла и на детей заграничных, которые явились на свет с тяжелыми хроническими болезнями и медленно вымирали от разных нервных страданий, запоя и чахотки. Прасковья Семеновна, дочь кассельской немки, с раннего детства осталась круглой сиротой и была счастлива, по крайней мере тем, что не видала позора матери. Она с пяти лет страдала истерическими припадками и в качестве блаженненькой проживала по богатым купеческим домам. В разгар своей борьбы с Тетюевым Раиса Павловна обратила на нее свое внимание, взяла ее к себе в дом и принялась воспитывать. Это доброе дело нехорошо было только тем, что оно делалось с специальной целью насолить Тетюеву: пусть он, проповедник гуманных начал и земского обновления, полюбуется, в лице Прасковьи Семеновны, тятенькиными поступками... Прасковья Семеновна с годами приобретала разные смешные странности, которые вели ее к тихому помешательству; в господском доме она служила общим посмешищем и проводила все свое время в том, что по целым дням смотрела в окно, точно поджидая возвращения дорогих, давно погибших людей.

Итак, в господском доме совершался семейный завтрак. Посторонних никого не случилось, а сидел все свой народ: Прозоров, доктор Кормилицын, жена Майзеля, разбитная немка aus Riga[9], Амалия Карловна, управитель Баламутского завода Демид Львович Вершинин, Мельковского — отставной артиллерийский офицер Сарматов, Куржака — чахоточный хохол Буйко, Заозерного — вечно общипывавшийся и охорашивавшийся полячок Дымцевич. В общей трапезе принимали участие старичок механик Шубин и молодой человек, служивший по лесной части, Иван Иваныч Половинкин или просто m-r Половинкин. Эта компания в своем составе представляла очень пеструю картину. Сарматов славился как отчаянный враль и самый бессовестный интриган; Буйко — своей бесцветностью; Дымцевич — глупостью. Самым видным лицом являлся Вершинин, всегда спокойный н неизменно остроумный, незаменимый собеседник за столом и величайший в свете артист устраивать официальные и полуофициальные обеды. На этом последнем поприще Вершинин был в своем роде единственный человек: никто лучше его не мог поддержать беглого, остроумного разговора в самом смешанном обществе; у него всегда наготове имелся свеженький анекдот, ядовитая шуточка, остроумный каламбур. Сказать спич, отделать тут же за столом своего ближнего на все корки, посмеяться между строк над кем-нибудь — на все это Вершинин был великий мастер, так что сама Раиса Павловна считала его очень умным человеком и сильно побаивалась его острого языка. В трудных случаях,

---

[9] из Риги (нем.).

когда нужно было принять какую-нибудь важную особу, вроде губернатора или даже министра, Вершинин являлся для Раисы Павловны кладом, хотя она не верила ему ни в одном слове. Среди этой заводской аристократии и козырных тузов m-r Половинкин являлся в роли parvenu[10], которому Раиса Павловна очень покровительствовала, задавшись целью женить его на Анниньке. Такие двусмысленные личности встречаются в каждом обществе, и им достается самая жалкая роль. Злые языки в m-r Половинкине видели просто фаворита Раисы Павловны, которой нравилось его румяное лицо с глупыми черными глазами, но мы такую догадку оставим на их совести, потому что на завтраках в господском доме всегда фигурировал какой-нибудь молодой человек в роли parvenu. Покровительствовать молодым людям, подающим надежды, было слабостью Раисы Павловны, которая вообще любила устраивать чужое счастье. Механик Шубин замечателен был тем, что про него решительно ничего нельзя было сказать — ни худого, ни доброго, а так, черт его разберет, что за человек. Такие люди иногда встречаются: живут, служат, работают, женятся, умирают, от их присутствия остается такое же смутное впечатление, как от пробежавшей мимо собаки.

Приживалки, конечно, были все налицо. Прасковья Семеновна смотрела в окно, Аннинька шепталась и хихикала с m-r Половинкиным, который глупо и самодовольно улыбался, покручивая выхоленные усики. M-lle Эмма стоически выдерживала атаку с двух сторон: слева сидел около нее слегка подвыпивший Прозоров, который под столом напрасно старался прижать своей тощей ногой жирное колено m-lle Эммы, справа — Сарматов, который сегодня врал с особенным усердием. В течение десяти минут он успел рассказать, прищуривая один косой глаз, что на последней охоте одним выстрелом положил на месте щуку, зайца и утку, потом, что когда был в Петербурге, то открыл совершенно случайно еще не известную астрономам планету, но не мог воспользоваться своим открытием, которое у него украл и опубликовал какой-то пройдоха, американский ученый, и, наконец, что когда он служил в артиллерии, то на одном смотру, на Марсовом поле, через него переехало восьмифунтовое орудие, и он остался цел и невредим.

— Ах, виноват,— поправился Сарматов, придавая своей щетинистой, изборожденной морщинами роже серьезное выражение,— у меня тогда оторвало пуговицу у мундира, и я

---

[10] выскочки (фр.).

чуть не попал за это на гауптвахту. Уверяю вас... Такой странный случай: так прямо через меня и переехали. Представьте себе, четверка лошадей, двенадцать человек прислуги, наконец орудие с лафетом.

— Я слышал, что одним колесом вам придавило голову? — спокойно заметил Вершинин, улыбаясь в свою подстриженную густую бороду.— А планету вы уже открыли после этого случая... Я даже уверен, что между этим случаем и открытой вами планетой существовала органическая связь.

— Отстаньте, пожалуйста, Демид Львович! Вы все шутите... А я вам расскажу другой случай: у меня была невеста — необыкновенное создание! Представьте себе, совершенно прозрачная женщина... И как случайно я узнал об этом! Нужно сказать, что я с детства страдал лунатизмом и мог видеть с закрытыми глазами. Однажды...

Такие разговоры повторялись слишком часто, чтобы обращать на них внимание. M-lle Эмма слушала весь этот вздор с своей обычной апатией, не обращая внимания на Прозорова, который после неудачной атаки под столом принялся ей отчитывать самые страстные строфы из Гейне и даже Саади. Раиса Павловна, конечно, все это видела, но не придавала таким глупостям никакого значения, потому что сама в веселую минуту иногда давала подколенника какому-нибудь кавалеру-новичку, в виде особенной ласки называла дам свиньями и употребляла по-французски и даже по-русски такие словечки, от которых краснела даже m-lle Эмма. Но теперь ей было не до того: ее беспокоило поведение Вершинина и m-me Майзель, которые несколько раз обменялись многозначительными взглядами, когда разговор зашел на тему об ожидаемом приезде Лаптева на заводы. Очевидно, это был открытый заговор против нее, и где же? — в ее собственном доме... Это было уже слишком! Сарматов и Дымцевич тоже как будто переглядываются между собой... О! без сомнения, все они переметнулись на сторону Тетюева, и каждый дурак ждет, что именно его сделают главным управляющим. В Раисе Павловне забунтовала каждая жилка от непреодолимого желания отделать на все корки это собрание Иуд, а всех прежде — Амалию Карловну.

— M-r Половинкин,— обратилась m-me Майзель к parvenu,— будьте настолько добры, сходите за моей рабочей корзинкой. Я ее оставила дома...

M-r Половинкин съежился, не зная, как выпутаться из своего неловкого положения; от господского дома до квартиры Майзеля было битых полторы версты. Если не пойти — старик

Майзель, под начальством которого он служил, сживет со свету, если идти — Раиса Павловна рассердится. Последнее он хорошо заметил по лицу своей патронши.

— Ваша лошадь, кажется, у подъезда, Амалия Карловна...— пробормотал наконец m-r Половинкин.— Я с удовольствием, если позволите... оно скорее...

— Ах, нет...— с кислой улыбкой протестовала Амалия Карловна.— Лошадь устала, а вам пройтись немного, право, очень полезно... Уверяю вас!.. Ведь это всего в двух шагах — рукой подать.

— Я полагаю, Амалия Карловна,— отчетливо и тихо заговорила Раиса Павловна, переставляя чашку с недопитым кофе,— полагаю, что monsieur Половинкину лучше знать, что ему полезно и что нет. А затем, вместе с своей рабочей корзинкой, вы, кажется, забыли, что у monsieur Половинкина, как у всех присутствующих здесь, есть имя и отчество...

— Виновата,— жеманно ответила m-me Майзель, прищуривая свои ястребиные глаза,— если не ошибаюсь — Семен Семеныч...

— Нет, Иван Иваныч...

— Еще раз виновата, Иван Иваныч...— с расстановкой заговорила взбешенная Амалия Карловна, раскланиваясь с m-r Половинкиным.— Я уж лучше попрошу mademoiselle Эмму сходить за моей корзинкой. Ведь ‘это недалеко: всего в двух шагах.

— Вам, Амалия Карловна, лучше всего обратиться к кому-нибудь из прислуги с вашей просьбой или к Демиду Львовичу...— отрезала m-lle Эмма, обладавшая большой находчивостью.

Эта глупая сцена сама по себе, конечно, не имела никакого значения, но в данном случае она служила вызовом, который Амалия Карловна бросила прямо в лицо Раисе Павловне. Приживалки притихли, ожидая бури; Вершинин с улыбкой гладил жирного мопса Нерона, который слезившимися, вылупленными глазами глупо смотрел ему в рот. Прозоров улыбался растерянной, пьяной улыбкой. Кормилицын препарировал ножку цыпленка, остальные напрасно старались изобразить из себя слушающую публику, которая была занята рассказом Сарматова, как он, однажды в Бессарабии давал настоящий концерт на фарфоровой гитаре. Буря пронеслась, и все понемногу успокоились, даже m-r Половинкин, который теперь с самым развязным видом старался рассмешить Анниньку. Сама Амалия Карловна как ни в чем не бывало продолжала доедать порцию холодного рябчика и аппетитно вытирала толстые губы салфеткой. С острым носом, с узкими черными глазками и с резкими, точно что-то хватавшими движениями, она всегда походила на птицу; это сходство увеличивалось еще пестрым барежевым платьем н кружевной наколкой на голове. Теперь Амалия Карловна, набивая рот рябчиком, рассказывала о необыкновенно красивой шляпке, которую m-me Тетюева на днях получила из Петербурга. Упоминать фамилию Тетюевых в присутствии Раисы Павловны было вообще дерзостью, но Амалия Карловна с самой ехидной искренностью, на какую только способны великосветские дамы, еще прибавила, обращаясь к Раисе Павловне:

— А вы ничего не ждете себе из Петербурга? Я хочу сказать, не выписали ли вы себе какую-нибудь новинку... на голову?

— Амалия Карловна, вы слишком много себе позволяете!..— вскипела наконец Раиса Павловна, бросая на тарелку вилку.

— Я?.. Я, кажется, ничего не сказала такого...— чистосердечно удивилась Амалия Карловна, обводя присутствующих удивленным взором.

— Нет, вы отлично понимаете, что хотели сказать. Я только могу удивляться вашей дерзости: явиться в мой дом... и...

— После этого моя нога никогда не будет в вашем доме!.. — величественно произнесла Амалия Карловна, торопливо проглатывая последний кусок рябчика.

— Мы не много от этого потеряем...

— Вы меня оскорбляете, Раиса Павловна!.. Николай Карлыч вызовет Платона Васильича на дуэль, если вы 7е извинитесь сейчас же...

— Дуэль? Ха-ха... Зачем дуэль, идите лучше и поцелуйтесь с вашим Тетюевым!..

Амалия Карловна ждала поддержки со стороны присутствовавших единомышленников, но те предпочитали соблюдать полнейший нейтралитет, как это и приличествует посторонним людям. Этого было достаточно, чтобы Амалия Карловна с быстротой пушечного ядра вылетела в переднюю, откуда доносились только ее отчаянные вопли: "Я знаю все... все!.. Вас всех отсюда метлой выгонят... всех!.."

— Нерон, кусь!..— уськнула вдогонку m-lle Эмма, и собака с громким лаем понеслась в переднюю.

Лицо Раисы Павловны горело огнем, глаза метали молнии, и в уютной столовой с дубовой мебелью и суровыми драпировками долго царило самое принужденное молчание. Доктор ковырял какую-то копченую рыбешку, Вершинин с расстановкой смаковал чайный ликер из крошечной рюмочки на тонкой высокой ножке, Дымцевич покручивал усики, толкая локтем Буйко. Прозоров и Сарматов разговаривали вполголоса, Аннинька кормила хлебными шариками вернувшегося из погони Нерона. После приживалок Нерон пользовался у Раисы Павловны особенными привилегиями. Он мог делать решительно все, что ему вздумается, и Раиса Павловна от души хохотала над его остроумными собачьими проказами, когда он, например, с ловкостью записного эквилибриста бросался к лакею, разносившему кушанье, и выхватывал с блюда лучший кусок или во время завтрака взбирался на обеденный стол и начинал обнюхивать тарелки и чашки завтракавших. Собачья фантазия была неистощима, и Нерон по какому-то инстинкту особенно надоедал тем, кого Раиса Павловна почему-либо недолюбливала. Все, кто хотел угодить Раисе Павловне, прежде всего был должен заслужить расположение Нерона. В этих видах Родион Антоныч, m-r Половинкин и другие приспешники всегда носили в кармане что-нибудь съестное, и даже сам Вершинин гладил и ласкал злую и ожиревшую собачонку.

— А я на вашем месте просто дала бы ей в шею...— лениво заметила m-lle Эмма, нарушая общее молчание.

Все засмеялись. Раиса Павловна тоже улыбнулась. Эта m-lle Эмма молчит-молчит, а потом и скажет всегда что-иибудь такое смешное. Высказав свое мнение, девушка с забавной серьезностью вытянула губы и посмотрела вызывающе на Вершинина. Положительно, эта немочка была интересна, если бы окончательно не "потеряла фигуру" благодаря своей увеличивавшейся полноте. Раиса Павловна с ужасом смотрела на ее расплывавшийся бюст, точно под корсетом у m-lle Эммы была налита вода. Да и одеться к лицу она никогда не умела: немка — так немка и есть, все на ней кошелем. То ли дело Аннинька — и лицом хуже m-lle Эммы, а фигурка у нее точно на заказ выточена, стройная да гибкая.

— Нет, в самом деле, Раиса Павловна, я на вашем месте лихо смазала бы эту Амальку,— повторила m-lle Эмма, поощренная общим смехом.

— Ах, душечка, меня, вероятно, самое скоро в шею смажут в собственном доме,— ответила Раиса Павловна.— Если бы Амалька вцепилась мне в физиономию, я уверена, что ни один из присутствующих здесь не вступился бы за меня... Взять хоть Демида Львовича для примера.

— Я сначала подождал бы, Раиса Павловна, на чьей стороне останется победа,— грудным тенором ответил

Вершинин, прищуривая глаза.— А потом уж пристал бы, конечно, не к побежденной стороне...

IX

От Загнеткина было получено уже несколько писем. Он подробно описывал все, что успевал разузнать о предстоящей поездке Лаптева на заводы. Каждое письмо Раиса Павловна подвергала самому тщательному анализу и все-таки оставалась в конце концов неудовлетворенной: в затеянной Тетюевым игре ей оставалось много неясного. Что такое этот генерал Блинов — прежде всего? Получалось самое смутное, расплывавшееся в подробностях представление: если он "ученый профессор" по преимуществу, то каким образом примазался к нему Тетюев с своими интригами? Если, затем, генералом так вертит эта таинственная особа, то что же смотрит Прейн? Если наконец генерал задался непременной целью произвести на заводах необходимые финансовые реформы, то отчего до сих пор ни в заводоуправлении, ни Платону Васильевичу не было решительно ничего известно? Получалась кружившая голову путаница, в которой невозможно было разобраться. Ясно было только то, что сама Раиса Павловна самым глупым образом попала между двумя сходившимися стенами: с одной стороны был Тетюев, завербовавший себе сильную партию Майзеля, Вершинина и др., с другой — генерал Блинов. Стоило только им сойтись вместе, и Раиса Павловна неизбежно будет похоронена под развалинами недавнего своего величия. Главное, теперь решительно ничего нельзя было предпринять для рассеяния сгущавшейся мглы, а нужно было ждать, ждать и ждать... Из тумана выступали пока совсем неопределенные фигуры генерала Блинова с его особой и какой-то балерины Братковской, из-за которой Лаптев откладывает свою поездку на Урал день за днем. Сам хитроумный и на все оборотистый Родион Антоныч решительно ничем не мог помочь Раисе Павловне и только нагонял на нее тоску своими бесконечными охами и вздохами.

— Уж вы лучше бы мне на глаза не показывались! — откровенно высказывалась ему Раиса Павловна.

Приживалки, которых Прозоров называл "галками",

71

бесцельно слонялись по всему дому, как осенние мухи по стеклу, или меланхолически гуляли по саду. Делать им было решительно нечего, и единственным развлечением являлся только m-r Половинкин, который держал себя с "галками" настоящим денди.

— Душечка, ты постарайся меньше кушать,— уговаривала Раиса Павловна m-lle Эмму,— а то ведь ты начинаешь совсем походить на индюшку... У тебя даже из-под пазух жир так и лезет складками!

Мадмуазель делала сердитое лицо и ничего не отвечала.

— Необходимо принять меры, голубчик,— продолжала Раиса Павловна.— Наконец посоветуйся с доктором: есть такие средства, от которых такие толстушки делаются интересными девицами. Что же делать, если природа иногда несправедлива к нам...

Когда не было Раисы Павловны, девушки осторожно шушукались между собой, критикуя каждый шаг своей патронши.

— Я решительно не понимаю,— говорила m-lle Эмма,— чего она находит интересного в этой вертушке Лукерье? Прейн и не взглянет на нее. Очень ему нужно смотреть на всякую дрянь!

— У Луши носик хорошенький, с горбиком.

— Только и есть, что один носик, Аннинька. Ну, да Прейну сойдет... для счета.

— Ты уж не ревнуешь ли ее к нему?

— Я?.. Очень мне нужно. Этот Прейн такой отвратительный, если бы ты знала. Он так умеет надоесть...

— Однако когда-то ты им была, кажется, очень заинтересована.

— Не больше, чем ты своим Иван Иванычем... Вот погоди, и ты не уйдешь от Прейна, Аннинька. Ему была бы только юбка... Я была тогда глупа, когда он ухаживал за мной, и не умела забрать его в руки. Если он начнет проделывать с тобой такую же историю, я тебя научу, что нужно делать. Следовало бы его проучить... А все это наша Раиса Павловна! Я была еще совсем девчонкой, когда Прейн приехал сюда в первый раз. Ну, конечно, принялся ходить за мной, а Раиса Павловна сейчас с своими шуточками да анекдотами — проходу не дает. А потом... Помнишь из "Belle Hélène"[11]:

...но ведь бывают столкновенья,

_____

[11] "Прекрасной Елены" (фр.).

— Что же, он скоро тебя бросил? — допытывалась Аннинька.

— Да, у него все это скоро делается: через неделю, кажется... Мерзавец вообще, каких мало. А теперь Раиса Павловна будет ловить Прейна на Лукерью, только она не продаст ее дешево. Будь уверена. Недаром она так ухаживает за этой девчонкой...

— А знаешь, что я думаю,— говорила Аннинька.— Не думает ли Раиса Павловна прельстить Лушей самого Лаптева.

— Ну, уж ты очень далеко хватила: Лаптева!.. Дай бог Прейна облюбовать с грехом пополам, а Лаптев уже занят, и, кажется, занят серьезно. Слыхали про Братковскую? Говорят, красавица: высокого роста, с большими голубыми глазами, с золотистыми волосами... А сложена как богиня. Первая красавица в Петербурге. А тут какая-нибудь чумичка — Луша... фи!..

— Я не понимаю только одного, ведь Луша выходит за Яшу Кормилицына, давно всем известно, и сама же Раиса Павловна об этом так хлопотала.

— Тогда хлопотала, а теперь оставит Яшеньку с носом и только,— засмеялась m-lle Эмма.— Не дорого дано... Да я на месте Луши ни за что не пошла бы за эту деревянную лестницу... Очень приятно!.. А ты слышала, какой подарок сделал доктор Луше, когда она изъявила желание выйти за него замуж?

— Нет.

— Это потеха: какую-то глисту в спирте... Честное слово! Мне Вершинин под секретом рассказывал, и она его с этой глистой в три шеи.

— Значит, у них все дело рассохлось?

— А черт их разберет... Разве нашу Раису Павловну узнаешь, что она думает. Комар носу не подточит.

— Однако она сильно изменилась в последнее время,— задумчиво говорила Аннинька,— лицо осунулось, под глазами синие круги... Я вчера прихожу и рассказываю ей, что мы с тобой видели Амальку, как она ехала по улице в коляске вместе с Тетюевой, так Раиса Павловна даже побелела вся. А ведь скверная штука выйдет, если Тетюев действительно смажет нашу Раису Павловну. Куда мы тогда с тобой денемся, Эмма?

— Вздор!.. Наша Раиса всех в один узел завяжет — вот увидите,— уверенно отвечала m-lle Эмма, делая энергичный жест рукой.— Да если бы и смазали ее, невелика беда: не пропадем. Махнем в столицу, и прямо объявление в газетах: "Молодая особа и т. д." Вот и вся недолга. По крайней мере, можно пожить в свое удовольствие.

Эти рассудительные барышни очень обстоятельно обсудили все, что должно произойти по случаю приезда Лаптева. Конечно, будет несколько балов, потом равные поездки в горы, пикники и просто parties de plaisir[12].

Майзель будет устраивать охоты с интересными превращениями, Вершинин — обеды, Сарматов — спектакли, и т. д. Интересно будет посмотреть, как Раиса Павловна будет мириться с Амалькой. Впрочем, это не первый случай между ними. Гораздо серьезнее будет встреча Раисы Павловны с той особой, которая едет с генералом Блиновым. Вот будет потеха, когда эти старые бабы встретятся и зафукают, как старые кошки!

Прасковья Семеновна в этих разговорах почти не принимала никакого участия, хотя в последнее время она чувствовала себя особенно хорошо: всеобщая суматоха и перестройка совпадали с ее душевным настроением, и она ходила из комнаты в комнату с самым довольным лицом. Девушка совершенно разумно рассуждала с рабочими, которые не выходили из господского дома. Она внимательно следила за каждым шагом вперед: где выкрасили, где переклеили новые обои, где покрыли лаком — все это, вместо взятое, служило самым верным доказательством приближающихся событий. Когда работы были кончены, Прасковья Семеновна заняла наблюдательную позицию в том окне, из которого виднелась трактовая дорога. Именно по этой дороге Лаптев и должен был приехать, и Прасковья Семеновна терпеливо ждала его по целым дням. Однажды она вбежала в комнату Анниньки и проговорила задыхающимся голосом:

— Едут!..

— Кто?

— Все едут.

Аннинька и m-lle Эмма бросились к окнам и должны были убедиться в справедливости этого известия.

Действительно, через площадь, мимо здания заводоуправления, быстро катился громадный дорожный дормез, запряженный четверней. За ним, заливаясь почтовыми колокольчиками, летели пять троек, поднимая за собой тучу пыли. Миновав заводоуправление, экипажи с грохотом въехали на мощеный двор господского дома.

---

[12] увеселительные прогулки (фр.).

— Это Евгений Константиныч! — вскрикнула Аннинька, бросаясь предупредить Раису Павловну.

— Вздор, Аннинька! — решила рассудительная немка.— Лаптев так никогда не поедет. Это, вероятно, прислуга.

Любопытные барышни прильнули к окну и имели удовольствие наблюдать, как из дормеза, у которого фордэк был поднят и закрыт наглухо, показался высокий молодой человек в ботфортах и в соломенной шляпе. Он осторожно запер за собой дверь экипажа и остановился у подъезда, поджидая, пока из других экипажей выскакивали какие-то странные субъекты в охотничьих и шведских куртках, в макинтошах и просто в блузах.

— Музыканты...— шептала Аннинька, прижимаясь плечом к своей флегматической подруге, которая все время не сводила глаз с запертого дормеза.

— Что бы там такое было? — подумала вслух m-lle Эмма, не обращаясь ни к кому.— Уж не та ли особа, которая едет с Блиновым.

— Какой красивый!.. восторг!..— восхищалась откровенная Аннинька, любуясь молодым человеком из дормеза, около которого теперь собрались все остальные.

На подъезд растерянно выскочил без фуражки швейцар Григорий и, вытянувшись по-солдатски, не сводил глаз с молодого человека в соломенной шляпе. Слышался смешанный говор с польским акцентом. Давно небритый седой старик, с крючковатым польским носом, пообещал кому-то тысячу "дьяблов". К галдевшей кучке, запыхавшись, подбегал трусцой Родион Антоныч, вытирая на ходу батистовым платком свое жирное красное лицо.

— Где нам остановиться? — обратился к нему молодой человек в ботфортах.— Я — домашний секретарь генерала Блинова, а это — венский оркестр.

— Отлично, отлично...— торопливо отвечал Родион Антоныч.— Для генерала Блинова приготовлено особенное помещение... Вы с ним остановитесь?

— О, это все равно...— с улыбкой проговорил молодой человек, глядя на кисло сморщившуюся физиономию Родиона Антоныча своими ясными, голубыми, славянскими глазами.— Мне крошечную комнатку — и только.

— Найдется и комнатка... все найдется. А относительно оркестра... Позвольте... Да пожалуйте, сначала вас нужно поместить, а потом и господам музыкантам место найдем. Извините, не знаю вашего имени и отчества...

— Гуго Альбертович Могула-Братковский, к вашим услугам... А позвольте узнать...

— Меня, Гугу...

— Гуго...

— Да, да... меня, Гуго Альбертович, зовут просто Родионом Антонычем. Тоже домашний секретарь при главном управляющих всеми Кукарскими заводами, Платоне Васильевиче Горемыкине.

— Очень приятно,— баритоном протянул красавец поляк, заглядывая между прочих в окна, где виднелись лица Анниньки и m-lle Эммы.

— Так уж я сначала вам отведу квартиру, Гуго Альбертович... Эй, кучер, за мной!..

Поляк взъерошил свою красивую русую бородку, передернул широкими плечами и красиво зашагал по двору за торопливо семенившим Родионом Антонычем. Дормез покатился за ними, давя хрустевший под колесами речной хрящ, которым был усыпан весь двор, и остановился в следующем, где в сиренях и акациях кокетливо прятался только что выбеленный флигелек в три окна.

— Вот здесь...— проговорил Родион Антоныч с подавленным вздохом.— Григорий, ты вынесешь вещи,— обратился он к следовавшему в почтительном отдалении швейцару.— Или лучше я сам вытащу чемоданы...

— Нет, уж позвольте мне самому,— с утонченной вежливостью отказался Братковский.— У меня там очень капризные пассажиры сидят.

Молодой человек подошел к экипажу, отворил дверцу и на тонкой стальной цепочке вывел оттуда двух порядочных обезьян, из которых одна сейчас же оскалила свои большие белые зубы на онемевшего от изумления Родиона Антоныча.

— Это... это что же такое, Гуго Альбертович? — проговорил он, машинальным движением снимая перед обезьянами свою соломенную шляпу.

— Обезьяны Нины Леонтьевны...

— Гм...— промычал Родион Антоныч.

"У Раисы Павловны Нерон, а у Нины Леонтьевны обезьяны... Так-с. Ох, уж эти дамы, дамы!.. А имя, должно быть, заграничное! Нина... Должно быть, какая-нибудь черкешенка, черт ее возьми совсем. Злющие канальи, говорят, эти черкешенки!"

— Я теперь обойдусь без вашей помощи, Родион Антоныч,— предупредил Братковский, когда свел обезьян в комнату.

— Отлично, отлично... Я вам пошлю человека: платье вычистить с дороги, сапожки.

— Пожалуй, пошлите,— лениво согласился молодой человек, исчезая в дормезе, откуда выглядывали углы чемоданов и каких-то поставцев.

— Сейчас же...

Родион Антоныч раскланялся с дормезом, в котором сидел Братковский, и уныло побрел к господам музыкантам, размышляя дорогой, куда он денет эту бесшабашную ораву. Пожалуй, еще стянут что-нибудь... Все это выдумки Прейна: нагнал орду дармоедов, а теперь изволь с ними возиться, когда работы без того по горло.

Появление гостей подняло весь господский дом на ноги. Горничные шныряли из комнаты в комнату с рассказом об обезьянах, как мыши, побывавшие в муке. Родион Антоныч, конечно, рассказал все Раисе Павловне с неизменными охами и вздохами, причем догадкам и предположениям не было конца. Первой догадалась, что сделать, Аннинька: она торопливо надела шляпу и отправилась в сад, в ту аллею, которая проходила как раз под окнами занятого Братковским флигелька. Эта стратегика удалась ей — в окне сидел таинственный секретарь и курил сигару. Заметив проходившую девушку, он вежливо поклонился ей.

— Красавец...— рассказывала Аннинька, рдея румянцем.— Как сложен: кровь с молоком! А какие глаза, Эммочка,— чудо! голубые, большие... Просто расцеловала бы разбойника!..

Раиса Павловна тоже успела из-за гардины разглядеть таинственного молодого человека, которого сейчас и определила, поместив его в разряд крупных молодых людей. Это был не какой-нибудь выродок, как большинство нынешней молодежи, а настоящий молодой человек, сильный, здоровый, непременно веселый. Такие субъекты попадаются только в среде кавалеристов и обыкновенно сводят с ума вдовушек с богатырской комплекцией. Когда в дни своей молодости Раиса Павловна жила в аристократическом семействе, где познакомилась с Прозоровым, там часто бывали именно такие молодые люди. Все это был крайне развязный и остроумный народ, обращавшийся с женщинами с той особенной милой простотой, какая приобретается ранним знакомством с закулисной жизнью маленьких театров, загородных гуляний и цирков. От этих откровенных молодых людей всегда пахло лошадьми и конюшней, а в их преждевременной напускной серьезности слишком рано сказывались бессонные ночи и дорогие кутежи в обществе продажных красавиц. По

77

человеческой логике казалось бы, что такие слишком опытные молодые люди не должны бы были пользоваться особенными симпатиями тепличных институтских созданий, но выходит как раз наоборот: именно на стороне этой золотой молодежи и сосредоточивались все симпатии восторженной и невинной юности, для которой запретный плод имел неотразимо притягательную силу. Раиса Павловна все это испытала на себе самой, и у ней невольно екнуло в груди ее сорокалетнее сердце при виде этого поляка-красавца, в котором все выдавало его кровное аристократическое происхождение,

— Да ведь это брат той балерины Братковской, о которой писал нам Загнеткин!— первая опомнилась Раиса Павловна.— Конечно, брат...

Родион Антоныч в ужасе развел руками и даже растворил рот: как это он сам не мог догадаться, когда молодой человек отрекомендовался ему! Вот тебе и началось: сестрица вертит Лаптевым, братец — секретарем у генерала Блинова,— нечего сказать, хорошенькая парочка. Значит, что захочет Нина Леонтьевна, ей стоит только передать Братковскому, тот — своей сестре, а эта все и перевернет в барине вверх дном. Тонко придумано... Ай да Тетюев! Вот где зацепил ловко!.. И где же с таким человеком тягаться, когда он, Родион Антоныч, даже забыл спросить Братковского, когда приедет генерал Блинов? Пробовал он навести справки через господ музыкантов, но те про генерала ничего не знали и только на четырех языках просили водки.

— Ужо, я как-нибудь заверну к нему, Раиса Павловна,— предлагал Родион Антоныч.— А там под рукой и расспрошу о генерале, может и о сестричке что скажет...

— Нет, пожалуйста, этого не делайте: неделикатно надоедать незнакомому человеку, который, может быть, совсем и не желает видеть нас с вами.

Раиса Павловна говорила это, конечно, неспроста: она ждала визита от Братковского. Действительно, он заявился к ней на другой же день и оказался именно тем, чем она представляла его себе. Это был премилый человек во всех отношениях и сразу очаровал дамское общество, точно он был знаком сто лет.

"Вишь, какая приворотная гривенка,— думал про себя Родион Антоныч, наблюдая все время интересного молодого человека.— Небойсь о генерале да о своей сестричке ни гу-гу... Мастер, видно, бобы разводить с бабами. Ох-хо-хо, прости, господи, наши прегрешения".

М-г Половинкин совсем потерялся в обществе блестящего

молодого человека и только жалко хлопал глазами, когда тот заставлял Анниньку хохотать до слез. В своей черной паре и белом галстуке Братковский был необыкновенно хорош:, все на нем точно было вылито и могучие формы обрисовывало особенно эффектно. Когда он смеялся, Анниньке очень хотелось влепить ему самую отчаянную институтскую безешку. Эта беззаботная девушка в присутствии Братковского испытывала необыкновенно приятное волнение, обдававшее ее щекотавшим теплом, а когда он на прощание особенно внимательно пожал ей руку, она вся вспыхнула горячим молодым румянцем и опустила глаза.

— Что это с тобой, Аннинька? — спрашивала m-lle Эмма, когда они ложились вечером спать.— Ты какая-то странная сегодня, точно угорелая бродишь...

— Ах, не то, не то совсем, Эммочка... милая!..— вскрикнула Анпипька, начиная целовать подругу самыми отчаянными поцелуями: на глазах у ней были слезы.— Я так... мне хорошо.

M-lle Эмма сразу поняла, что творилось с Аннинькой, и только покачала головой. Разве для такой "галки", как Аннинька, первая любовь могла принести что-нибудь, кроме несчастья? Да еще любовь к какому-то лупоглазому прощелыге, который, может быть, уж женат. M-lle Эмма была очень рассудительная особа и всего больше на свете дорожила собственным покоем. И к чему, подумаешь, эти дурацкие восторги: увидала красивого парня и распустила слюни.

— Глупости, Аннинька... вздор! — сердито проговорила m-lle Эмма, снимая с своих круглых ног чулки.

Бедная "галка" ничего не отвечала; уткнувшись головой в подушку, она тихо рыдала. M-lle Эмма даже плюнула при виде таких телячьих нежностей и пообещала Анниньке немецкого черта.

Братковский бывал в господском доме и по-прежнему был хорош, но о генерале Блинове, о Нине Леонтьевне и своей сестре, видимо, избегал говорить. Сарматов и Прозоров были в восторге от тех анекдотов, которые Братковский рассказывал для одних мужчин; Дымцевич в качестве компатриота ходил во флигель к Братковскому запросто и познакомился с обеими обезьянами Нины Леонтьевны. Один Вершинин заметно косился на молодого человека, потому что вообще не выносил соперников по части застольных анекдотов.

— А когда же ваш патрон приедет? — по сту раз на день спрашивали домашнего секретаря генерала Блинова.

— Ничего неизвестно, господа... Решительно — ничего! — уклончиво отвечал осторожный молодой человек.

Родион Антоныч в сообществе с Сарматовым надеялся споить крепкого полячка, авось пьяный развяжет язык, но Братковский пил крайне умеренно и совсем не думал пьянеть.

Пока "малый двор" исключительно был занят секретарем генерала Блинова, ежедневно прибывали новые гости: подкатил целый обоз с кухней и поварами, потом приехало несколько подвод специально с гардеробом, затем конюшня и экипажи, наконец привалила охота. Вся эта орда большей частью была "устроена" на нижнем дворе, где в тетюевские времена помещалась господская дворня. Егеря в голубых кунтушах, целый штаб из камердинеров, наездники, кучера, музыканты — все это смешалось в невообразимо пеструю кучу, точно на нижнем дворе остановился для нескольких представлений какой-нибудь громадный странствующий цирк.

— Ведь все они до последнего есть каждый день хотят!..— восклицал Родион Антоныч, ломая в отчаянии руки.— А тут еще нужно кормить двадцать пять лошадей и целую свору собак... Извольте радоваться. Ох-хо-хо!..

X

Прошел май, а барин все не ехал.

В господском доме стояла страшная и томительная скука, какая овладевает человеком перед грозой. Даже самые трусливые, в том числе Родион Антоныч, настолько были утомлены этим тянувшим душу чувством, что, кажется, уже ничего не боялись и желали только одного, чтобы все это поскорее разрешилось в ту или другую сторону. Братковский держался по-прежнему и чувствовал себя как рыба в воде; музыканты, егеря, кухня и наездники пьянствовали напропалую, не обращая никакого внимания на кислые гримасы Родиона Антоныча, оплакивавшего каждую бутылку водки.

Когда все таким образом привыкли к своему положению и даже начали говорить, что все равно — двух смертей не бывать, а одной не миновать, из Петербурга от Прохора Сазоныча прилетела наконец давно ожидаемая телеграмма, гласившая: "Сегодня Лаптев выезжает с Прейном и Блиновым. Заводных приготовьте пятнадцать троек".

— Ну, началось! — простонал Родион Антоныч, чувствуя, как у него подгибаются колени со страху.

— Пятнадцать троек! — думала вслух Раиса Павловна, перечитывая телеграмму.— Это целая орда сюда валит. От Петербурга до Москвы сутки, от Москвы до Нижнего сутки, от Нижнего до Казани — двое, от Казани по Волге, потом по Каме и по Белой — трое суток... Итого, неделя ровно. Да от Белой до Кукарского завода двести тридцать верст — тоже сутки. Через восемь дней, следовательно, все будут здесь. Слышите, Родион Антоныч?

— Ох, слышу, все слышу...

— У вас все будет готово?

— Все, все... Не знаю, как на других заводах, а у нас все...

— Да нам до других заводов дела нет; там свои управители есть, и пусть отдуваются. Да Лаптев едва ли и поедет от нас... Нам придется за всех здесь муку принимать.

— Точно так-с. Майзель уж собрал лесообъездчиков со всех сторон и мундиры им заказал... Около Куржака медвежью берлогу отыскали, матерая медведица с двумя медвежатами ходит. Под Заозерным оленей сказывают.

— Значит, отлично на первый раз. А как театр?

— Это уж Сарматов орудует...

— Главное: костюмы... понимаете? У Наташи Шестеркиной плечи хорошие, ну, ее декольтируем, а Кануниикову в русском сарафане покажем. Я за этим сама наблюду.

— Вот я хотел вам сказать, Раиса Павловна, насчет Лукерьи Витальевны... Барышня совсем заневестилась и по всем статьям вышла. Вот бы показать на сцене-то.

— Молода еще она для сцены, сробеет...— уклончиво ответила Раиса Павловна, что-то обдумывая про себя.

— И даже нисколько не сробеют... Я их как-то видел: так и наливаются, вроде как малина! Ей-богу!

— Ну, это уж мое дело. Пусть ее наливается, а для сцены она не годится: совсем еще девчонка девчонкой... Плечи узенькие, тут (Раиса Павловна сделала выразительный жест рукой) ничего нет.

— Ватки бы подложить да пажиком бы и показать. Хе-хе. Они точно что из себя субтильные, а может, это и нужно будет. Господская душа — потемки, сударыня. Ах, все я вам забываю доложить,— понизив тон, продолжал Родион Антоныч,— родитель-то Гликерии Витальевны...

— Запил?

— Даже весьма. Точно назло: все стараются, всякий по своей части из кожи лезут, а он мертвую закладывает.

Приступа даже нет... А вдруг Евгений Константиныч захотят заводские школы осмотреть? "Где инспектор?" А у них даже костюма подходящего нет...

— Костюм нужно сшить, да приставьте к нему садовника Абрама, чтобы день и ночь караулил. Да еще не забудьте сказать доктору, чтобы прописал чего-нибудь: хлорала или нашатырного спирта.

— Слушаю-с.

Родион Антоныч хотел уходить, но вернулся и конфиденциально сообщил:

— А Вершинин-то, Раиса Павловна, с Тетюевым да с Майзелем хотят контру устроить Платону Васильичу... И Сарматов с Дымцевичем туда же.

— Подлецы! Ах, да все они на одну колодку выкроены. Тетюева видели? Доволен?..

— Издальки видел... Веселый такой едет на новой лошади. Серая, в яблоках...

— Ну, и пусть его повеселится, а вы тоже не печальтесь.

— Я, Раиса Павловна, не печалюсь: двух смертей не бывать...

— То-то и есть. Гусей по осени считают, и хорошо только то, что хорошо кончается... Так?

Восемь дней, оставшиеся до приезда Лаптева, промелькнули незаметно в общей, теперь уже бесцельной суматохе, какая овладевает людьми в таких исключительных случаях. Наконец наступил и роковой восьмой день. С раннего утра весь завод был на ногах. По улицам бродили праздные кучки любопытных, а на площади, перед зданием заводоуправления и особенно около господского дома, народ стоял стена стеной, несмотря на отчаянные усилия станового и нескольких полицейских водворить порядок в этом галдевшем живом море. Мастеровые в новых зипунах и армяках, старики с палками, бабы в пестрых платках, босоногие ребятишки — все слилось в одну массу, которая приготовилась простоять здесь до самого вечера, чтобы хотя одним глазком взглянуть на барина. Загорелые, обожженные в огненной работе лица заводских рабочих выглядели сегодня празднично, с тем довольным выражением, с каким смотрит отдыхающий человек. Бабы трещали, как сороки, пощелкивая кедровые орехи; ребятишки совались меж ног, толкали всех и, как воробьи, рассыпались в мгновение ока при первом грозном слове какого-нибудь сердитого старика, с благоговением глядевшего в окна барского дома. Общее настроение толпы было самое торжественное. Ведь барин являлся чем-то вроде стихийной силы, которая слепо осыпает своими милостями и невзгодами; барин служил олицетворением возможного на земле могущества. Мужицкая фантазия терялась в перечислении всех необходимых атрибутов такого барина, каким был Лаптев. Он все может сделать, что захочет; казне нет счету, земле — конца-краю, и т. д.

Для человека нового эта пятитысячная толпа представлялась такой же однообразной массой, как трава в лесу, но опытный взгляд сразу определял видовые группы, на какие она распадалась естественным образом.

Основание составляли собственно фабричные рабочие, которых легко было отличить от других по запеченным, неестественно красным лицам, вытянутым, сутуловатым фигурам и той заводской саже, которой вся кожа пропитывается, кажется, навеки. Тут были простые поденщики, черноделы и рабочая аристократия. Все эти люди, изо дня в день тянувшие каторжную заводскую работу, которую бойкий заводский человек недаром окрестил огненной, теперь слились в одно общее желание взглянуть на барина, для которого они жарились у горнов, ворочали клещами раскаленные двенадцатипудовые крицы, вымогались над такой работой, от которой пестрядевые рубахи, после двух смен, вставали от потовой соли коробом. Фабрика рядом поколений выработала совершенно особенный тип заводского фабричного, который в состоянии вынести нечеловеческий труд. Эти жилистые, могучие руки, эти красные затылки, согнутые спины и крепкая, уверенная поступь были точно созданы для заводской работы. Каждая фигура была сколочена из одних костей и мускулов и дышала чисто заводской силой. На первый раз могло поразить то, что самые здоровые субъекты отличались худобой, но это и есть признак мускульной, ничем не сокрушимой силы. Как рядовой солдатик-пехотинец, так и заводский мастеровой страдают жировым перерождением только в исключительных случаях. Красные рубахи, накинутые на плечи чекмени и лихо надвинутые на одно ухо войлочные шляпы придавали фабричным рабочим вид записных щеголей, которые умеют поставить последнюю копейку ребром.

Полным контрастом с заводскими мастеровыми являлись желтые рудниковые рабочие, которые "робили в горе". Изнуренные лица, вялые движения и общий убитый вид сразу выделял их из общей массы, точно они сейчас только были откопаны откуда-то из-под земли и не успели еще отмыть прильнувшей к телу и платью желтой вязкой глины. Работа "в

83

горе", на глубине восьмидесяти сажен, по всей справедливости может назваться каторжной, чем она и была в крепостное время, превратившись после эмансипации в "вольный крестьянский труд". Конечно, "в гору" толкала этих желтых, выцветших людей самая горькая нужда, потому что там платили дороже, чем на других работах. Стоило только раз попасть рабочему в медный рудник, чтобы на веки вечные обречь следующие поколения на эту же работу. Это объясняется очень просто: молодых, здоровых рабочих толкает "в гору" возможность больших заработков, но самый сильный человек "израбливается" под землей в десять — двенадцать лет, так что поступает на содержание к своим детям в тридцать пять лет. Таким образом, детям рудниковых рабочих приходится слишком рано содержать не только самих себя и свои семьи, но и семью отца, а такой заработок может дать только одна "гора". Получается роковой круг, из которого вырваться могут только счастливцы: рудниковый рабочий органически связан со своей "горой", как устрица со своей раковиной. Вообще трудно сказать, что труднее — работать "в горе" или в огненной работе, но и те и другие рабочие являются настоящими гномами нашего "века огня и железа".

Между этими основными группами толкались черномазые углежоги, приехавшие поглядеть барина из дальних лесных деревень, "транспортные", прозванные за свою отчаянность "соловьями", и всякий другой рабочий люд, не имевший определенной специальности или менявший ее с каждым годом. Сюда же прибрели самые древние старики, вытянувшиеся еще на крепостном праве. Достаточно было взглянуть на эти согнутые в дугу спины, подгибавшиеся колени и дрожавшие корявые руки, чтобы сразу узнать бывших огненных и рудниковых рабочих. Они чинно держались в стороне от молодых рабочих, большинство было с длинными черемуховыми палками. Около них вертелись босоногие ребятишки, особенно те, которые еще по успели отведать заводской работы. И слабые детские руки тоже принимали участие в гигантской заводской работе, с десяти лет помогая семьям своим гривенником поденщины.

— Одиаче долго-таки барин не едет! — говорил какой-то седой старик, поглядывая в окна господского дома.— Пора бы! с которого времени дожидаем...

— Уехали, слышь, встречать на Половинку: Платон Васильич с управителями, Родивон Антоныч, Николай Карлыч.. На пяти тройках угнали, а лесообъездчики — на вершных. Так запалили, что страсть...

Когда вдали, по Студеной улице, по которой должен был проехать барин, показывалась какая-нибудь черная точка, толпа глухо начинала волноваться и везде слышались возгласы: "Барин едет!.. Барин едет... Вот он!.." Бывалые старики, которые еще помнили, как наезжал старый барин, только посмеивались в седые бороды и приговаривали:

— Он и есть, барин! Как есть, дураки! Разве барин так тебе и поехал! Перво-наперво пригонят загонщики, потом в колокола ударят по церквам, а уж потом и барин, с фалетуром, на пятерке. А то: барин! Только вот Тетюева не стало, некому принять барина по-настоящему. Нынче уж что! только будто название, что главный управляющий!

— Ноне народ вольный, дедушка,— заметил кто-то из толпы мастеровых.— Это допрежь того боялись барина пуще огня, а ноне что нам барин: поглядим — и вся тут. Управитель да надзиратель нашему брату куда хуже барина!

— Сравнял... Эх, вы-ы!.. Мало вас драли, вот и брешете. Кабы жив был старик Тетюев, да...

— Это ты верно говоришь, дедушка,— вступился какой-то прасол.— Все барином кормимся, все у него за спиной сидим, как тараканы за печкой. Стоит ему сказать единое слово — и кончено: все по миру пойдем... Уж это верно! Вот взять хошь нас! живем своей торговой частью, барин для нас тьфу, кажется, а разобрать, так... одно слово: барин!.. И пословица такая говорится: из барина пух — из мужика дух.

— Уж это что говорить, знамо дело, что все барином дышим!— согласился за всех кто-то в толпе.

Во двор господского дома пускались только избранные: депутации от всех волостей, заслуженные мастеровые в дареных господских кафтанах, обшитых позументом, служащие, рыженький священник с причтом и т. д. В передней с раннего утра топталась степенная группа стариков. Это были коноводы той партии общественников, которые тягались с Родионом Антонычем из-за уставной грамоты. Теперь они пришли в господский дом с новой надеждой, что с приездом барина наконец уладится и их дело. В уверенном выражении этих серьезных лиц сказывалась непоколебимая вера в правоту своего дела и твердое желание послужить миру до последнего. Ведь барин сейчас приедет, все увидит, все разберет и все устроит.

— Что, старички? жалобу принесли барину? — спрашивала Раиса Павловна, проходя по передней.

— А уж что бог даст, Раиса Павловна. Мы ведь из вашей господской воли не выходим, только нам наше бы добыть.

85

— Напрасно вы с своими пустяками Евгения Константиныча хотите беспокоить, старички!

— Уж это как господь ему на душу положит.

В приемных комнатах господского дома в выжидательном молчании сидели старшие служащие. В громадной зале был сервирован стол для обеда, а на хорах гудела разноязычная толпа приезжих музыкантов, приготовившихся встретить гостей торжественным тушем.

Среди общего молчания раздавались только шаги Анниньки и m-lle Эммы: девицы, обнявшись, уныло бродили из комнаты в комнату, нервно оправляя на своих парадных шелковых платьях бантики и ленточки. Раиса Павловна сама устраивала им костюмы и, как всегда, осталась очень недовольна m-lle Эммой. Аннинька была хороша — и своей стройной фигуркой, и интересной бледностью, и лихорадочно горевшими глазами, и чайной розой, небрежно заколотой в темных, гладко зачесанных волосах.

XI

На фабрике часы пробили двенадцать, час, два, а барин все не ехал. Толпы все прибывали, заполнив морем голов всю площадь перед зданием заводоуправления и вытянувшись в длинный шевелившийся хвост мимо господского дома вдоль всей Студеной улицы. Чтобы как-нибудь не прозевать барина, большинство поступилось даже обедом. В господском доме выжидательное настроение давно уже отразилось в усталом выражении всех глаз, в побледневших лицах и в том особенном нервном состоянии, от которого у всех пересохло во рту. Раиса Павловна не знала, как ей убить мучительно тянувшееся время. Она нервно переходила из одной комнаты в другую, осматривала в сотый раз, все ли готово, и с тупым выражением лица останавливалась у окна, стараясь не глядеть в дальний конец Студеной улицы.

— Этот Платон Васильич больше, чем идиот,— говорила она Анниньке.— Ну что ему стоило послать из Половники какого-нибудь лесообъездчика?.. Наконец Родион Антоныч чего смотрит! Это можно с ума сойти!

— Раиса Павловна! — перебила эту горячую реплику появившаяся в дверях m-lle Эмма,— там... пришел Виталий Кузьмич...

— Ох, боже мой! Этого только еще недоставало! и, конечно, пьян?

— Да... сильно пошатывается.

— Что ему нужно? Скажи кому-нибудь, чтобы его прибрали подальше от глаз...

В этот момент толпа на улице глухо загудела, точно по живой человеческой ниве гулкой волной прокатилась волна. "Едет!.. Едет!.." — поднялось в воздухе, и Студеная улица зашевелилась от начала до конца, пропуская двух верховых, скакавших к господскому дому на взмыленных лошадях во весь опор. Это и были давно ожидаемые всеми загонщики, молодые крестьянские парни в красных кумачных рубахах.

— Сейчас выезжает с Половинки...— кричали они, спешиваясь у крыльца господского дома.

Не успели загонщики "отлепортовать" по порядку слушавшему их служащему, как дальний конец Студеной улицы точно дрогнул, и в воздухе рассеянной звуковой волной поднялось тысячеголосое "ура". Но это был еще не барин, а только вихрем катилась кибитка Родиона Антоныча, который, без шляпы, потный и покрытый пылью, отчаянно махал обеими руками, выкрикивая охрипшим голосом:

— Тише!.. Ах, б-божже мой!.. Чертоломы вы этакии! чего напрасно глотку дерете?! Чему обрадовались?

— Ну? — спрашивала Раиса Павловна, выбегая навстречу к Сахарову.

— Ох, беда! Сорок лошадей загнали на восьми станциях... Семнадцать троек бежит... Видел самого и к ручке приложился! — высыпал Родион Антоныч привезенные новости.

— Да что вы так долго там, на Половинке, сидели?

— Чай пили...

— Отчего же вы меня не известили? Мы тут голову совсем потеряли, а они там чай распивают.

— Не мы, а сам чай пил.

— Так бы и послали сказать. А ту видели?

Родион Антоныч только махнул рукой и побежал в переднюю, где сейчас же накинулся на депутацию с хлебом-солью:

— В церковь ступайте... все в церковь!.. Да чтобы звонили, во вся звонили, как только покажется пыль на дороге.

Точно в ответ на эти слова на пяти заводских церквах загудели все колокола, и Родион Антоныч торопливо начал креститься. Через минуту он уже подымался на паперть главной церкви, которая стояла посреди базарной площади. Там уже ждало духовенство во всем облачении, и народ набожно снял шапки. Выстроив депутацию с хлебом-солью у паперти, Родион Антоныч, заслонив рукой глаза от солнца, впился в дальний конец Студеной улицы, по которой теперь, заливаясь колокольчиками, вихрем мчалась исправничья тройка с двумя казаками назади. За ней во весь карьер летел открытый дорожный дормез, заложенный пятеркой. В воздухе катилась целая буря отчаянных звуков, нараставших и увеличивавшихся с каждым шагом вперед, как катившийся под гору снежный ком. Когда дормез подъезжал к церкви, вся Студеная улица и площадь представляли собой настоящее море, которое кипело и бурлило каждым своим атомом. Гул колоколов и дружный крик тысяч людей слились в одни протяжный стон. Общее внимание было приковано к катившемуся дормезу, в котором сидели трое в белых летних костюмах. Один из них время от времени снимал какую-то пеструю шапочку без козырька и раскланивался на обе стороны.

— Вот он, барин-от... Уррра-а-а-а!..— неистово орал какой-то мастеровой, в порыве энтузиазма хватаясь за колесо останавливавшегося экипажа.

— Голубчик ты наш! родименький! — подвывали в толпе бабы, вытягиваясь на носочки.

Дормез остановился перед церковью, и к нему торопливо подбежал молодцеватый становой с несколькими казаками, в пылу усердия делая под козырек. С заднего сиденья нерешительно поднялся полный, среднего роста молодой человек, в пестром шотландском костюме. На вид ему было лет тридцать; большие серые глаза, с полузакрытыми веками, смотрели усталым, неподвижным взглядом. Его правильное лицо с орлиным носом и белокурыми кудрявыми волосами много теряло от какой-то обрюзгшей полноты.

— И к чему вся эта дурацкая церемония, генерал? — лениво по-французски протянул молодой человек, оглядываясь с подножки экипажа на седого старика с строгим лицом.

— Нельзя, Евгений Константиныч, такой обычай! — по-французски ответил старик, поднимаясь с места.

Шотландский костюм барина сначала немного смутил восторженную публику, по потом все решили, что, вероятно, так нужно, потому барин — значит, закон ему не писан. Баб ужасно заинтересовала клетчатая пестрая юбочка, а мужиков — отсутствие штанов. Пестрый плед, пестрая шапочка, с длинными лентами на затылке, и чулки на ногах тоже были, конечно, подвергнуты самой строгой критике и тоже получили свое объяснение: барин. Только голые колени барина немного смутили самых смелых, потому что решительно не находилось для них никакого подходящего извиняющего мотива. Зато генерал своей внушительной высокой фигурой и сердитыми седыми усами произвел на окружающих самое хорошее впечатление: настоящий генерал, хотя и штатский. Его длинное лицо, с резкими, точно обрубленными линиями, отдавало солдатской выправкой; только небольшие темные глаза смотрели добрым и открытым взглядом. Дорожный простой костюм старика и мягкая пуховая шляпа представляли рядом с пестротой шотландского костюма приятный контраст.

— Что же мне теперь делать? — с капризными нотками в голосе спрашивал Лаптев, когда генерал вышел из экипажа.

— Ничего больше, как только подняться на колокольню и оттуда раскланяться с народом,— отозвался из экипажа сухонький подвижной господин неопределенных лет.

— Ах, мне не до шуток, Прейн! — усталым голосом проговорил Лаптев.

Сухощавое лицо Прейна с щурившимися бесцветными глазами и тонкими морщинами около породистого горбатого носа улыбнулось беспечной и вместе уверенной улыбкой. Небольшого роста, с сильной грудью и тоненькими ножками, Прейн походил на жокея в отставке или наездника из цирка. Слишком нервная натура сказывалась в каждом движении, особенно в игре личных мускулов и улыбающемся, пристальном взгляде. И одет Прейн был как жокей: коротенькая синяя куртка, лакированные сапоги, белые штаны, шляпа-котелок на голове. Его маленькая, тощая фигурка рядом с массивной, представительной фигурой генерала казалась особенно жалкой. Этот подвижный, юркий человек обладал неистощимым запасом какого-то бесшабашного веселья и так же весело и беззаботно острил, когда отправлялся на дуэль, как и сидя за стаканом вина.

Когда Лаптев, в сопровождении Блинова и Прейна, поднимался на церковную паперть, к церкви успели подъехать три следующих экипажа, из которых торопливо повыскакивали Горемыкин, Майзель, Вершинин и двое еще не известных лиц. Они рысцой вбежали на паперть, где теперь Лаптев, сняв свою шотландскую шапочку, прикладывался к кресту. Сахаров первый успел просунуть свою коротко остриженную голову и торопливо приложился к барской ручке, подавая пример стоявшим с хлебом-солью депутатам, мастеровым в дареных синих кафтанах и старым служащим еще крепостной выправки. Осанистый старик священник с окладистой седой бородой достал из-под ризы бумажку и хотел по ней прочесть

89

приветственное пастырское слово, но голос у него дрогнул на первых строках, и он только бессвязно пробормотал какой-то текст из Священного писания.

— Пожалуйста, увезите меня отсюда скорее! — взмолился Лаптев, когда на него со всех сторон посыпались рабьи поцелуи; кто-то в пылу энтузиазма целовал даже его голое колено.— Это какие-то сумасшедшие!

Выбраться из толпы, которая была слишком наэлектризована этой торжественной минутой, было не так-то легко, и только при помощи казаков и личном усердии станового и исправника Лаптева наконец освободили от сыпавшихся на него со всех сторон знаков участия. Пришлось пробираться до экипажа через живую стену.

— Евгений Константиныч, куда же это вы? — кричал по-французски Блинов, стараясь пробиться через толпу, которая отделяла его от Лаптева.— Сейчас будет молебен, Евгений Константиныч...

— Оставьте его! — ответил Прейн из экипажа, в который он залез через облучок.— После отслужим... Валяйте, генерал, по моему примеру, через облучок: все дороги ведут в Рим.

У коляски Лаптева ожидало новое испытание. По мановению руки Родиона Антоныча десятка два катальных и доменных рабочих живо отпрягли лошадей и потащили тяжелый дорожный экипаж на себе. Толпа неистово ревела, сотни рук тянулись к экипажу, мелькали вспотевшие красные лица, раскрытые рты и осовевшие от умиления глаза.

— Что же это такое наконец? — уже сердито обратился Лаптев к Прейну.

Прейн только пожал плечами и сквозь зубы проговорил:

— Пусть их везут, если им это доставляет удовольствие.

— Да я этого не хочу!.. Я лучше пойду пешком.

— Сейчас доедем, Евгений Константиныч,— успокаивал генерал.— Вон, кажется, и господский дом, если не ошибаюсь...

— Да, да...— подтверждал Прейн,— всего несколько шагов...

— Мне остается только поблагодарить вас, генерал, за этот даровой спектакль,— с иронией заметил Лаптев.

— Что делать! нужно потерпеть, Евгений Константиныч! Имейте терпение.

— Стоит для этого тащиться из Петербурга в такую даль.

Когда торжественная процессия приблизилась к господскому дому, окна которого и балкон были драпированы коврами и красным сукном, навстречу показалась депутация с хлебом-солью от всех заводов. Старик, с пожелтевшей от старости бородой, поднес большой каравай на серебряном блюде.

— Примите блюдо и поблагодарите,— шепнул Блинов смутившемуся заводовладельцу.

— Благодарю, господа... Я... очень доволен, хотя, право, это совсем лишнее,— развязно заговорил Лаптев, принимая блюдо от старика.

Чтобы предупредить давешнюю сцену народного энтузиазма, проход от экипажа до подъезда был оцеплен стеной из казаков и лесообъездчиков, так что вся компания благополучно добралась до залы, где была встречена служащими и громким тушем. Лаптев рассеянно поклонился служащим, которые встретили его также хлебом-солью и речью, и спросил, обратившись к Прейну:

— Вы заметили второе окно направо?

— О да... премилое личико! Вероятно, какая-нибудь интересная провинциалочка. Вам не мешает переодеться после дороги...

Прейн провел Лаптева в его уборную, где уже ждал англичанин-камердинер, m-r Чарльз. Лаптев точно обрадовался и даже осведомился, благополучно ли m-r Чарльз сделал последнюю станцию, причем детски-капризным голосом начал жаловаться на страшную усталость и на те церемонии, какими его сейчас только угостили. M-r Чарльз выслушал своего повелителя с почтительным достоинством, как и следует слуге высшей школы. Его упитанная, выхоленная фигура, красивое бесстрастное лицо, безукоризненные манеры, костюм, прическа, произношение, ногти на руках — все было проникнуто одним сплошным достоинством, которому не было границ. Когда m-r Чарльз гулял для моциона пред обедом, его можно было принять за министра в отставке. Недаром один остряк сказал про Лаптева, что он уважает в свете только одного человека — m-r Чарльза. Этот отзыв был близок к истине.

— Не угодно ли вам выбрать костюм для завтрака? — проговорил m-r Чарльз, предлагая вниманию своего повелителя две дюжины панталон, таковое же количество жилетов, визиток, галстуков и сорочек.

Лаптев ежедневно переодевался minimum четыре раза и теперь переменил свой шотландский костюм на светлосерую летнюю пару из какой-то мудреной индийской материи. M-r Чарльз, конечно, не надел бы такого костюма для парадного завтрака, но величественно и с достоинством промолчал.

XII

Пока совершался торжественный проезд Лаптева от церкви до господского дома, в этом последнем нервное напряжение достигло до последней степени. Раиса Павловна чувствовала, как у ней похолодели пальцы, а в висках стучала кровь. В своем шелковом кофейном платье, с высоко взбитыми волосами на голове, она походила на театральную королеву, которая готовится из-за кулис выйти на сцену с заученным монологом на губах. Аннинька, m-lle Эмма и Прасковья Семеновна выглядывали на улицу из-за оконных драпировок, а Раиса Павловна стояла у окна вместе с Лушей, одетой в свое единственное нарядное платье из чечунчи. "Галки" с лихорадочным нетерпением переживали все перипетии развертывавшейся пред их глазами комедии. Аннинька во всей этой суматохе видела только одного человека, и этот человек был, конечно, Гуго Братковский; m-lle Эмма волновалась по другой причине — она с сердитым лицом ждала того человека, которого ненавидела и презирала. Прасковья Семеновна смотрела вдоль Студеной улицы со слезами на глазах, точно сегодняшний день должен был окончательно разрешить ее долголетние ожидания. Теперь уж ждала не одна она, а все ждали — и Раиса Павловна, и m-lle Эмма, и Аннинька. Раиса Павловна внимательно наблюдала Лушу и любовалась ею. Разве эта девушка нуждалась в бархате, кружевах и остальной мишуре, когда природа наделила ее с такой несправедливой щедростью? В порыве чувства Раиса Павловна тихонько поцеловала Лушу в шею и сама покраснела за свою институтскую нежность, чувствуя, что Луше совсем не правятся проявления чувства в такой форме.

Волна оглушительных криков, когда поезд с барином двинулся от церкви, захлестнула и во второй этаж господского дома, где все встрепенулось, точно по Студеной улице ползло тысячеголовое чудовище. Луша смотрела на двигавшуюся но улице процессию с потемневшими глазами; на нее напало какое-то оцепенелое состояние, так что она не могла двинуть ни рукой, ни ногой. Вот и дормез, который катился по улице точно сам собой... Мелькнула шапочка Лаптева, его волнистые белокурые волосы; Прейн весело раскланялся с Раисой Павловной и, прищурившись, пристально взглянул на Лушу. Луше показалось, что и Лаптев тоже смотрит на нее, и она инстинктивно отскочила от окна в глубину комнаты.

— Приехал! приехал! — восторженно шептала Прасковья Семеновна, не утирая слез, катившихся у нее по щекам.

Пока Лаптев принимал хлеб-соль, к господскому дому подъезжала одна тройка за другой. Из экипажей выходил всевозможный человеческий сброд, ютившийся вокруг Лаптева: два собственных секретаря Евгения Константиныча, молодые люди, очень смахивавшие на сеттеров; корреспондент Перекрестов, попавший в свиту Лаптева в качестве представителя русской прессы, какой-то прогоревший сановник Летучий, фигурировавший в роли застольного забавника и складочного места скабрезных анекдотов, и т. д. Большинство составляло какие-то темные, потертые личности в отличных дорожных костюмах; кто они и что — вероятно, не открыть никаким химическим анализом, никаким самым тщательным микроскопическим исследованием. Эти господа смотрели свысока на всех, презрительно пожимали плечами и лениво перебрасывались шаблонными французскими фразами. Раиса Павловна достаточно насмотрелась на своем веку на эту человеческую мякину, которой обрастает всякое известное имя, особенно богатое, русское, барское имя, и поэтому пропускала этих бесцветных людей без внимания; она что-то отыскивала глазами и наконец, толкнув Лушу под руку, прошептала:

— Вот она, Луша...

— Кто?

— Да та каналья, которая едет с генералом в качестве его... ну, его метрессы.

Раиса Павловна в бинокль пристально рассматривала толстую, безобразную, небольшого роста даму, которая сидела в дорожной коляске генерала.

— Это какой-то орангутанг! — пропищала Аннинька, сдержанно хихикая.— Эммочка, голубчик! посмотри... Настоящая обезьяна в мешке!

— Жеваная котлетка...— коротко проговорила m-lle Эмма, лорнируя незнакомку.— Точно сейчас вынутый из банки со спиртом урод!

— Удивляюсь! — медленно протянула Раиса Павловна, поднимая кверху свои жирные плечи.

"Галки" тоже подняли свои плечи и удивились неприхотливому вкусу генерала Блинова. Суд был короток, и едва ли какой другой человеческий суд вынес бы такой строгий вердикт, как суд этих женщин.

Коляска генерала проследовала к генеральскому флигельку, где Нину Леонтьевну встретил пан Братковский, улыбавшийся и державший почтительно свою соломенную шляпу в руках.

— Настоящая чугунная болванка! — проговорила m-lle Эмма, когда Нина Леонтьевна вкатилась своей почти квадратной тушей в недра генеральского флигелька.

— Удивляюсь! — еще раз протянула Раиса Павловна и улыбнулась уничтожающей улыбкой, какая убивает репутацию человека, как удар гильотинного ножа.

— Видели? — сдержанным шепотом спрашивал Родион Антоныч, точно вынырнувший около Раисы Павловны из-под земли.

— Да, да... поздравляю с находкой!.. Это какое-то гороховое чучело... монстр! Удивляюсь!!.. А что Евгений Константиныч?

— Изволят одеваться, Раиса Павловна. Просто чистая беда... Отец Аристарх давеча хотел сказать приветственное слово и со страху только бородкой трясет... Ей-богу!.. А народ что делает! Видели, как лесообъездчики катили дормез-то! Как быки, так и прут!

— Что вы тут толчетесь? — оборвала его болтовню Раиса Павловна.— Посмотрите, все ли готово в столовой.

— Смотрел, все смотрел. Готово все-с. Только Евгений Константиныч выйдут из уборной, сейчас я вам прибегу сказать.

— Хорошо, хорошо... Mademoiselle Эмма, у вас пуговка у лифа расстегнулась. Аннинька, поправьте галстучек... А ты куда, Луша?

— Я домой, Раиса Павловна.

Раиса Павловна торопливо поцеловала свою фаворитку и отпустила ее восвояси. Луша, пошатываясь, вышла из комнаты, прошла через веранду и в каком-то тумане побрела к своему нищенскому углу. Глаза у ней горели, грудь тяжело поднималась, в горле стояли слезы. Никогда еще девушка не чувствовала себя такой жалкой и ничтожной, как в этот момент, и от бессильной злобы в клочки рвала какую-то несчастную оборку на своем платье. А июньское солнце светило таким благодатным светом, обливая дрожавшим и переливавшимся золотом деревья, траву, цветы и ряды волн, плескавшихся о каменистый берег. Ничего этого не видела Луша, придавленная и уничтоженная своей нищетой.

Раиса Павловна тревожно поглядывала на часы, считая минуты, когда ей нужно будет идти в столовую в качестве хозяйки и вывести за собой "галок", как необходимый элемент, в видах оживления предстоящей трапезы. Прасковья Семеновна в счет не шла.

— Раиса Павловна! — прошептала Аннинька, показывая глазами на то окно, из которого можно было видеть генеральский флигелек.

Изумленным глазам Раисы Павловны представилась такая картина: Гуго Братковский вел Нину Леонтьевну под руку прямо к парадному крыльцу. "Это еще что за комедия?" — тревожно подумала Раиса Павловна, едва успев заметить, что "чугунная болванка" была одета с восточной пестротой.

— Прошли в господский дом...— как эхо повторила Аннинька мысли своей патронши.— Вероятно, это чучело ошиблось подъездом.

Когда через пять минут в комнату вбежал встревоженный и бледный Родион Антоныч, дело разъяснилось вполне, с самой беспощадной ясностью для всех действующих лиц.

— Раиса Павловна! Раиса Павловна! — задыхаясь, шептал верный слуга.— Она... та, которая приехала с генералом, теперь в столовой и... и... всем распоряжается. Да, своими глазами видел!

— Не может быть, вы ошиблись? — заметила Раиса Павловна, выпрямляясь во весь рост.

— Нет, Раиса Павловна... Я слышал, как она сказала генералу, что желает быть здесь полной хозяйкой и никому не позволит угощать Евгения Константиныча обедом. Генерал ее начал было усовещивать, что настоящая хозяйка здесь вы, а она так посмотрела на генерала, что тот только махнул рукой.

В голове у Раисы Павловны от этих слов все пошло кругом; она бессильно опустилась на ближайшее кресло и только проговорила одно слово: "Воды!" Удар был нанесен так верно и так неожиданно, что на несколько мгновений эта решительная и энергичная женщина совсем потерялась. Когда после нескольких глотков воды она немного пришла в себя, то едва могла сказать Родиону Антонычу:

— Передайте Прейну и Платону Васильичу, что я извиняюсь пред Евгением Копстантинычем, что не могу сегодня, по болезни, занять за столом свое место хозяйки дома...

"Галки" окружили Раису Павловну, как умирающую. Аннинька натирала ей виски одеколоном, m-lle Эмма в одной руке держала стакан с водой, а другой тыкала ей прямо в нос каким-то флаконом. У Родиона Антоныча захолонуло на душе от этой сцены; схватившись за голову, он выбежал из комнаты и рысцой отправился отыскивать Прейна и Платона Васильевича, чтобы в точности передать им последний завет

Раисы Павловны, которая теперь в его глазах являлась чем-то вроде разбитой фарфоровой чашки.

В столовой, где был сервирован обед, Родион Антоныч увидел Нину Леонтьевну, окруженную обществом милых бесцветных людей, ходивших за ней хвостом. Тут же толклись корреспондент Перекрестов и прогоревший сановник Летучий, ходившие по столовой под ручку и уже давно нюхавшие воздух.

— Когда я был в Сингапуре, нас капитан угостил однажды китайской рыбой...— повествовал Перекрестов, жидкий и вихлястый молодой человек, с изношенной, нахальной физиономией, мочальной бороденкой и гнусавым, как у кастрата, голосом.

Летучий был не лучше, хотя и в другом роде. Это был седой приличный субъект, с слезившимися голыми глазами старого развратника и плотоядной улыбкой на сморщенных, точно выжатых губах; везде, где только можно, у него блестело массивное золото без пробы и фальшивая бриллиантовая булавка в галстуке. Говорил он хриповатым баском и постоянно потирал свои большие руки, затянутые в безукоризненно-свежие лайковые перчатки. Когда-то Летучий был сановником, попечениям которого был вверен целый край, по колесо фортуны повернулось, и он очутился в приживалках у Лаптева, которого утешал своими анекдотами "из детской жизни". Перекрестов, рядом с этим вымирающим типом помпадурства, являлся настоящим homo novus; в качестве представителя русской прессы он не только из конца в конец обрыскал свое отечество, но исколесил Европу и даже сделал несколько кругосветных путешествий. Его гений не знал меры и границ: в Америке на всемирной выставке он защищал интересы русской промышленности, в последнюю испанскую войну ездил к Дон-Карлосу с какими-то дипломатическими представлениями, в Англии "поднимал русский рубль", в Черногории являлся борцом за славянское дело, в Китае защищал русские интересы и т. д. Единственным плодом от этой кипучей деятельности остались только захватывающие воспоминания о том. что и как он, Перекрестов, ел в Яффе, в Сан-Франциско, в Шанхае, в Кадиксе, в Бостоне, в Каире, Биаррице, Ментоне, на острове Уайте и т. д. На Урал Перекрестов явился почти делегатом от горнопромышленных и биржевых тузов, чтобы "нащупать почву" и в течение двух недель "изучить русское горное дело", о котором он будет реферировать в разных ученых обществах, печатать трескучие фельетоны и входить с докладными записками в каждую официальную щель и в каждую промышленную дыру.

Среди этого сомнительного общества сомнительных людей Нина Леонтьевна являлась настоящим перлом. Небольшого роста, с расплывшимся бюстом, с короткими жирными руками и мясистым круглым лицом, она была безобразна, как ведьма, но в этом лице сохранились два голубых крошечных глаза, смотревших насквозь умным, веселым взглядом, и характерная саркастическая улыбка, открывавшая два ряда фальшивых зубов. В каком-то невозможном голубом платье, с огненными и оранжевыми бантами, она походила на аляповатую детскую игрушку, которой только для проформы проковыряли иголкой глаза и рот, а руки и все остальное набили наклей.

— Послушай, Нина, сейчас Прейн передал мне, что Раиса Павловна хочет сказаться больной,— говорил нерешительно генерал, покручивая усы.— Это выйдет очень неловко... Горемыкина — хозяйка в этом доме, и не пригласить ее просто неделикатно.

— Ты ошибаешься,— с тонкой улыбкой ответила Нина Леонтьевна,— предоставь это, пожалуйста, мне... Необходимо сразу показать ей, где ее настоящее место. К чему разводить эти никому не нужные нежности? Я такая же хозяйка здесь, и ты можешь выбирать между мной и ей...

— Ты забываешь, Нина, как к этому отнесется Прейн.

— О, это не ваша забота, Мирон Геннадич... Не лучше ли вам позаботиться о том, что Евгению Константиновичу пора показаться к народу, который просто неистовствует на улице.

Действительно, под окнами господского дома время от времени точно закипала волна буруна, и в воздухе дыбом поднимался тысячеголосый крик. Генерал только пожал плечами и направился в уборную. Теперь в приемных комнатах оставалась только приехавшая с Лаптевым челядь да избранники в лице заводских управителей. Вершинин, Майзель, Буйко, Дымцевич, Сарматов, доктор Кормилицын, Платон Васильевич и еще несколько человек заслуженных стариков сбились в одну плотную кучу и терпеливо выжидали, когда наконец покажется Евгений Константиныч. "Малый двор" чувствовал себя не совсем хорошо пред лицом "большого двора", хотя Прейн успел со всеми поздороваться и всякому сказать бойкое приветливое слово. Генерал пока познакомился только с Платоном Васильичем и Майзелем, он не обладал счастливым даром скоро сходиться с людьми.

Отыскав Платона Васильевича и отведя его в сторону, он вполголоса расспрашивал о Прозорове и время от времени сосредоточенно покачивал своей большой головой, остриженной под гребенку. Горемыкин был во фраке и постоянно поправлял свой белый галстук, который все сбивался у него на сторону.

— Жаль, очень жаль...— говорил генерал, посматривая на двери уборной.— А какой был талантливый человек! Вы думаете, что его уже невозможно спасти?

— Трудно, ваше превосходительство...

— Так, так... Необходимо будет увезти его отсюда,— вслух думал генерал.— У него, кажется, была дочь, если не ошибаюсь?

— Да, теперь совсем взрослая девушка... и очень красивая. Виталий Кузьмич вообще ведет странный образ жизни и едва ли удержится на каком-нибудь другом месте.

Родион Антоныч, не теряя из виду управительского кружка, зорко следил за всеми, особенно за Братковским, который все время сидел в комнате, где была Нина Леонтьевна, и только иногда показывался в зале, чтобы быть на виду у генерала на всякий случай. "Тонкая бестия эта шляхта,— думал про себя Родион Антпоныч, утирая вспотевшее лицо платком и со страхом поглядывая на сердитого генерала.— Ох, всех подтянет, всех... Помяни, господи, царя Давида и всю кротость его!.." Когда генерал поворачивался в сторону Родиона Антоныча, он слегка наклонялся вперед и начинал улыбаться блудливой, жалкой улыбкой. Но главное внимание Родиона Антоныча было занято улицей, где гудела десятитысячная толпа и время от времени нестройными вспышками поднималось "ура"; он постоянно подбегал к окошку и зорко вглядывался в море голов, отыскивая кого-то глазами. Швейцару и лесообъездчикам строго-настрого было заказано не пускать близко к подъезду всяких "сумнительиых" мужиков, которые могли принести за пазухой какую-нибудь "бумагу к барину", но все-таки осторожность не была лишней. Рабье сердце Родиона Антоныча было теперь преисполнено блаженным трепетом: барин был в двух шагах — он сейчас выйдет. У верного слуги даже щипало в горле от неиспытанного счастья лицезреть барина, который в течение двадцати лет являлся какнм-то полумифическим существом.

Ожидание продолжалось уже целый час, а барин все не показывался. Прейн несколько раз наведывался в его комнату и успел уже переодеться два раза. Генералу тоже надоело ждать, и он тоже отправился в уборную, где и застал такую картину. Чарльз, вытянутый и важный, почтительно стоял у дверей, а сам Лаптев заставлял великолепного бланжевого пойнтера Брунгильду подавать поноску. Умная собака, стоявшая несколько тысяч, сходила за брошенным платком раз

98

десять, а затем, видимо, смутилась и, помахивая тонким хвостом, вопросительным умным взглядом смотрела на m-r Чарльза.

— Господи, что же это такое? — взмолился генерал, останавливаясь перед Лаптевым.— Евгений Константиныч! вас ждут целый час тысячи людей, а вы возитесь здесь с собакой! Это... это... Одним словом, я решительно ие понимаю вас.

— Посмотрите, генерал, какая упрямая эта Брунгильда,— весело ответил Лаптев,— а я еще упрямее и непременно заставлю ее сделать по-своему. Вы сами увидите... Brunehaut, apporte!..[13]

XIII

Когда Родион Антоныч сообщил о болезни Раисы Павловны, Прейн только поднял высоко брови и равнодушно проговорил:

— Ага!

— Она извиняется, что не может выйти к обеду,— продолжал Родион Антоныч, склоняя голову на один бок.

— Ага!

— Раиса Павловна просила передать свои извинения Евгению Константинычу.

— Ага!

У бедного Ришелье защемило на душе от этого "ага", которое черт его знает что значило.

За обедом о Раисе Павловне тоже не было сказано ни одного слова, хотя за столом сидели битых два часа, вплоть до самого вечера. Это был своего рода первый застольный турнир между малым и большим двором, на котором противники могли помериться силами. "Большой двор", конечно, подавлял "малый" своими исключительными преимуществами, хотя все по возможности старались держать себя на равной ноге. Евгений Константиныч говорил мало и преимущественно обращался к Нине Леонтьевне, которая, видимо, пользовалась его особенным вниманием. Кроме других лакеев, за столом прислуживал и m-r Чарльз, который подавал кушанье только своему патрону, Прейну, генералу, Нине Леонтьевне и Платону

---

[13] Брунгильда, принеси!.. (фр.).

Васильевичу. Последний все время сидел как на иголках: у бедного ходили круги в глазах при одной мысли о том, что его ждет вечером у семейного очага. Нина Леонтьевна в качестве хозяйки старалась поддержать самый непринужденный разговор, что ей было не особенно трудно сделать при трогательных усилиях всех действующих лиц. Перекрестов рассказывал о всевозможной еде, какую он испробовал во всевозможных широтах и долготах, при самом разнообразном барометрическом давлении и всевозможных уклонениях магнитной стрелки. Сарматов, конечно, воспользовался таким удобным случаем и довольно развязно присоединил к этому повествованию свой скромный голос.

— Когда я служил с артиллерийским парком на Кавказе,— рассказывал он, стараясь закрыть свою лысину протянутым из-за уха локоном,— вот где было раздолье... Представьте себе: фазаны! Настоящие золотые фазаны, все равно как у нас курицы. Только там их едят не так, как у нас. Вообще записной охотник не дотронется до свежей дичи, а мы убитых фазанов оставляли на целую неделю на воздухе, а потом уж готовили... Получался необыкновенный букет!

— Ага! — протянул Прейн.

— Не много ли будет: неделя? — заметил Вершинин.— Температура на Кавказе высокая, и в неделю из ваших фазанов останутся одни перья.

— Ах, Демид Львович... В этом-то и шик! Мясо совсем черное делается и такой букет... Точно так же с кабанами. Убьешь кабана, не тащить же его с собой: вырежешь язык, а остальное бросишь. Зато какой язык... Мне случалось в день убивать по дюжине кабанов. Меня даже там прозвали "грозой кабанов". Спросите у кого угодно из старых кавказцев. Раз на охоте с графом Воронцовым я одним выстрелом положил двух матерых кабанов, которыми целую роту солдат кормили две недели.

Бесстрастное неподвижное лицо Лаптева обратилось к рассказчику, и на нем мелькнула едва заметная улыбка. Наклонившись к Прейну, он тихо спросил:

— Это кто?

— Штабс-капитан Сарматов, управитель Мельковского завода.

Этого было достаточно, чтобы до десятка лиц с скрытой завистью посмотрели на Сарматова, который был замечен Евгением Константинычем. Это была целая карьера для "грозы кабанов". Летучий и Перекрестов переглянулись и блудливо заерзали на своих местах; неожиданный успех Сарматова задел

100

их за живое. Бесцветные люди навели свои лорнеты и пенсне на "грозу кабанов". Прейн еще раз сказал свое "ага". Нина Леонтьевна потихоньку наблюдала представителей "малого двора" и особенно осталась довольна Вершининым и Майзелем, которые держали себя с достоинством и отвечали очень находчиво. Вершинин настолько освоился с "большим двором", что раза два очень ядовито оборвал завравшегося Перекрестова, которого невзлюбил с первого раза, как соперника по застольному краснобайству. Между строк скоро выработалось то молчаливое соглашение, при помощи которого определяются взаимные отношения людей, видевших друг друга в первый раз. Генерал пытался было поднять серьезный разговор на тему о причинах общего упадка заводского дела в России, и Платон Васильевич навострил уже уши, чтобы не пропустить ни одного слова, но эта тема осталась гласом вопиющего в пустыне и незаметно перешла к более игривым сюжетам, находившимся в специальном заведовании Летучего. Нина Леонтьевна нимало не смутилась таким оборотом разговора и громко смеялась над остроумными анекдотами прогоревшего помпадура. Один m-r Чарльз оставался в этой компании невозмутимо спокойным и неподвижным, точно замороженный. Он смотрел на обедающих свысока, как сфинкс, которого никто не может разгадать. По всей вероятности, если бы m-r Чарльз имел право и возможность, он всей собравшейся здесь компании молча и замороженно показал бы на дверь.

После обеда, когда вся компания сидела за стаканами вина, разговор принял настолько непринужденный характер, что даже Нина Леонтьевна сочла за лучшее удалиться восвояси. Лаптев пил много, но не пьянел, а только поправлял спои волнистые белокурые волосы. Когда Сарматов соврал какой-то очень пикантный и невозможный анекдот из бессарабской жизни, Лаптев опять спросил у Прейна, что это за человек.

— Ага! Это штабс-капитан Сарматов, или "гроза кабанов"! — ответил Прейн, щуря свои бесцветные глаза.

Бесцветные молодые люди смеялись, когда смеялся Лаптев, смотрели в ту сторону, куда он смотрел, пили, когда он пил и вообще служили громадным зеркалом, в котором отражалось малейшее движение их патрона.

Из-за обеда вся компания поднялась вместе с сумерками, когда в открытые окна со стороны сада потянуло свежей пахучей струей. Господский дом, здание заводоуправления, фабрика и сад были роскошно иллюминованы, а на пруду, на громадном плоте из бревен, затрещал и захлопал фейерверк.

Для гудевшего на улице народа на балконе господского дома играла музыка, и ночной воздух при каждом хлопке взвивавшихся кверху огненными дугами ракет потрясался взрывами народного восторга. Появлялись пьяные и особенно усердно орали барину хриплую пьяную "уру". Евгений Константиныч выходил на балкон, и каждый раз его встречали оглушительными залпами самых восторженных криков. Генерал задумчиво смотрел на волновавшуюся тысячеголовую толпу, которая в его глазах являлась собранием тех пудо-футов, которые служили материалом для его экономических выкладок и соображений.

Все это трескучее торжество отзывалось на половине Раисы Павловны похоронными звуками. Сама она, одетая в белый пеньюар с бесчисленными прошивками, лежала на кушетке с таким истомленным видом, точно только сейчас перенесла самую жестокую операцию и еще не успела хорошенько проснуться после хлороформирования. "Галки" сидели тут же и тревожно прислушивались к доносившимся с улицы крикам, звукам музыки и треску ракет.

Платон Васильич несколько раз пробовал было просунуть голову в растворенные половинки дверей, но каждый раз уходил обратно: его точно отбрасывало электрическим током, когда Раиаа Павловна поднимала на него глаза. Эта немая сцена была красноречивее слов, и Платон Васильич уснул в своем кабинете, чтобы утром вести Евгения Константиныча по фабрикам, на медный рудник и по всем другим заводским мытарствам.

Летняя короткая ночь любовно укутала мягким сумраком далекие горы, лес, пруд и ряды заводских домиков. По голубому северному небу, точно затканному искрившимся серебром, медленно ползла громадная разветвленная туча, как будто из-за горизонта протягивалась гигантская рука, гасившая звезды и вот-вот готовая схватить самую землю. Домики Кукарского завода на этой руке сделались бы не больше тех пылинок, которые остаются у нас на пальцах от крыльев моли, а вместе с ними погибли бы и обитатели этих жалких лачуг, удрученные непосильной ношей своих подлостей, интриг, глупости и чисто животного эгоизма.

Посмотрите, как крестится и шепчет торопливо молитву на сон грядущий Родион Антоныч; в голове кукарского Ришелье работает тысяча валов, колес и шестерен, перемалывая перепутавшиеся впечатления тревожного дня. У Родиона Антоныча тяжело на душе, а в ушах все еще отдается "ага" Прейна. Первый блин вышел комом, и старик напрасно ощупывает свою голову, точно подыскивая какое-то забытое утешение или ту крошечную надежду, за которую мог бы ухватиться придавленный неудачей мозг. Он теперь переживает в сотый раз нанесенное оскорбление Раисе Павловне и не видит выхода. Стоит ему сомкнуть глаза, как встает целый ряд обидных картин: вот торжествует Майзель с своей птицей — Амалькой, вот улыбается в бороду Вершинин, вот ликует Тетюев...

В генеральском флигельке наступившая ночь не принесла с собой покоя, потому что Нина Леонтьевна недовольна поведением генерала, который, если бы не она, наверно позволил бы Раисе Павловне разыгрывать совсем неподходящую ей роль. В своей ночной кофточке "чугунная болванка" убийственно походит на затасканную замшевую куклу, но генерал боится этой куклы и боится сказать, о чем он теперь думает. А думает он о своем погибающем друге Прозорове, которого любил по студенческим воспоминаниям.

— Посмотрим, как вы будете держать себя дальше...— грозно шипит "чугунная болванка".— С своей стороны могу сказать только то, что при первой вашей уступке этой женщине я сейчас же уезжаю в Петербург.

Генерал уверяет, что никаких уступок не последует с его стороны и что он должен честно выполнить взятую на себя задачу.

В убогом флигельке Прозорова мигает слабый свет, который смотрится в густой тени тополей и черемух яркой точкой. Сам Прозоров лежит на прорванном диване с папироской в зубах. Около него на стуле недопитая бутылка с водкой, пепельница с окурками, рюмка с обломанным донышком и огрызки соленого огурца.

— Набоб приехал... Ха-ха! — смеется он своим нехорошим смехом, откидывая волосы.— Народный восторг и общее виляние хвостов. О почтеннейшие подлецы с Мироном Блиновым во главе! Неужели еще не выросла та осина, на которой всех вас следует перевешать... Комедия из комедий и всероссийское позорище. Доколе, о господи, ты будешь терпеть сих подлецов?.. А царица Раиса здорово струхнула, даже до седьмого пота. Ха-ха!

Луша слышит эту болтовню, и ей делается страшно в своей комнате, где она напрасно старается углубиться в чтение романа, который ей принес на днях Яшка Кормилицын. Ей душно и тяжело. Эти стены ее давят. Хочется воли, простора, воздуха, чтобы хоть раз вздохнуть полной грудью, вздохнуть и... а там будет что будет! Она унесла в своей головке частичку той суеты, свидетельницей которой была давеча. У ней еще стоят в ушах крики тысячной толпы, волны музыки, и она все еще видит этот разноцветный дождь, который рассыпался над ней во время фейерверка. Она видит обрюзглого молодого человека, который смотрел на нее давеча из коляски, видит его волнистые белокурые волосы и переживает тяжелое, томительное чувство странной зависти за свое существование. Отчего она не была на этом обеде, где весело играла музыка, слышался смех и лилось дорогое вино? Воображение рисовало ей заманчивую картину: как она является царицей таких обедов, как все удивляются ее красоте и как все преклоняется пред ней, даже этот белокурый молодой человек с усталыми глазами. Сегодня подушка ей кажется особенно тяжелой, а роман Яшки Кормилицына скучнее его самого. Воздуха! воздуха!

А в спальне Лаптева происходит в это время такая сцена. Евгений Константиныч сидит с папиросой в зубах и задумчиво смотрит в пространство.

— Альфред! ты видел этого молодого человека?..— говорит он, обращаясь к Прейну, который маленькими шажками бойко бегал по кабинету.

— Секретаря генерала... Братковского? Да. Он обедал с нами.

— Я и говорю об этом. Такие же глаза, такие же волосы и такая же цветущая сильная фигура... Он очень походит на свою сестру. Как ты находишь, Альфред?

— Ага...— неопределенно мычит Прейн, вскидывая глаза на своего друга-повелителя.— Кажется... Гортензия Братковская... красавица?

— А что она теперь делает, по-твоему?

— Вероятно, где-нибудь на водах. Она собиралась ехать... Да, очень красивая и еще более упрямая девчонка. Знаете, что она имела в виду?

— ?

— Она мечтала быть madame Лаптевой.

Лаптев издает неопределенный носовой звук и улыбается. Прейн смотрит на него, прищурив глаза, и тоже улыбается. Его худощавое лицо принадлежало к типу тех редких лиц, которые отлично запоминаются, но которые трудно определить, потому что они постоянно меняются. Бесцветные глаза под стать лицу. Маленькая эспаньолка, точно приклеенная под тонкой нижней губой, имеет претензию на моложавость. Лицо кажется зеленоватым, изможденным, но крепкий красный затылок свидетельствует о большом запасе физической силы.

— Что мы будем здесь делать? — спрашивал Лаптев лениво.

— А генерал?

— Да-а...

— Потом необходимо съездить на другие заводы, побываем в горах, устроим охоту... Будет любительский спектакль и бал. Кстати, завтра будем осматривать завод, то есть собственно фабрику и рудник.

— А без этого нельзя обойтись, Альфред?

— Нет.

— А "гроза кабанов" будет завтра? Он смешно врет...

Лаптев лениво смеется, и если бы бесцветные "почти молодые люди" видели эту улыбку, они мучительно бы перевернулись в своих постелях, а Перекрестов написал бы целый фельетон на тему о значении случайных фаворитов в развитии русского горного дела.

Через полчаса, при помощи m-r Чарльза, Евгений Константинович отходит ко сну, напрасно стараясь решить, что теперь делает Гортензия Братковская. Ночь покрывает и этого магната-заводчика, для которого существует пятьдесят тысяч населения, полмиллиона десятин богатейшей в свете земли, целый заводский округ, покровительственная система, генерал Блинов, во сне грезящий политико-экономическими теориями, корреспондент Перекрестов, имеющий изучить в две недели русское горное дело, и десяток тех цепких рук, которые готовы вырвать живым мясом из магната Лаптева свою долю. Да, хорошо спится людям с спокойной совестью и полным желудком, которых не тревожат тяжелые грезы и которые просыпаются с мыслью о новых удовольствиях и развлечениях!

XIV

На другой день по приезде Лаптева, по составленному генералом маршруту, должен был последовать генеральный осмотр всего заводского действия.

Евгений Константиныч проснулся довольно поздно, когда на фабрике отдали свисток к послеобеденным работам. В приемных комнатах господского дома уже толклись с десяти часов утра все главные действующие лица. Платон Васильич с пяти часов утра не выходил с фабрики, где ждал "великого пришествия языков", как выразился Сарматов. Прейн сидел в спальне Раисы Павловны, которая, на правах больной, приняла его, не вставая с постели.

— Мне остается только поблагодарить вас за внимание...— говорила Раиса Павловна, запуская своему другу шпильку.

— Что же мне было делать, когда эта свинья сама залезла за стол! — оправдывался Прейн.— Не тащить же было ее за хвост... Вы, вероятно, слышали, каким влиянием теперь пользуется генерал на Евгения Константиныча.

— Но ведь тут маленькая разница: генерал или его метресса...

Прейн только поднял брови и развел руками.

— Что она такое, если разобрать...— продолжала Раиса Павловна волнуясь.— Даже если мы закроем глаза на ее отношения к генералу, что она такое сама по себе?

— Это черт, а не женщина — вот она что такое! — проговорил Прейн.— Представьте себе, она нравится Евгению Константинычу. Понятно, нравится не как женщина, а как остроумный и ядовитый человек.

— Я это знала раньше вас и могла только удивляться, как вы могли допустить подобную вещь...

— Как Пилат, я могу умыть руки в этом деле с чистой совестью.

Раиса Павловна горько усмехнулась и с презрением посмотрела на Пилата.

— А в сущности, все это пустяки, моя дорогая,— заговорил торопливо Прейн, посматривая на часы.— Могу вас уверить, что вся эта история кончится ничем. Увлечение генералом соскочит с Евгения Константиныча так же скоро, как наскочило, а вместе с ним улетит и эта свинушка...

Надеждам и обещаниям Прейна Раиса Павловна давно знала настоящую цену и поэтому не обратила на его последние слова никакого внимания. Она была уверена, что если слетит с своего места по милости Тетюева, то и тогда Прейн только умоет руки во всей этой истории.

— Вы напейтесь кофе у меня,— предлагала Раиса Павловна, дергая сонетку.

— Мне, собственно, некогда...— завертелся Прейн, вынимая часы.— Евгений Константиныч проснулся и сейчас отправляется осматривать фабрики.

— Ничего, пусть подождет. У меня есть кое-что передать вам...

Пока Прейн пил чашку кофе с поджаренными сухариками, Раиса Павловна рассказала ему о происках Тетюева и компании, причем сделала предположение, что и поездка

Лаптева на заводы, по всей вероятности, дело тетюевских рук. Прейн слушал ее внимательно, как доктор слушает рассказ пациента, и, прихлебывая из чашки кофе, после каждой паузы повторял свое неизменное "ага". Когда этот длинный рассказ был кончен, Прейн на минуту задумался и, повертев пальцем около лба, проговорил:

— Это для меня новость, хотя, собственно говоря, я и подозревал кое-что. Если это устроил Тетюев, то он замечательно ловкий человек, и чтобы разбить его, мы воспользуемся им же самим... Ха-ха!.. Это будет отлично... У меня есть свой план. Вот увидите.

— А я не могу узнать ваш план?

— Отчего же, с большим удовольствием! План самый простой: я постараюсь дать полный ход всем замыслам Тетюева, буду ему помогать во всем — вот и только.

Раиса Павловна онемела от изумления, а Прейн засмеялся своим неопределенным смехом.

— Я решительно ничего не понимаю...— проговорила она, стараясь угадать, не шутит ли Прейн.— Вы говорите серьезно?

— О, совершенно серьезно. Это будет замечательная комедия...

— Комедия, в которой дурой останусь я одна?

— Да нет же, говорят вам... Право, это отличный план. Теперь для меня все ясно, как день, и вы можете быть спокойны. Надеюсь, что я немножко знаю Евгения Константиныча, и если обещаю вам, то сдержу свое слово... Вот вам моя рука.

— Честное слово?

— Самое честное слово!.. Честное слово старого друга... Однако мне пора идти, меня ждут.

Поцеловав руку Раисы Павловны, Прейн быстро направился к двери, но вернулся с дороги и с улыбкой проговорил:

— А как насчет живности, моя дорогая? Ведь это одни из самых капитальных вопросов, а то мы можем соскучиться...

— Какие вы глупости говорите, Прейн! — улыбнулась Раиса Павловна уже с сознанием своей силы.— Mademoiselle Эмма, которую вы, кажется, немного знаете, потом Аннинька!.. и будет! У меня не воспитательный дом.

— Это какая Аннинька? Не та ли самая, которая стояла с вами в окне, когда мы въезжали на ослах?

Раиса Павловна ничего не ответила, а только загадочно улыбнулась неисправимому старому грешнику.

В это время прибежал лакей, разыскивавший Прейна по

всему дому, и интересный разговор остался недоконченным. Евгений Константиныч кушали свой утренний кофе и уже два раза спрашивали Альфреда Осипыча. Прейн нашел своего повелителя в столовой, где он за стаканом кофе слушал беседу генерала на тему о причинах упадка русского горного дела.

— Насколько я успел познакомиться с горнозаводской промышленностью в Швеции...— перебивал несколько раз Перекрестов, седлая свой нос пенсне, но генерал не обращал на него внимания.

Летучий сидел уже с осовелыми, слипавшимися глазами и смотрел кругом с философским спокойствием, потому что его роль была за обеденным столом, а не за кофе. "Почти молодые" приличные люди сделали серьезные лица и упорно смотрели прямо в рот генералу и, по-видимому, вполне разделяли его взгляды на причины упадка русского горного дела.

— Где это ты пропадал? — спросил лениво Лаптев, когда Прейн занял свое место за столом.

— Делал маленький моцион по саду,— соврал Прейн, не моргнув глазом.— Мы сейчас отправляемся в завод, генерал?

— Да,— коротко отвечал генерал.

Вершинин и Майзель сидели с самыми благочестивыми лицами, как те праведники, для которых разгневанный бог мог пощадить целый город грешников. Они тоже намерены были сопровождать своего повелителя по тернистому пути. Сарматов вполголоса рассказывал Летучему какой-то, вероятно, очень скоромный анекдот, потому что сановник морщил свой тонкий орлиный нос и улыбался плотоядной улыбкой, открывавшей гнилые зубы.

До фабрики от господского дома было рукой подать, и Прейн предложил идти пешком, тем более что день был великолепный, хотя немного и жаркий. Когда вся компания вышла к подъезду, к ней присоединился Родион Антоныч, стерегший здесь свою позицию, чтобы кто не угостил барина проклятой "бумагой". Но ходоки от сельского общества были прогнаны казаками, и вся компания благополучно проследовала до ворот фабрики, где уже ждал Платон Васильич, взволнованный и бледный, с крупными каплями пота на лице. Фабричные корпуса и всевозможные печи выглядели сегодня по-праздничному, как и попадавшиеся рабочие и мелкие служащие. Все было на своем месте и при своем деле. Уставщики и надзиратели вытягивались в струнку, рабочие встречали барина без шапок. Даже вычищенные и смазанные машины, кажется, были готовы приветливо улыбнуться, если бы в них было устроено подходящее для такой цели колесо или вал.

— Вот мы и посмотрим все у вас, Платон Васильич,— тараторил Прейн, забегая вперед и весело здороваясь с рабочими.— Тут у меня много старых знакомых... Кум Елизарыч, Вавило да Гаврило, Спиридон...

Кум Елизарыч, осанистый, седой, плотный, с окладистой бородой старик, скоро был представлен вниманию Евгения Константиныча, который сказал ему несколько милостивых слов и спросил, сколько ему лет.

— Семьдесят, Евгений Константиныч! — ответил бодрый старик, перекладывая свое правило из руки в руку.

— А сколько лет служишь в заводе, кум Елизарыч? — допрашивал Прейн, похлопывая старика по плечу.

— Лет с шестьдесят наберется, Альфред Осипыч.

Кум Елизарыч был отчаянный плут и обирал рабочих на каждом шагу, но, глядя на это старческое, открытое и убеленное благообразной сединой лицо, можно было умилиться. У Родиона Антоныча с кумом Елизарычем были вечные дела, и они не оставались в накладе от взаимных услуг. Вавило и Гаврило были знаменитые катальные мастера, бросавшие двенадцатипудовую рельсовую болванку на катальной машине с вала на вал, как игрушку; Спиридон, первый силач, работал у обжимочного молота. Рабочие любили Прейна, который умел обращаться с ними. В свои побывки на заводы он часто приглашал лучших мастеров к себе и пил с ними чай, не отказывался крестить у них ребят и задавал широкие праздники, на которых сам пил водку и любил слушать мужицкие песни. Конечно, это было немного, но этого немногого было совершенно достаточно, чтобы Прейна, никогда не сделавшего никакого добра рабочим, все любили, а молчаливого и бесцветного Платона Васильича, по-своему хорошо относившегося к рабочим и делавшего для них все, что от него зависело, не только не уважали, но готовы были ему устроить всякую пакость.

— Ведите нас в катальную фабрику,— предложил Прейн затруднившемуся, с чего начать, Платону Васильичу; он заметил уже, что Евгений Константиныч морщится и бредет по заводу только из приличия.

Собственно завод занимал широкую квадратную площадь, ограниченную с одной стороны плотиной, а с трех остальных — длинными зданиями фабричной конторы, механической, амбарами и высокой каменной стеной. По самой средине пробегала пенившаяся Кукарка. На площади там и сям валялись кучки песку, свежего доменного шлака, громадные горновые камни и полузаросшие свежей зеленой травкой сломанные чугунные шестерни и катальные валы, походившие издали на крепостные пушки. В дальнем углу виднелось несколько дровосушных печей, около которых, среди беспорядочно наваленных дровяных куч, пестрела голосистая толпа поденщиц-дровосушек; эта чумазая и покрытая сажей толпа с жадным любопытством провожала глазами барина, который прошел прямо в катальную. Визг и звонкий девичий смех как-то не вязался с этой суровой обстановкой дымивших доменных печей и подавленного грохота катальных машин, являясь каким-то диссонансом в этом царстве огня и железа. На дороге попалось несколько рабочих, очевидно только что кончивших свою смену. Расстегнутые вороты пестрядевых рубах, сожженные, покрытые потом лица, бессильно опущенные с напружившимися жилами руки, усталая походка — все говорило о том, что они сейчас только вышли из огненной работы. У входа в катальную их встретил рабочий с зажженным пуком березовой лучины. На первый раз трудно было что-нибудь разглядеть в окружавшей темноте, из которой постепенно выделялись остовы катальных машин, обжимочный молот в одном углу, темные стены и высокая железная крыша с просвечивавшими отверстиями, в которые весело глядело летнее голубое небо и косыми пыльными полосами врывались солнечные лучи. В глубине корпуса около низких печей, испускавших сквозь маленькие окошечки ослепительный свет, каким светит только добела накаленное железо, быстро двигались и мелькали фигуры рабочих; на всех были надеты кожаные передники — "защитки", на головах войлочные шляпы, а на ногах мягкие пеньковые пряденики. Со стороны водяного ларя тянула холодная струя сквозного воздуха; где-то глухо капала вода и с подавленным визгом вертелось колесо, заставляя вздрагивать даже чугунные плиты, которыми была вымощена вся фабрика.

— Сейчас будут прокатывать рельс,— проговорил Платон Васильич, когда по фабрике пронесся пронзительный свист.

Старик уставщик, сняв шапку, ждал у катальной машины.

— Пустите машину! — приказал Горемыкин.

Где-то глухо загудела вода, и за стеной грузно повернулось водяное колесо. Вся фабрика вздрогнула, и стальные валы катальной машины завертелись с неприятным лязгом и взвизгиванием. Сначала еще можно было различить их движения, а потом все слилось в одну мутную полосу, вертевшуюся с поразительной быстротой и тем особенным напряженным постукиванием, которое невольно заставляло думать, что вот-вот, еще несколько поворотов водяного колеса — и вся эта масса вертящегося чугуна, железа и стали разлетится вдребезги. В глубине корпуса показался яркий свет, который разом залил всю фабрику. Лаптев закрыл даже глаза в первую минуту. Двое рабочих, нагнувшись, бойко катили высокую железную тележку, на которой лежала рельсовая болванка, имевшая форму длинного вяземского пряника. Вавило и Гаврило встали по обе стороны машины, тележка подкатилась, и вяземский пряник, точно сам собой, нырнул в ближайшее, самое большое отверстие, обсыпав всех белыми и синими искрами. Лаптев не успел мигнуть, как вяземский пряник мягким движением, как восковой, вылез из-под вала длинной красной полосой, гнувшейся под собственной тяжестью; Гаврило, как игрушку, подхватил эту полосу своими клещами, и она покорно поползла через валы обратно. Не хотелось верить, что эта игрушка весила двенадцать пудов и что в десяти шагах невыносимо жгло и палило лицо. Нельзя было не залюбоваться артистической работой знаменитых мастеров, которые точно играли в мячик около катальной машины. Оба высокие, жилистые, с могучими затылками и невероятной величины ручищами, они смахивали на ученых медведей. В этом царстве огня и железа Вавило и Гаврило казались какими-то железными людьми, у которых кожа и мускулы были допущены только из снисхождения к человеческой слабости.

Перекрестов вытащил из бокового кармана записную книжечку и что-то царапал в ней, по временам вскидывая глазами на Вавилу и Гаврилу.

— Этакие медведи! — восхищался кто-то.

После катальной посмотрели на Спиридона, который у обжимочного молота побрасывал сырую крицу, сыпавшую дождем горевших искр, как бабы катают хлебы. Тоже настоящий медведь, и длинные руки походили на железные клещи, так что трудно было разобрать, где в Спиридоне кончался человек и начиналось железо.

— Молодец! — похвалил Прейн своего фаворита.

— Теперь пойдемте смотреть новый маховик,— предложил Горемыкин, когда совсем готовый рельс был сброшен с машины на пол.

Маховик помещался в новом деревянном корпусе. Молодой машинист в запачканной блузе, нагнувшись через перила, наливал из жестяной лейки масло в медную подушку маховика, который еще продолжал двигаться, поднимая ветер. Уставщик распорядился пустить воду, чтобы показать во всей

111

красоте работу этого чудовища в тысячу пудов. Эффект вышел действительно поразительный, и Горемыкин смотрел на это чугунное детище глазами счастливого отца. Лаптев не мог разделять этого чувства и наблюдал вертевшееся колесо своими усталыми глазами с полнейшим равнодушием.

После рельсовой фабрики были осмотрены кирпичные горны и молоты, пудлинговые печи, печи Мартена, или Мартына, как их окрестили рабочие; затем следовал целый ряд еще новых печей: сберегающая топливо регенеративная печь Сименса, сварочные, литейные, отражательные, калильные и т. д. Осмотрены были водяные турбины, которые приводили в движение воздуходувные меха, пять паровых машин, механический корпус, где работали вертикальные и горизонтальные токарные станки, строившийся паровой молот и даже склады чугуна в штыках и припасах, железо во всевозможных видах: широкополосное, брусковое, шинное, листовое и т. д. Но Лаптева ничто не могло расшевелить, и он совершенно равнодушно проходил мимо кипевшей на его глазах работы, создавшей ему миллионы. Только под доменной печью, где нарочно для него был сделан выпуск, он долго и внимательно следил за выплывавшей из отверстия печи огненной массой расплавленного чугуна, которая красными ручейками расходилась по чугунным и вырытым в песке формам, время от времени, когда на пути попадалось сырое место или какая-нибудь щепочка, вскидывая кверху сноп ослепительно ярких искр.

— Да, красиво...— проговорил он точно про себя, тыкая горячий шлак тросточкой.— Теперь, кажется, все? — обратился он к Платону Васильевичу, и когда тот ответил утвердительно, он точно обрадовался и даже пожал руку своему главному управляющему.

— Нет, еще не все,— отозвался Прейн.— Мы сейчас едем на Медный рудник и спустимся в шахту.

Генерал был того же мнения, но Лаптев протестовал против такого решения и повернул к выходу, а за ним повернули и все остальные соглядатаи и приспешники. Они все время лезли из кожи, чтобы выказать свое внимание к русскому горному делу: таращили глаза на машины, ощупывали руками колеса, лазили с опасностью жизни везде, где только может пролезть человек, и даже нюхали ворвань, которой были смазаны машины. Генерал ничего не понимал в заводском деле и рассматривал все кругом молча, с тем удивлением, с каким смотрит неграмотный человек на развернутую книгу.

— Домой! — проговорил Лаптев, торопливо направляясь к выходу.

— Ага! — ответил Прейн.

Сотни любопытных глаз следили все время, как барин осматривал фабрики, и можно было подумать, что все стены и щели имели глаза.

XV

Барин приехал. Что это был за человек — едва ли кто на Кукарских заводах знал хорошенько, хотя барину было уже за тридцать лет. На своих заводах Лаптев всего был раз, десятилетним мальчиком, когда он приезжал в Россию из-за границы, где родился, получил воспитание и жил до последнего времени. Впрочем, вся восходящая линия Лаптевых вела точно такой же образ жизни, появляясь в России наездом. Исключение представляли только первые представители этой семьи, которые основывали заводы и жили в них безвыездно. Это была крепкая мужицкая семья настоящих "расейских" лапотников: первым в родословном дереве заводовладельцев считался Гордей, по прозванию Лапоть.

Просматривая семейную хронику Лаптевых, можно удивляться, какими быстрыми шагами совершалось полное вырождение ее членов под натиском чужеземной цивилизации и собственных богатств. Хорошо сохранили основной промышленный тип, собственно, только два поколения — сам Гордей и его сыновья; дальше начинался целый ряд тех "русских принцев", которые удивляли всю Европу и, в частности, облюбованный ими Париж тысячными безобразиями и чисто русским самодурством. В Париже, Вене, Италии были понастроены Лаптевыми княжеские дворцы и виллы, где они и коротали свой век в самом разлюбезном обществе всевозможного отребья столиц и европейских подонков. Здесь они родились, получали воспитание и женились на аристократических выродках или знаменитостях сцены и demi-monde'a[14], пускали семя и в крайнем случае возвращались на родину только умереть. Некоторые из представителей этой фамилии не только не бывали в России ни

[14] полусвета (фр.).

разу, но даже не умели говорить по-русски; единственным основанием фигурировать в качестве "русских принцев" были те крепостные рубли, которые текли с Урала на веселую далекую заграницу неиссякаемой широкой волной. Эти мужицкие выродки представляли собой замечательную галерею психически больных людей, падавших жертвой наследственных пороков и развращающего влияния колоссальных богатств. Были тут жуиры и прожигатели жизни pur sang[15], были меломаны, были чудаки по профессии, были меценатствующие "вельможи", антикварии, библиоманы и просто шалопаи. Единственная вещь, которую можно было бы поставить им в заслугу, если бы она зависела от их воли, было то, что все они догадывались скоро "раскланиваться с здешним миром", как говорят китайцы о смерти. За последние полтораста лет средняя цифра жизни этих магнатов не превышала сорока лет. Но и этого периода было совершенно достаточно, чтобы около каждого из Лаптевых выросла своя собственная баснословная легенда, где бессмысленная роскошь азиатского пошиба рука об руку шла с грандиозным российским самодурством, которое с легким сердцем перешагивало через сотни тысяч в миллионы рублей, добытые где-то там, на каком-то Урале, десятком тысяч крепостных рук... Едва ли в европейской хронике, богатой проходимцами и набобами всяких национальностей, найдется такой другой пример, как подвиги фамилии Лаптевых, которые заняли почетное место в скорбном листе европейских и всесветных безобразников.

Последний из Лаптевых — Евгений Константиныч — был замечателен тем, что к нему никак нельзя было примениться. Даже такие люди, как Прейн, у которого на руках вырос маленький "русский принц" — и тот не знал хорошенько, что это был за человек. Вероятно, в часы раздумья, если они только находили на него, Евгений Константиныч сам удивлялся самому себе, так все в его жизни было перепутано, непонятно и непредвидимо. Когда еще он был бойким, красивым мальчиком, приспешники и приживальцы возлагали на него большие надежды, как на талантливого и способного ребенка; воспитание он, конечно, получил в Париже, под руководством разных светил педагогического мира, от которых, впрочем, не получил ничего, кроме органического отвращения ко всякому труду и в особенности к труду умственному. Юношей он

---

[15] чистой крови (фр.).

прошел школу всех молодых набобов и в двадцать лет выглядел усталым, пресыщенным человеком, который собственным опытом убедился в "суете сует и всяческой суете" нашей общей юдоли плача. Но ведь каждый человек вносит с собой хоть какую-нибудь микроскопическую особенность, по которой его можно было бы отличить от других людей. Такой особенностью Евгения Константиныча служила уже упомянутая нами взбалмошность: никто не мог поручиться за его завтрашний день. По природе он не был ни зол, ни глуп, но отчасти воспитание, отчасти обстановка, отчасти грехи предков сделали из него капризного ребенка с отшибленной волей. Единственное, что еще он любил и мог любить,— это была еда и, между прочим, женщины, как острая приправа к другим мудреным кушаньям.

Поездка и даже окончательное переселение в Россию у Евгения Константиныча случились как-то вдруг, почти само собой, когда его обругала какая-то бульварная парижская газетка. Дворцы и палаццо, рассованные по разным укромным уголкам Европы, пошли с молотка вместе с фамильными редкостями, из которых можно было бы составить великолепный музей для назидания благодарного потомства. В числе распроданных редкостей, попавших в руки барышников и ростовщиков, находились такие замысловатые вещицы, как сахарница в пятнадцать тысяч франков, охотничья лядунка в двадцать тысяч, экран к камину в сорок и т. д.

Поселившись в России, которая для Лаптева заключалась в Петербурге, он неожиданно для всех задумал поездку на Урал.

"Большой двор", группировавшийся около заводовладельца, во главе имел всесильного Прейна, который из всех других достоинств обладал ничем незаменимым качеством — никогда не быть скучным. Кто он такой был сам по себе — трудно сказать, если только Прейн сам знал свою родословную. Впрочем, он никогда не чувствовал особенного пристрастия к историческим и генеалогическим изысканиям, вполне удовлетворяясь настоящим. Достаточно сказать, что у Лаптевых он был с детства своим человеком и забрал великую силу, когда бразды правления перешли в собственные руки Евгения Константиныча, который боялся всяких занятий, как огня, и все передал Прейну, не спрашивая никаких отчетов. Таким образом и руках Прейна сосредоточивались за последние двадцать лет все нити и пружины сложного заводского хозяйства, хотя он тоже не любил себя обременять усиленными занятиями. В качестве главноуполномоченного от заводовладельца Прейн года через три приезжал на заводы, проводил здесь лето и уезжал за границу. Он пользовался хорошей репутацией у служащих и у рабочих, хотя ни те, ни другие не видели от него большой пользы. Секрет заключался в том, что Прейн умел всех хорошо и ласково принять и наобещать гору. Заводские остряки по этому поводу говорили, что Прейна можно даже послать в лапочку за папиросами. Но вместе с тем податливый на обещания, Прейн с дьявольской ловкостью умел отвернуться от их исполнения, и поймать его в этом случае было крайне трудно. Каким был Прейн при крепостном праве, таким остался и после воли. Враги называли его глупым, друзья считали умным. Во всяком случае, положительного зла он не делал никому, хотя смотрел сквозь пальцы на многое, что мог заметить, но "не заметил он". Время на заводах Прейн обыкновенно проводил на охоте. Вообще люди, близко знавшие Прейна, могли про него сказать очень немного, как о человеке, который не любил скучать, мог наобещать сделать вас завтра бухарским эмиром, любил с чаем есть поджаренные в масле сухарики, всему на свете предпочитал дамское общество... и только. Ко всевозможным переменам и пертурбациям в составе большого и малого дворов Прейн относился почти индифферентно, и его жизнь катилась вольно и широко, как плохая сама по себе, по дружно разыгранная на сцене пьеса.

Само собой разумеется, что в жизни "большого двора" Прейну принадлежала выдающаяся роль, хотя он и держался по возможности всегда в стороне от всяких происков и интриг. После него в состав "большого двора" входили служащие главной петербургской конторы, как стоявшие ближе других к особе заводовладельца, этому источнику заводского света: управляющий конторой, заведующий счетной частью и т. д. Далее, в состав "большого двора" в качестве "случайных" попадали всевозможные люди, удовлетворявшие минутным прихотям Лаптева и умевшие угодить его капризам. Это был странный сброд, вроде сановника не у дел Летучего, корреспондента Перекрестова и т. д. Под эту же рубрику подходили разные женщины, умевшие на время удержаться на покатой плоскости прихотливой барской натуры, как танцовщица Братковская и другие дамы и полудевицы этого разбора. Такие дельцы, как Раиса Павловна или Нина Леонтьевна, в силу своих физических особенностей уже не могли иметь прямого значения, а должны были довольствоваться тем, что выпадало на их долю из-за чужой спины.

Неожиданно для всех воссиявшая звезда генерала Блинова

116

представляла собой в жизни большого и малого двора такое исключение, которое составляло неразрешимую задачу для большинства. Подозревали, что генерал был создан совместными усилиями Тетюева и Нины Леонтьевны, жаждавшими вкусить от заводского пирога и спровадить Раису Павловну. Вообще вся интрига была задумана и приведена в исполнение с дьявольской ловкостью. Сам генерал, во всяком случае, не был виноват ни душой, ни телом в той роли, какую ему пришлось разыгрывать. Между тем все дело, как и многое другое на свете, объяснялось очень просто: Тетюев воспользовался теми недоразумениями, которые возникали между заводоуправлением и мастеровыми по поводу уставной грамоты, тиснул несколько горячих статеек в газетах по этому поводу против заводов, и когда Лаптев должен был узнать наконец об этом деле, он ловко подсунул ему генерала Блинова как ученого экономиста и финансовую голову, который может все устроить. Лаптев схватился за брошенную ему приманку и сейчас же решил ехать на Урал с генералом сам. Истинные свои цели Тетюев, конечно, скрыл от доверчивого генерала с большим искусством, надеясь постепенно воспользоваться им. Генерал с своей стороны очень горячо и добросовестно отнесся к своей задаче и еще в Петербурге постарался изучить все дело, чтобы оправдать возложенные на него полномочия, хотя не мог понять очень многого, что надеялся пополнить уже на самом месте действия.

На третий день своего приезда в Кукарский завод генерал через своего секретаря пригласил к себе Прозорова, который и заявился к однокашнику в том виде, в каком был, то есть сильно навеселе.

— Давненько мы с тобой не видались, Виталий Кузьмич...— говорил генерал, обнимая Прозорова.

— Да... давненько, ваше превосходительство...— ядовито отвечал Прозоров, оглядывая сановитую, представительную фигуру бывшего однокашника.

— Ты остался такой же занозой, каким был раньше,— ответил генерал на эту колкость.— Я надеюсь, что мое превосходительство нисколько не касается именно тебя: мы старые друзья и можем обойтись без чинов...

— Прикажете называть Мироном Геннадьичем?

— Я вообще не люблю приказывать кому-нибудь, а тебе в особенности... Перестань разыгрывать комедию, душа моя. Этакая у тебя дьявольская привычка!..

— Полюбите нас черненькими, Мирон Геннадьич...

Генерал пожал плечами и зашагал по кабинету. Он любил

117

Прозорова, но теперь перед ним была только тень прежнего товарища. Обоим было одинаково тяжело. Генерал хотел выйти из затруднительного положения старым дружеским тоном, Прозоров — дерзостями.

— А я так рад был видеть тебя,— заговорил генерал после длинной паузы.— Кроме того, я надеялся кое-что разузнать от тебя о том деле, по которому приехал сюда, то есть я не хочу во имя нашей дружбы сделать из тебя шпиона, а просто... ну, одним словом, будем вместе работать. Я взялся за дело и должен выполнить его добросовестно. Если хочешь, я продался Лаптеву, как рабочий, но не продавал ому своих убеждений.

В коротких словах генерал передал Прозорову значение своей миссии и те цели, которых желательно было достигнуть; причем он не скрыл, что его смущает и в чем он нуждается.

— Ты, кажется, уж давненько живешь на заводах и можешь в этом случае сослужить службу, не мне, конечно, а нашему общему делу,— продолжал свою мысль генерал.— Я не желаю мирволить ни владельцу, ни рабочим и представить только все дело в его настоящем виде. Там пусть делают, как знают. Из своей роли не выходить — это мое правило. Теория — одно, практика — другое.

Прозоров все время осматривал кабинет генерала, напрасно отыскивая в нем что-то, что ему было нужно, и наконец проговорил:

— Вот что, Мирон Геннадич, прикажите-ка подать водочки... Тогда поговорим о разных разностях.

Генерал поморщился, но позвонил и велел лакею подать водки. Эта неделикатная выходка Прозорова задела его за живое, но он еще раз сдержал себя и заговорил размеренно-спокойным тоном, как говорил на кафедре:

— Я — поклонник Кэри и отчасти Мальтуса... Не будем говорить о тех абсурдах, которые стараются вывести из их систем, но возьмем только самую сущность. Нам приходится иметь дело именно с ними, когда вопрос зайдет, с одной стороны, о покровительственной системе, и второе — когда мы коснемся рабочего вопроса. Да... важно иметь определенную, строго выработанную систему, от этого зависит все. По моему мнению, даже известные ошибки, как необходимая дань всякого практического применения теорий, могут иметь оправдание только в том единственном случае, если они явились как результат строго проведенной общей идеи.

После этого вступления генерал очень подробно развил основания своей собственной системы. "Кульминационный пункт, основная точка, операционный базис" этой системы заключался в виде капиталистического производства, которая должна строго преследоваться как во внутреннем строе, так и во внешней обстановке. Конечно, утопистам и мечтателям в принципе капитализма грезится призрак всепоглощающей привилегии, которая из трудящихся классов создает самый безвыходный пролетариат, но это несправедливо, если на дело взглянуть беспристрастно. Именно: один и тот же капитал, если он разделен между несколькими тысячами людей, почти не существует, как экономическая сила, тогда как, сосредоточенный в одних руках, он представляет громадную величину, которою следует только воспользоваться надлежащим образом. В данном случае именно по отношению к заводовладельцу было бы смешно остановиться на том выводе, что он воспользуется своей силой во вред своим рабочим. Наоборот, по коренному свойству человеческой природы можно предположить, что по мере увеличения силы заводовладельца будет возрастать благосостояние его рабочих, потому что именно здесь их интересы совпадают. Логика — самая простая: лучше заводам — лучше заводовладельцу и рабочим, тем более что с расширением производства будет прогрессировать запрос на рабочие руки. Кажется, ясно? Это — относительно, так сказать, внутренней политики; что же касается до внешних отношений, то здесь вопрос усложняется тем, что нужно говорить не об одном заводе, даже не о заводском округе, даже не об Урале, а вообще о всей нашей промышленной политике, которая постоянно колебалась и колеблется между полной свободой внешнего рынка и покровительственной системой в строгом смысле слова. Можно сказать вполне утвердительно, что эти колебания во взглядах правительства до сих пор самым пагубным образом отражались на всей русской промышленности, а на горной в особенности. Строго проведенная покровительственная система является в промышленной жизни страны тем же, чем служит школа для каждого человека в отдельности: пока человек не окреп и учится, ясное дело, что он еще не может конкурировать со взрослыми людьми; но дайте ему возможность вырасти и выучиться, тогда он смело выступит конкурентом на всемирный рынок труда. Вот именно такой школы до сих пор и недоставало русской промышленности, и наша задача — ее создать. В этом случае нельзя не соглашаться с выводами Кэри, который отстаивает покровительственную систему.

— Да, а рабочим, по Мальтусу, будете рекомендовать нравственное воздержание? — спросил Прозоров прищурившись.

— До этого пока еще не дошло, но и это иметь в виду не мешает. Отчего мы можем воздерживаться от брака до того времени, пока не составим себе определенного общественного положения, а рабочий будет плодить детей с шестнадцати лет?

— По-моему, это проповедовать открытый разврат, хотя и теперь нравственность заводского населения стоит не особенно высоко. Я выпью еще, Мирон Геннадич?..

— Выпей. Только о Мальтусе я упомянул, Виталий Кузьмич, между прочим, собственно для выяснения своих взглядов — это еще вопрос далекого будущего, а теперь прежде всего необходимо самое существенное: развязаться с этой уставной грамотой, а потом освободить заводы от долгов. Ведь у нас все металлы заложены в государственный банк...

— Знаю, слышал... Только я хотел бы сказать тебе слова два о твоей системе.

Прожевывая ломтик балыка, Прозоров забегал по кабинету с своими обычными жестами. Генерал смотрел на него с тем оттенком снисхождения, с каким умеют смотреть добрые русские генералы.

— Ты уж меня извини за откровенность, Мирон,— предупреждал Прозоров.— Я, конечно, пьяница и потерянный человек...

— Это, право, не относится к делу.

— Ну, хорошо, допустим, что не относится. А я тебе прямо скажу, что вся твоя система выеденного яйца ни стоит. Да... И замечательное дело: по душе ты не злой человек, а рассуждаешь, как людоед.

— Именно?

— Очень просто: ты продал душу черту, то есть капиталистам, а теперь утешаешься разными софизмами. Ведь и сам чувствуешь, что совсем не то говоришь...

— Нет, я этого не чувствую.

— Тем хуже для тебя! Если я погибаю, то погибаю только одной своей особой, от чего никому ни тепло, ни холодно, а ты хочешь затянуть мертвой петлей десятки тысяч людей во имя своих экономических фантазий. Иначе я не могу назвать твоей системы... Что это такое, вся эта ученая галиматья, если ее разобрать хорошенько? Самая некрасивая подтасовка научных выводов, чтобы угодить золотому тельцу.

Генерал поморщился, но продолжал слушать это немножко откровенное возражение. Упомянув о значении капитализма, как общественно-прогрессивного деятеля, поскольку он, при крупной организации промышленного производства, возвышает производительность труда, и далее, поскольку он расчищает почву для принципа коллективизма, Прозоров указал на то, что развитие нашего отечественного капитализма настойчиво обходит именно эту свою прямую задачу и, разрушив старые крепостные формы промышленности, теперь развивается только на счет технических улучшений, почти не увеличивая числа рабочих даже на самый ничтожный процент, не уменьшая рабочего дня и не возвышая заработной платы. Ясное дело, что когда все кругом дорожает и, кроме того, наш курс все падает, фабричному рабочему приходится выводить на фабрику свою жену и детей. Если продолжать в этом же направлении, впереди вырастут страшные промышленные кризисы, с одной стороны, а с другой — создастся русский пауперизм.

— Вот вам результаты прославленного наукой рационального разделения труда,— уже кричал Прозоров, страшно размахивая руками.— Вы забываете о рабочем и его будущности, а только думаете о том, чтобы при помощи всемирного рынка реализовать в пользу кучки крупных промышленников ту прибавочную стоимость, которая вам останется от труда сотен тысяч рабочих... Притом вы, во имя развития отечественной промышленности, стараетесь непременно занять привилегированное положение, что опять-таки всей своей тяжестью ложится все на того же рабочего: каждый нажитый вами этим путем рубль является дефицитом в народном хозяйстве, потому что рабочему он стоит десять рублей. Нет, батенька, все это гниль и чепуха...

Прозоров продолжал в том же роде; генерал слушал его внимательно, стараясь проверить самого себя.

— А впрочем, ну вас к черту совсем, со всей вашей ученой ерундой! — неожиданно закончил Прозоров, наливая себе рюмку водки.

— Расскажи что-нибудь о себе, Виталий Кузьмич! — проговорил генерал, опять рассматривая своего собеседника.— Ну, как ты живешь тут, что делаешь?..

— Что рассказывать: весь налицо... Хорош, нечего сказать. Ха-ха!.. Ну, да я не завидую твоему превосходительству, поверь мне. Так свиньей и останусь до конца дней...

— У тебя, кажется, дочь была?

— Да, была... И теперь оная имеется в наличности. Так, пустельга... Впрочем, ведь на таких людей и существует постоянный спрос. Я пробовал учить ее, тоже воспитывал, да ничего не вышло. В папеньку одним концом пошла, видно...

С каждой новой рюмкой Прозоров хмелел все сильнее и сильнее, пока совсем не свалился на диван, где и заснул...

"Действительно, настоящая свинья..." — с горечью подумал генерал.

У Майзеля на другой день приезда Лаптева на заводы был маленький деловой вечер с закуской. Жил Майзель, как все немцы, очень плотно. На подъезде картинно лежали два датских дога; на звонок из передней, как вспугнутый вальдшнеп, оторопело выбегал в серой официальной куртке дежурный лесообъездчик; на лестнице тянулся мягкий ковер; кабинет хозяина был убран на охотничий манер, с целым арсеналом оружия, с лосиными и оленьими рогами, с чучелами соколов и громадной медвежьей шкурой на полу. Везде мягкие ковры, бронза, мягкая дорогая мебель, шредеровский рояль в зале, горка с минералогической коллекцией, горка с серебром, горка с фарфором, несколько порядочных картин масляными красками и т. д. Воздух был всегда прокурен дымом дорогих сигар и вообще везде пахло тугим, чисто немецким довольством. Детей у Майзеля не было, поэтому царил во всем самый педантичный порядок, как в хорошем музее, где строго преследуют каждую пылинку. На половине Амалии Карловны немецкая чистота достигала своего апогея, так что сама хозяйка походила на кошку, которая целые дни моется лапкой. Даже Родион Антоныч в своей раскрашенной хоромине никогда не мог достигнуть до этого идеала теплого, уютного житья, потому что жена была у него русская, и по всему дому вечно валялись какие-то грязные тряпицы, а пыль сметалась ленивой прислугой по углам. Поэтому Родион Антоныч имел полное основание завидовать Майзелю и даже иногда жалел, зачем он, Родион Антоныч, не русский немец.

Сегодня у Майзеля был все свой народ: Вершинин, Дымцевич, Буйко, Сарматов и доктор Кормилицын. Ждали Тетюева, который обещал завернуть вечерком.

— Это какой-то идиот...— резко отчеканивая слова, говорил сам Майзель, когда речь зашла о Прейне.— И для чего он тащит на Урал всякую сволочь, вроде Летучего и этого прощелыги Перекрестова!

— Вы напрасно так думаете, Николай Карлыч,— мягко возразил Вершинин, разваливаясь в кресле.— Прейн очень хорошо изучил привычки Евгения Константиныча и, вероятно, не ошибется в расчетах.

— Да и расчетов никаких нет, Демид Львович, а просто одна сплошная глупость... За кого он нас принимает, что нам приходится брататься со всякой швалью?

— Нет, а мне каково достается! — перебил Сарматов, хлопая себя по лысине.— Извольте-ка составить любительский

122

спектакль буквально из ничего... Раиса Павловна помешалась на плечах Наташи Шестеркиной, а много ли сделаешь из одних плеч, когда она вся точно деревянная — ступить по-человечески не умеет.

— А Канунникова?

— Канунникова... Не спорю, господа, у Канунниковой и бюст, и талия, и прочее в надлежащем виде, но ее погубят ноги! Представьте себе настоящие гусиные лапы... Я даже сомневаюсь, нет ли у ней перепонок между пальцами.

— Чем труднее задача, тем приятнее победа,— заметил Вершинин.— Вам, Сарматов, как человеку, знакомому с небесными светилами, нетрудно уже примениться к земным планетам, около которых приходится теперь вам вращаться наперекор законам небесной механики.

— Тем более неприлично унывать артиллеристу, через которого переехало целое орудие...— прибавил Майзель.

— Нет, вы, господа, слишком легко относитесь к такому важному предмету,— защищался Сарматов.— Тем более что нам приходится вращаться около планет. Вот спросите хоть у доктора, он отлично знает, что анатомия всему голова... Кажется, пустяки плечи какие-нибудь или гусиная нога, а на деле далеко не пустяки. Не так ли, доктор?

— Я вас не понимаю, Сарматов,— отозвался доктор.

— Не понимаете? Пустяки, батенька, нечего прикидываться... Если бы я был на месте Прозорова, я прописал бы вам такую анатомию с физиологией вместе, что небо в овчинку бы показалось. Кто Луше подарил маринованную глисту?

— Совсем не маринованную... Зачем вы врете, Сарматов? Гликерия Витальевна интересовалась тогда сравнительной анатомией — ну, я ей и преподнес великолепный экземпляр taenia solnm. Анатомические препараты никогда не сохраняются в уксусе, а только в спирте.

— Виноват, а я думал — в уксусе. Что же вам сказала тогда Гликерия Витальевна, когда вы разодолжили ее своей глистой?

— Ах, отстаньте, пожалуйста!.. Прогнала, и только...

Все засмеялись. Чудак-доктор тоже смеялся вместе с другими своим жиденьким дребезжавшим смешком, точно в нем порвалась какая-то струна. "Идиот! — со злобой думал Майзель, закручивая ус.— Пожалуй, еще все разболтает..." Он пожалел, что пригласил сегодня доктора на общий совет.

— Отчего вы, Сарматов, не пригласили Лушу к себе в труппу? — спрашивал Вершинин.— Девочка ничего себе...

— Не приказано... Высшее начальство не согласно. Да и

черт с ней совсем, собственно говоря. Раиса Павловна надула в уши девчонке, что она красавица, ну, натурально, та и уши развесила. Я лучше Анниньку заставлю в дивертисменте или в водевиле русские песни петь. Лихо отколет!..

— А mademoiselle Эмма будет у вас участвовать?

У Сарматова вертелось на кончике языка ядовитое словечко относительно m-lle Эммы, но он удержался из уважения к русско-немецкому происхождению хозяина.

— А Раиса Павловна что-нибудь устроит,— говорил кто-то.— Дайте срок, только бы ей увидаться с Прейном.

— Ну, это еще Андроны едут,— сомневался Майзель.— Для первого раза Нина Леонтьевна ее порядочно смазала... А та рассчитывала разыгрывать роль хозяйки! Ха-ха...

Вершинин засмеялся деланным смехом из уважения к хозяину, как и другие. Он, на месте Нины Леонтьевны, не сделал бы так, потому что еще кто знает, что впереди; для чего было бравировать с первого шага. В каждом деле Вершинин прежде всего помнил золотую пословицу, что своя рубашка к телу ближе, а здесь тем более: зверь был ранен, но он мог еще подняться на ноги. В жизни случаются превращения, каких не в состоянии предвидеть ни одна теория вероятностей. Старик Майзель, как рассерженный боров, теперь готов был лезть на стену, потому что Раиса Павловна смазала его несравненную Амальхен; но это еще плохое доказательство для того, чтобы другим надевать петлю на шею. В сущности, собравшаяся сегодня компания, за исключением доктора и Сарматова, представляла собой сборище людей, глубоко ненавидевших друг друга; все потихоньку тяготели к тому жирному куску, который мог сделаться свободным каждую минуту, в виде пятнадцати тысяч жалованья главного управляющего, не считая квартиры, готового содержания, безгрешных доходов и выдающегося почетного положения. Без сомнения, Горемыкин висел на волоске, и предоставлялось каждому решать мудреный вопрос, кто займет его место. Вершинин и Майзель получали официальных пять тысяч, остальные по три — это было очень немного в сравнении с пятнадцатью тысячами жалованья главного управляющего. Собственно, возможными кандидатами представлялись Вершинин и Майзель, а затем Тетюев. Но это не мешало и остальным думать про себя: чем он хуже других. Дымцевич, Буйко и даже Сарматов ничего не имели против пятнадцати тысяч. Вершинин славился как административная голова и как самый ловкий интриган; Тетюев — как юрист и делец, а Майзель — как крепкая солдатская рука в ежовой рукавице. Все эти особенности давали их владельцам некоторые надежды и вместе поднимали между ними ту черную кошку, из-за которой люди делаются тайными врагами не на живот, а на смерть. И вместе с тем они чувствовали себя бессильными поодиночке и должны были соединиться, чтобы добиться цели. Кто же из них будет тем счастливцем, на которого милостиво взглянет капризная фортуна?

Майзель поджидал Тетюева с особым нетерпением и начинал сердиться, что тот заставлял себя ждать. Но Тетюев, как назло, все не ехал, и Майзель, взорванный такой невнимательностью, решился без него приступить к делу.

— Господа, я надеюсь, что здесь собрался все свой народ и никто не вынесет сору из избы,— начал он, отчеканивая слова.— Я пригласил вас за тем, чтобы вместе обсудить, как нам поступить. Я уверен, что всем нам одинаково надоело плясать под дудку старой бабы. По крайней мере, для себя лично я считаю это позором. Против Платона Васильича, конечно, трудно что-нибудь сказать, как против человека, который заслуживает только нашего сожаления. Да и что можно требовать от калеки, который ничего не видит и не слышит?

— Да, он совсем глух и слеп,— провозгласил Сарматов.

— Господа, кто-то, кажется, подъехал? — заметил Дымцевич, все время ощипывавшийся и охорашивавшийся, как курица перед дождем.— Это, наверно, Тетюев...

— Конечно, он...

В кабинет действительно вошел сам Тетюев, облеченный в темную синюю пару, серые перчатки и золотое пенсне. Он с деловой, сосредоточенной улыбкой пожал всем руки, извинился, что заставил себя ждать, и проговорил, сосредоточенно роняя слова, как доктор отсчитывает капли лекарства:

— Дела по горло, на части так и рвут. Едва успел вырваться из управы.

— Врешь, врешь и врешь! — перебил Сарматов.— Наверно, наигрывал на какой-нибудь дудке... Знаем твои дела!.. А мы без тебя тут чуть не составили целый заговор.

Майзель поморщился и сердито хрустнул пальцами; он еще раз пожалел, что пригласил на совещание доктора и Сарматова, хотя без них счет был бы не полон.

— Я догадываюсь, господа, о чем шла речь,— подхватил Тетюев брошенную реплику.— Да, нам необходимо соединиться во имя общей цели, хотя мое дело, собственно говоря, сторона.

125

— Ну, ну, Авдей Никитич, полноте притворяться,— заговорил Вершинин.— Кто заварил кашу, тому и красная ложка...

— Я, ей-богу, ничего... Я в первый раз слышу. Какая каша? Обо мне, право, много лишнего говорят.

— Однако будет, господа, толковать о пустяках,— остановил эти препирательства Майзель.— Приступимте к делу; Авдей Никитич, за вами первое слово. Вы уж высказали мысль о необходимости действовать вместе, и теперь остается только выработать самую форму нашего протеста, чтобы этим дать делу сразу надлежащий ход. Как вы полагаете, господа?

— Подадимте петицию на имя Евгения Константиныча,— предложил Сарматов.— Выскажемся в ней прямо: что так и так, уважая Платона Васильича и прочее, мы не можем больше оставаться под его руководством. Тут можно наплести и о преуспеянии заводского дела, и о нравственном авторитете, и о наших благих намерениях. Я даже с своей стороны предложил бы формулировать эту петицию в виде ультиматума...

— Я первый на это никогда не соглашусь,— заявил Вершинин,— потому что это по меньшей мере глупо... С какой стати ради Платона Васильича я буду рисковать своим местом?

— Я тоже,— заговорил Майзель.— Мы — люди семейные... Как вы думаете, госиода?

Дымцевич и Буйко были, конечно, согласны с ним, потому что хотя были бы не прочь получать пятнадцать тысяч годовых, но лишаться своих трех тысяч тоже не желали. Доктор протестовал против такого решения, потому что уж если начинать дело, так нужно вести открытую игру.

— Что же нам прятаться, если наше дело справедливо? — своим жиденьким тенорком вытягивал доктор.— Нас много, а Платон Васильич один.

— Хорошо вам толковать, Яков Яковлевич,— вступился Вершинин,— когда у вас ни кола ни двора. Отказали от места, поступил на другое — и вся недолга. На докторов теперь везде спрос, а нашему брату получить место — задача не маленькая.

— Но ведь это наконец не честно,— горячился доктор.— Из-за своих личных, можно сказать, семейных расчетов вилять хвостом перед заводовладельцем...

— Ничего вы не понимаете! — оборвал Майзель.— Вы, Яков Яковлич, штанов-то не умеете застегнуть хорошенько, а еще толкуете о честности...

Яша Кормилицын позеленел от злости и, кажется, даже готов был вцепиться в солдатскую физиономию Майзеля, но это неожиданное и неприятное недоразумение было сейчас же устранено вмешательством Тетюева, который несколькими фразами потушил занявшийся пожар.

— Он меня оскорбил! — тоненьким голоском жаловался Кормилицын, размахивая руками, как манекен.

— Ну что ж из этого? — удивлялся Тетюев.— Николай Карлыч почтенный и заслуженный старик, которому многое можно извинить, а вы — еще молодой человек... Да и мы собрались сюда, право, не за тем, чтобы быть свидетелями такой неприятной сцены.

— Завтра дуэль учиним, Яша! — кричал Сарматов доктору.— На тридцати шагах стрелять, постепенно подходя к барьеру, пока один из вас не покончит земное странствие...

После этого маленького эпизода приступили к обсуждению имеющей быть кампании. Выпито было две бутылки шартреза, лица у всех раскраснелись голоса охрипли. Наконец порешили представить Евгению Константинычу свои мотивы и соображения на словах, по той программе, которую разработает особая комиссия.

— А кто же возьмет на себя роль оратора, господа? — спрашивал Тетюев.

— Как кто? А вы-то на что? Да мы на вас, Авдей Никитич, надеемся, как на каменную стену...

— Помилуйте, господа, я-то тут при чем! — удивлялся Тетюев.— Я, конечно, сочувствую вам и готов помочь вам всеми силами, потому что настоящий цезаризм касается и меня как представителя земства. Я должен внести свою лепту в общее дело, но ведь теперь вы являетесь в качестве заводских служащих, как же я к вам пристану?

— Действительно, это не совсем удобно,— согласился Вершинин.

— Я могу представить проект от лица земства — это другое дело,— продолжал Тетюев.— Но в таком случае мне лучше явиться на аудиенцию к Евгению Константинычу одному.

Еще немножко поспорили и согласились с доводами Тетюева.

— Это еще будет лучше,— соображал Сарматов.— Мы откроем действие с двух сторон разом. А все-таки, господа, кто из нас будет оратором? Я подаю голос за доктора...

— И я тоже,— отозвался Вершинин.

— И я тоже...— зараз посыпались голоса.

— Право, уж не знаю, как быть...— сомневался Яша Кормилицын, вытягивая шею и поправляя свою гриву.— Оратор-то я плохой; пожалуй, еще и перевру что-нибудь.

— Ничего, мы вам напишем всю речь, а вы ее выучите наизусть,— успокаивал Тетюев.

— Пустяки! пропустить две рюмки коньяку перед тем, как идти к Евгению Константинычу,— и вся недолга.

— Что ж, я, пожалуй, согласен! — вяло уступил доктор.

— Вот и отлично, Яша! — говорил Сарматов, хлопая доктора по плечу.— Послужи миру, голубчик... А нам как-то неловко: пожалуй, Евгений Константиныч еще подумает про всякого, что он именно и желает занять место Платона Васильича. Ведь так, Яшенька?

После этого соглашения приступили к разработке программы будущих действий и Яшиной речи, в частности. Тетюев стоял за то, чтобы не торопиться, а дать время хорошенько выясниться обстоятельствам.

— А если мы будем тянуть, да и пропустим Евгения Константиныча,— сомневались Буйко и Дымцевич.— Что ему стоит сесть, да и уехать?

— Не упустим,— уверенно говорил Тетюев, потирая руки.— Извините, господа, мне сегодня некогда... Дело есть. В другой раз как-нибудь потолкуем...

Взглянув на свой полухронометр, Тетюев с прежней улыбкой начал прощаться. Заговорщики выпили после него еще бутылку какого-то вина и тоже начали прощаться.

— До завтра...— коротко говорил Майзель, протягивая руку друзьям.— Завтра надеюсь опять видеть вас у себя. Для друзей у меня всегда найдется бутылочка порядочного вина и горячий бифштекс.

Когда все убрались, Майзель медленно сделал налево кругом, как будто поворачивал целую роту, и тяжело, как матерой седой медведь, побрел на половину Амалии Карловны, которая встретила его в дверях спальни в одной кофточке, совсем готовая отойти ко сну.

— Ну, что?— испросила она, вытягивая свое птичье лицо.

— Ничего... дураки!

Майзель коротко засмеялся, награждая свою Амальхен русско-немецким "кюссхен"[16].

— Кто дураки?

— Да все, Амальхен... И вдобавок еще настоящие русские свиньи! Представь себе, Вершинин и Тетюев мечтают занять место Горемыкина... Ха-ха-ха!..

Амальхен тоже засмеялась, презрительно сморщив свой длинный нос. В самом деле, не смешно ли рассчитывать на

---

[16] поцелуйчик (от нем. küsschen).

место главного управляющего всем этим свиньям, когда оно должно принадлежать именно Николаю Карлычу! Она с любовью посмотрела на статную, плечистую фигуру мужа и кстати припомнила, что еще в прошлом году он убил собственноручно медведя. У такого человека разве могли быть соперники?

— Свиньи все...— еще раз проговорил Майзель, облекаясь в расшитый шелками шлафрок.— Я им покажу всем, где раки зимуют, только бы...

Еще один кюссхен, и плотная чета предалась крепкому, счастливому сну.

XVII

У Тетюева действительно было серьезное дело. Прямо от Майзеля он отправился в господский дом, вернее, к господскому саду, где у калитки его уже поджидала горничная Нины Леонтьевны. Под предводительством этой особы Тетюев благополучно достиг до генеральского флигелька, в котором ему сегодня была назначена первая аудиенция.

— Пожалуйте сюда...— шепотом пригласила его горничная в полуосвещенную маленькую гостиную, окна которой были завешаны драпировками.

Оставшись в комнате один, Тетюев почувствовал невольное смущение. Его шокировало это обходное движение через господский сад и вообще вся таинственная обстановка, при которой приходилось вести дело. Но отступать было поздно. От нечего делать он принялся рассматривать тропические растения, которые топорщились из углов гостиной зелеными лапами. Воздух был пропитан запахом пудры и еще какими-то сильными духами, какие любят женщины зрелых лет. Но вот в соседней комнате зашуршало по полу шелковое тяжелое платье, и на пороге появилась квадратная, заплывшая жиром фигура Нины Леонтьевны. Она по обыкновению была расцвечена самыми пестрыми бантами, кольцами и перьями; на голове из кружев и лент образовалось что-то вроде радужного гребня. Первое впечатление, которое Нина Леонтьевна произвела на Тетюева, можно было сравнить только с тем, если бы в дверях показалась цветочная копна.

Дельцы окинули друг друга с ног до головы

проницательными взглядами, как люди, которые видятся в первый раз и немного не доверяют друг другу. Нина Леонтьевна держала в руках серебряную цепочку, на которой прыгала обезьяна Коко — ее любимец.

— Вы опоздали на полчаса...— хрипло проговорила наконец Нина Леонтьевна, взглянув на свои золотые часы, болтавшиеся у ней на груди на брильянтовом аграфе.

— Виноват, меня задержали...— смущенно пробормотал Тетюев, совсем не ожидавший такого приема.— Я сейчас от Майзеля.

— Знаю.

— Там было маленькое совещание по нашему делу.

— Знаю.

"Это черт, а не баба",— подумал Тетюев, опять рассматривая свою собеседницу.

— Генерал весь вечер пробудет у Евгения Константиновича, и мы с вами можем потолковать на досуге,— заговорила Нина Леонтьевна, раскуривая сигару.— Надеюсь, что мы не будем играть втемную... Не так ли? Я, по крайней мере, смотрю на дело прямо! Я сделаю для вас все, что обещала, а вы должны обеспечить меня некоторым авансом... Ну, пустяки какие-нибудь, тысяч двадцать пока.

Тетюев даже съежился от такой цифры и только промычал в ответ какую-то бессвязную фразу. Он теперь ужо окончательно убедился, что действительно имеет дело с чертом, и потому решил, что нечего церемониться с этой цветочной копной.

— Видите ли, Нина Леонтьевна,— заговорил Тетюев с деловой вкрадчивостью,— ведь дело еще совсем не верное, и кто знает, чем оно может кончиться.

— Та-ак... А для кого же я везла сюда Евгения Константиныча, по-вашему?

— Так как вы высказали сейчас желание говорить откровенно, то я вам отвечу вопросом: разве вы что-нибудь проиграли от такой поездки?

— Это уж мое деле, милостивый государь.

— Вот именно это-то и хорошо, что вы ехали для своего дела, другими словами — для себя, а мое положение совсем неопределенное и почти безнадежное: я хлопочу, работаю, а плодами моих трудов могут воспользоваться другие...

— Что вы хотите сказать этим?

— А то, что даже в счастливом случае, когда нам удастся столкнуть Горемыкиных, кандидатами на их место являются

Вершинин и Майзель... Извините, но за такое удовольствие платить двадцать тысяч по меньшей мере глупо.

— Но ведь без меня вам не добиться аудиенции у Евгения Константиныча? И кроме того, его нужно очень и очень подготовить к такой аудиенции.

— Все это так, но все это может кончиться в результате нулем. Я полагал, Нина Леонтьевна, что найду в вас сотрудника по общему делу, а вы ставите вопрос совершенно на другую почву.

— Благодарю за внимание... Но вы, как видите, ошиблись в своих расчетах, поэтому нам лучше расстаться сейчас же.

В первую минуту Тетюев онемел, но Нина Леонтьевна поднялась с вызывающим видом: значит, или двадцать тысяч, или уходи. На несколько мгновений Тетюев остановился, но потом сделал деловой поклон и молча направился к двери. Когда он надевал в передней свое пальто, Нина Леонтьевна окликнула его:

— Авдей Никитич, вернитесь!..

— Незачем, Нина Леонтьевна,— ответил Тетюев.— Я не могу дать вам и двадцати копеек... вперед.

— Ха-ха-ха! — залилась квадратная женщина.— Да вернитесь, говорят вам. Очень мне нужны ваши двадцать копеек... Я просто хотела испытать вас для первого раза. Поняли? Идите и поговоримте серьезно. Мне нужно было только убедиться, что вы в состоянии выдержать характер.

В уютной гостиной генеральского флигелька завязался настоящий деловой разговор. Нина Леонтьевна подробно и с обычным злым остроумием рассказала всю историю, как она подготовляла настоящую поездку Лаптева на Урал, чего это ей стоило и как в самый решительный момент, когда Лаптев должен был отправиться, вся эта сложная комбинация чуть не разлетелась вдребезги от самого пустого каприза балерины Братковской. Ей самой приходилось съездить к этой сумасшедшей, чтобы Лаптев не остался в Петербурге.

Потом Нина Леонтьевна очень картинно описала приезд Лаптева в Кукарский завод, сделанную ему торжественную встречу и те впечатления, какие вынес из нее главный виновник всего торжества. В коротких чертах были сделаны меткие характеристики всех действующих лиц "малого двора". Тетюеву оставалось только удивляться проницательности Нины Леонтьевны, которая по первому взгляду необыкновенно метко очертила Вершинина, Майзеля и всех остальных, причем пересыпала свою речь самой крупной солью.

— Откуда все это вы могли узнать? — удивлялся Тетюев.

— Мало ли я что знаю, Авдей Никитич... Знаю, например, о сегодняшнем вашем совещании, знаю о том, что Раиса Павловна приготовила для Лаптева лакомую приманку, и т. д. Все это слишком по-детски, чтобы не сказать больше... То есть я говорю о планах Раисы Павловны.

Этот разговор с умной женщиной наполнил плутоватую душу Тетюева настоящим восторгом, так что он даже не допытывался, откуда Нина Леонтьевна могла все знать. Для него ясно было, что теперь он созерцает настоящего дельца, дельца высшей пробы, дельца из той заманчивой сферы, где счеты идут на сотни тысяч и миллионы. Эта сфера всегда неудержимо тянула к себе Тетюева, и он в минуты откровенности с самим собою иногда думал, что именно создан для нее, а совсем уж не за тем, чтобы пропадать где-то в медвежьей глуши. Пред Ниной Леонтьевной он почувствовал себя таким маленьким и ничтожным, как новичок, которого только что привели в класс. В самом деле, что могло быть печальнее председателя уездной земской управы, получающего годовых две с половиной тысячи, когда другие рвали десятки и сотни тысяч? Вот хоть эта самая Нина Леонтьевна, безобразная и старая баба — и больше ничего, а ведь умела же поставить себя, да еще как поставить! Ему, Тетюеву, нужно трубить в своем земстве десять лет, чтобы получить столько, сколько получит Нина Леонтьевна, если подготовит всего одно дело. А между тем разве он, Тетюев, хуже других, если бы ему попал в руки хороший случай?

— А как вы думаете, Нина Леонтьевна, долго Евгений Константиныч пробудет у нас? — спрашивал Тетюев после наступившей тяжелой паузы.

— Это неизвестно, Авдей Никитич, никому неизвестно. Все будет зависеть от обстоятельств, как они сложатся... Во всяком случае я убеждена, что Евгений Константиныч не заживется здесь, и поэтому не следует даром терять времени...

В течение двух часов, которые пробыл Тетюев в генеральском флигельке, было переговорено подробно обо всем, начиная с обсуждения общего плана действий и кончая тем проектом о преобразованиях в заводском хозяйстве, который Тетюев должен будет представить самому Евгению Константинычу, когда Нина Леонтьевна подготовит ему аудиенцию.

Возвращаясь из генеральского флигелька опять по саду, Тетюев уносил в душе частичку того самого блаженного чувства, которое предвкусил в обществе Нины Леонтьевны, точно он поднимался неведомой силой кверху, в область

132

широких начинаний, проектов, планов и соображений. На половине Раисы Павловны в двух окнах виднелся слабый огонек. Взглянув на него, Тетгоев сладко улыбнулся про себя. В самом деле, как странно и нелепо устроен свет: даже если он, Тетюев, и не займет места Горемыкина, все-таки благодаря борьбе с Раисой Павловной он выдвинется наконец на настоящую дорогу. Это так нее верно, как верно то, что завтра будет день...

В спальне Раисы Павловны действительно горел огонь в мраморном камине, а сама Раиса Павловна лежала на кушетке против огня, наслаждаясь переливами и вздрагиваниями широких огненных языков, лизавших закопченные стенки камина. Около Раисы Павловны сидела в кресле Луша. На полу валялась разогнутая французская книга, которую они только что читали. Раиса Павловна задумчиво смотрела на огонь, испытывая закачивавшее чувство дремы, уносившее ее в далекий мир воспоминаний; Луша ничего не испытывала, кроме своей обыкновенной тоски.

— Луша, ты видела их? — спрашивала Раиса Павловна, просыпаясь от своего забытья.

— Кого их?

— Ну, Евгения Константиныча, Прейна и компанию?

— Да, мельком.

Раиса Павловна опять задумчиво смотрела на огонь и как-то мягко, точно в полупросонье, заговорила:

— Голубчик, это все не то... Да. Я считала их гораздо выше, чем они есть в действительности. Во всей этой компании, включая сюда и Евгения Констаптиныча с Прейном, есть только один порядочный человек в смысле типичности — это лакей Евгения Константиныча, mister Чарльз.

Луша не понимала, зачем Раиса Павловна говорит все это, но сделала внимательное лицо и приготовилась слушать.

— Mister Чарльз — цельная, выдержанная натура,— продолжала Раиса Павловна, полузакрывая глаза.— Это порядочный человек в полном смысле слова, хотя и лакей... Я уверена, что Евгений Константиныч только и уважает его одного, потому что mister Чарльз единственный gentleman во всей компании. Даже сам Евгений Константиныч не дорос до такого gentleman'a, хотя и корчит из себя ультрафешенебельного денди во вкусе young Albion[17]. Это просто, как и Прейн, то, что немцы и берлинцы называют Lebemann'ом, то есть человеком, живущим во всю ширь. У него

_____
[17] Здесь в смысле — аристократической молодежи Англии (англ.).

133

недостает характера, выдержки... Вернее назвать его просто русским набобом, да и то с оговоркой. Вообще я думала о нем лучше.

— А другие? — спрашивала Луша, глядя на пробегавшее в камине пламя и синие струйки газа.

— Другие? Другие, выражаясь по-русски, просто сволочь... Извини, я сегодня выражаюсь немного резко. Но как иначе назвать этот невозможный сброд, прильнувший к Евгению Константинычу совершенно случайно. Ему просто лень прогнать всех этих прихлебателей... Вообще свита Евгения Константиныча представляет какой-то подвижной кабак из отборнейших тунеядцев. Видела Летучего? Да все они одного поля ягоды... И я удивляюсь только одному, чего смотрит Прейн! Тащит на Урал эту орду, и спрашивается — зачем?

Раиса Павловна после этого немного патетического вступления перешла к jeunesse dorée[18] вообще и русской в частности. Такая молодежь в ее глазах являлась всегдашним идеалом, последним словом той жизни, для которой стоило существовать на свете порядочной женщине, в особенности женщине красивой и умной. Она с увлечением рассказывала о блестящей европейской клике, к которой русская jeunesse dorée присосалась только одним боком, никогда не достигая чистокровного дендизма. Из русской золотой молодежи Раиса Павловна отдавала предпочтение дипломатической и министерской фракциям, а всего выше ставила гвардейскую золотую молодежь. Получалась необыкновенно эффектная комбинация из дрессированных лошадей, модных кабаков, ужинов, устриц, пикников, avec de ces dames[19], шампанского, векселей и самых высоких понятий о чести мундира и т. д.

— Да, это совершенно особенный мир,— захлебываясь, говорила Раиса Павловна.— Нигде не ценится женщина, как в этом мире, нигде она не ценится больше, как женщина. Женщине здесь поклоняются, ей приносят в жертву все, даже жизнь, она является царицей, связующей нитью, всесильным центром.

---

[18] золотой молодежи (фр.).
[19] Дам (фр.).

XVIII

С самого первого дня появления Лаптева в Кукарском заводе господский дом попал в настоящее осадное положение. Чего Родион Антоныч боялся, как огня, то и случилось: мужичье взбеленилось и не хотело отходить от господского дома, несмотря на самые трогательные увещания не беспокоить барина.

— Уж ты, Родивон Антоныч, оставь нас, пожалуйста, оставь! — упирались мужики.— Не к тебе пришли...

— А-ах, б-боже м-мой!..— отмахивался Родион Антоныч руками и ногами.— Разве я держу вас... а? А вы то рассудите: устал барин с дороги или нет?

Ходоки переминались с ноги на ногу, пыхтели, переглядывались, чесали в затылках и кончали тем, что опять начинали старую песню:

— Уж ты, Родивон Антоныч, не препятствуй... Дельце у нас до барина есть.

Какими-то неведомыми путями по заводу облетела весть, что генерал будет разбирать дело крестьян насчет уставной грамоты и что генерал строгий, но справедливый. К этому было прибавлено много посторонних соображений и своих собственных фантазий, так что около слова "генерал" выросла настоящая легенда. Барин молод, не надеется на себя, а другие-то его обманывают, вот он и привез с собой генерала, чтобы все, значит, сделать на совесть, по-божескому, чтобы мужичков не изводить напрасно, и т. д. Ходоки особенно надеялись на генерала и, желая послужить миру, пробивались к барину во что бы то ни стало. У них были уже заготовлены на всякий случай две бумаги: одна барину, другая генералу. Родион Антоныч, конечно, все это знал и удвоил усилия, чтобы не пропускать мужиков. Расставлены были сотские и десятники, чтобы отгонять подозрительный парод от господского дома; даже приглашена была полиция на всякий случай, если бы мужичье вздумало бунтовать.

Из числа ходоков особенно выделялись два старика раскольника, которые добивались своей цели особенно настойчиво. Один, с косматой седой бородой и большим лысым лбом, походил на одного из тех патриархов, каких изображают деревенские богомазы; складки широкого армяка живописно драпировали его высокую, сгорбленную, ширококостную фигуру. Другой, толстый и слащавый, с сладкой

135

заговаривающей речью, принадлежал к типу мужицких "говорков", каких можно встретить на каждом сельском сходе; раскольничья выдержка и скрытность придавали ему вид настоящего коновода. Первого звали Ермилом Кожиным, второго просто Семенычем. Выдавался еще третий говорок, испитой, чахоточный мужик с широким горлом, по фамилии Вачегин. Люди этого типа составляют истинное несчастье на всех сельских сходах, где горланят и кричат за четверых. В сущности, Вачегин был глупый и несуразный мужик, но его общество выбрало впридачу Кожину и Семенычу на том основании, что Вачегин уж постоит на своем, благо господь пастью его наградил. Другие ходоки были набраны больше для "числа", чтобы придать вес "бумаге", которая должна была быть подана барину. Большинство принадлежало к тем волостным "старичкам", которые особенно падки на даровое мирское винцо. Толку от них, конечно, было мало, но все-таки главным говоркам как-то было веселее выступить под этим прикрытием. Оно там, как-никак, а все-таки страшно идти к барину, и только кровные мирские интересы заставляли забывать страх.

Нужно сказать, что все время, как приехал барин, от господского дома не отходила густая толпа, запрудившая всю улицу. Одни уходили и сейчас же заменялись другими. К вечеру эта толпа увеличивалась и начинала походить на громадное шевелившееся животное. Вместе с темнотой увеличивалась и смелость. Поднимался крик и гвалт. Все желали непременно видеть барина и ни за что не хотели уходить от господского дома. Чтобы разогнать толпу, генерал уговаривал Евгения Константиныча выйти на балкон, но и эта крайняя мера не приносила результатов: когда барин показывался, подымалось тысячеголосое "ура", летели шапки в воздух, а народ все-таки не расходился по домам. Родион Антоныч с ужасом видел, как из моря голов поднимались чьи-то руки с колыхавшимися листами писаной бумаги, и сейчас же посылал казаков разыскивать буянов. Руки с бумагами на время исчезали. Только раз чуть-чуть не перехитрили Родиона Антоныча, именно, лист такой бумаги подняли на длинной палке к самому балкону, и, по всей вероятности, Лаптев принял бы это прошение, если бы лихой оренбургский казак вовремя не окрестил нагайкой рук, которые держали шест с прошением. Опасность счастливо миновала, но виновный, как и в предыдущих случаях, не был отыскан.

Бунтовщики не удовольствовались этим, а какими-то неисповедимыми путями, через десятки услужливых рук, добрались наконец до неприступного и величественного m-r Чарльза и на коленях умоляли его замолвить за них словечко барину. В пылу усердия они даже пообещали ему подарить "четвертной билет", но m-r Чарльз с величественным презрением отказался как от четвертного билета, так и от ходатайства перед барином.

— Я хорошо знаю свои обязанности и никогда не мешаюсь в дела Евгения Константиныча,— сухо ответил gentleman, полируя свои ногти каким-то розовым порошком.— Это мое правило...

Когда мужики начали кланяться этому замороженному холопу в ноги, m-r Чарльз величественно пожал плечами и с презрением улыбнулся над унижавшейся перед ним бесхарактерной "русской скотиной".

Эта игра кончилась наконец тем, что ходоки как-то пробрались во двор господского дома как раз в тот момент, когда Евгений Константиныч в сопровождении своей свиты отправлялся сделать предобеденный променад. Б суматохе, происходившей по такому исключительному случаю, Родион Антоныч прозевал своих врагов и спохватился уже тогда, когда они загородили дорогу барину. Картина получилась довольно трогательная: человек пятнадцать мужиков стояли без шапок на коленях, а говорки в это время подавали свою бумагу.

— Что вам нужно? — спросил Лаптев поморщившись.

Он надевал перчатки и уже занес было ногу на подножку экипажа. Эта маленькая остановка неприятно подействовала на его нервы.

— Мы к тебе, батюшка-барин! — голосили старички, кланяясь в землю.— Бот прими от нас бумагу, там все прописано.

— Насчет наделу, батюшка-барин,— прибавил голос одного из ходоков.— Обезживотили нас без тебя-то... На тебя вся надёжа!

— Хорошо, хорошо... Б чем дело? — проговорил лениво Лаптев, принимая измятую "бумагу".

Мельком взглянув на заголовок прошения, он опять поморщился и передал "бумагу" генералу.

— Это, кажется! по вашей части...— прибавил он.

— Да, мы рассмотрим после,— проговорил генерал, обращаясь к стоявшим на коленях просителям.— Встаньте... Приходите ко мне послезавтра, тогда разберем ваше прошение, а теперь, как сами видите, барину некогда.

"Бумага" от генерала перешла в руки его секретаря, у

которого и исчезла в изящном портфеле. Экипаж быстро унес барина с его свитой, а старички остались на коленях.

— Ах, вы, ироды, ироды!..— ругался Родион Антоныч, наступая на ходоков по-петушиному.— Не нашли другого времепи... а? Уж я говорил-говорил вам, а вот теперь и пеняйте на себя. Лезут с бумагой к барину, когда тому некогда....

— Родивон Аитоиыч, уж ты, право... Ах, какой ты! Мы тебе добром говорили: пусти... а?

Толпа старичков уныло побрела с господского двора. Десяток корявых рук чесался в мужицком затылке, выскребая оттуда какие-то мудреные соображения. Кожин шагал, сосредоточенно опустив голову; он позабыл надеть шапку и бережно нес ее в той руке, которая еще так недавно держала бумагу. У Семеныча заскребло на душе, когда генерал передал бумагу какому-то стрикулисту, а тот ее спрятал. Дойдет или не дойдет бумага до барина? — вот роковой вопрос, который клином засел в крепкой мужицкой голове. А если бы дошла бумага, барин своими глазами увидел бы, что их дело совсем правое... Ведь Родивон Антоныч прижимку им сделал в уставной грамоте, а барину зачем прижимать! барин все разберет, потому ему — своя часть, нам — своя. Семеныч думал то же самое, что думал Кожин и что думали другие, с той разницей, что его начинало разбирать то чувство неуверенности, в каком он боялся сознаться самому себе. "А-ах, неладно маненько вышла наша бумага!" — думал Семеныч, дергая плечом.

— А ведь он тово...— проговорил наконец Семеныч, нарушая общее молчание.

— Чево: тово?

— Да наш Родивон-то Антоныч...

— Ну?..

— Просолим, пожалуй, нашу бумагу. Кабы неустойка не вышла...

— А генерал?

— Генерал, оно, конешно... Уж тут что говорить: генерал заправский. Да уж оно обнаковеппо...

Кожин сердито посмотрел иа Семеныча и даже плюнул. Это были два совершенно противоположные характера. Они мало в чем сходились между собой, но не могли обойтись один без другого, когда дело заходило о том, чтобы послужить миру. Кожин слишком был тяжел и по уму и по характеру, но это был железный человек, когда добивался своей цели; Семеныч был мягче, податливее и часто мучился "сумлениями" и любил обходные пути, когда не находил прямой дороги. В трудную

138

минуту Семеныч умел разогнать тоску своим балагурством и шуточками, и теперь, после налетевшего сумления, он добродушно проговорил:

— А я, братцы, так полагаю, что мы подведем животы Родьке нашей бумагой... Недаром он бегает, как очумелый. Уж верно!.. Заганули ему таку загадку, что не скоро, брат, раскусишь. А бумагу генерал обещал разобрать послезавтра... Значит, все ему обскажем, как нас Родька облапошивал, и всякое прочее. Тоже и на них своя гроза есть. Вон, он какой генерал-от: строгой...

Родион Антоныч действительно почувствовал себя крайне плохо, когда роковая бумага наконец попала в руки генералу, который сейчас же назначил мужичью и время для объяснений. Это проклятое "послезавтра" теперь было точно приколочено к мудрой голове Родиона Антоныча двухвершковым гвоздем, и он со страхом думал: "Вот когда началось-то..." Теперь он чувствовал себя в положении человека, которого спускают в глубокий колодезь. Что-то будет, и удастся ли ему еще раз вынырнуть из медленно поглощавшей его бездны... Ох, недаром он видел себя во сне дупелем! Сон вышел в руку. В довершение всех бед Раиса Павловна приняла известие о поданной мужиками бумаге с самым обидным равнодушием, точно это дело нисколько ее не касалось. На поверку выходило так, что Родион Антонович должен был выпутываться за всех одной своей головой. И зачем было этой Раисе Павловне тягаться с Тетюевым, точно места для двоих не хватило бы! А теперь вот и расхлебывай кашу за всех, да еще не смей пикнуть ни о чем, что могло бы бросить тень на Раису Павловну. Родион Антоныч чувствовал себя тем клопом, который с неуклюжей торопливостью бежит по стене от занесенного над его головой пальца — вот-вот раздавят, и поминай, как звали маленького человека, который целую жизнь старался для других.

— Что за беда, если вам придется объясниться с генералом! — говорила Раиса Павловна.— Ну, возьмем крайний случай, что он покричит на вас, даже если выгонит... Мне тоже не сладко достается!

— Я готов претерпеть за правду, Раиса Павловна.

— Тем лучше. Я могу уверить вас только в том, что наше дело еще не проиграно. Генерал, конечно, пользуется громадным авторитетом в глазах Евгения Константиныча, но и Альфред Осипыч...

— Ох, Альфред Осипыч... Альфред Осппыч! — стонал Родион Антоныч, хватаясь за голову.

— Главное, не забывайте, что наше дело совсем правое, мы отстаиваем заводские интересы, а Тетюев разводит фантазии.

Настало и роковое "послезавтра". Партия старичков с раннего утра расположилась на крыльце генеральского флигелька в ожидании, когда генерал проснется. Ермило Кожин был настроен особенно угрюмо, Семеныч испытывал некоторое сумление, а Полуехт Вачегин находился, как всегда, в неопределенном настроении духа. Другие старички вздыхали, чесали поясницы и торопливо вскакивали, когда из флигелька выходил кто-нибудь. Братковский прошел мимо них уже несколько раз, но генерал все еще спал. Июньское горячее солнце было уже высоко и начинало порядком допекать ходоков, но они ие чувствовали жара в ожидании предстоявшего объяснения с генералом. Этим скоробленным, зачерствевшим на господской работе людям мерещились те покосы, выгоны и леса, которые у них оттягал Родька Сахаров и которые они должны получить, потому что барину стоит сказать слово... Вот ужо генерал все разберет!..

Наконец генерал проснулся. Лакей провел ходоков прямо в кабинет, где генерал сидел у письменного стола с трубкой в руках. Пред ним стоял стакан крепкого чая. Старички осторожно вошли в кабинет и выстроились у стены в смешанную кучу, как свидетели на допросе у следователя.

— Читал я ваше прошение, мужички,— заговорил генерал, пуская клубы дыма.— Да вы садитесь.

Генерал указал на кушетку и несколько венских стульев, но мужички отказались наотрез, "свои ноги есть, постоим, ваше высокопревосходительство..." Ходокам нравилось солдатское лицо генерала, потому строгий генерал, справедливый, выходит. Громкий голос и уверенные манеры тоже говорили в его пользу.

— На тебя вся надежда...— заговорили ходоки, бухая в ноги.

— Встаньте, встаньте! Я не бог, чтобы мне кланяться в землю.

— На тебя вся надежда! — галдели мужики, подымаясь с полу.

— Я постараюсь сделать для вас все, что от меня зависит. Но я должен предупредить вас, что для меня одинаково дороги как ваши интересы, так и интересы заводовладельца...

— Уж это известно... на совесть...

Генерал заговорил об уставной грамоте и о тех недоразумениях, какие возникли по поводу ее между заводским населением и заводоуправлением. По мнению генерала, обе стороны по-своему были правы и не правы.

Чтобы выяснить свою мысль, он начал объяснения с того, что такое заводы, заводовладелец и заводский рабочий. Заводы не походят на другие частные предприятия и ремесла, в которых большею частью связаны интересы очень ограниченного числа лиц. На заводах же переплелись в крепкий узел интересы тысяч людей, поэтому говорить о моем и твоем здесь нужно особенно осторожно. Если польза заводовладельца тесно связана с благосостоянием десятков тысяч, то его убытки еще теснее связаны с их судьбой, поэтому нужно быть справедливым одинаково к обеим заинтересованным сторонам. Что такое заводовладелец по существу? Это человек, который на свой страх ведет миллионное предприятие, которое не только должно давать работу десяткам тысяч рабочих и доход ему лично, но еще должно приносить пользу всему государству. Это раз. Что такое заводский рабочий? Человек, который трудом своих рук снискивает себе пропитание на заводской работе. Отсюда: от благосостояния заводов одинаково зависит и участь заводовладельца и участь рабочих. Заводское дело — живое дело, в котором рука руку моет, а заводы являются живым связующим звеном между фамилией заводовладельца и целым рядом поколений рабочих. Отсюда понятно, что заводы одинаково дороги всем, и в общей громадной работе не нропадает бесследно ни одна крупица труда.

— Я сам работаю теперь для заводов,— продолжал генерал, отхлебывая чай из стакана.— И я горжусь своей работой потому, что в виду имеется польза десятков тысяч рабочих. Но мне кажется, что между рабочими и заводоуправлением по поводу уставной грамоты возникло просто недоразумение, стороны не выяснили своих взаимных отношений. Вы добиваетесь расширения своих земельных наделов, забывая, что главная задача заводского рабочего — работа на заводской фабрике, в руднике или курене. Так ли я говорю?.. Чтобы выяснить, что вы можете требовать, я сейчас определил вам понятия завода, заводовладельца и заводского рабочего.

От этих общих понятий и определений генерал перешел к частностям, то есть принялся разбирать пункт за пунктом все спорные вопросы уставной грамоты и те требования, какие были изложены в "бумаге". Пока речь генерала вертелась на общей почве, мужички кряхтели, вздыхали и потели, не понимая десятого слова из этой лекции, но когда он заговорил о кровных мужицких интересах, ходоки навострили уши и отлично поняли все, что им было нужно. Генерал пока ничего еще определеиного не высказал, но, видимо, он был уже против некоторых требований, так как они шли вразрез с интересами заводов.

— Нет, это ты, ваше превосходительство, неправильно говоришь,— отрезал Ермило Кожин, когда генерал кончил.— Конечно, мы люди темные, не ученые, а ты — неправильно. И насчет покосу неправильно, потому мужику лошадь с коровою первое дело... А десятинки две ежели у мужика есть, так он от свободности и пашенку распашет — не все же на фабрике да по куреням болтаться. Тоже вот насчет выгону... Наша заводская лошадь змму-то зимскую за двоих робит, а летом ей и отдохнуть надо.

— Да ведь это все оговорено в уставной грамоте?

— Оно оговорено... это точно, что оговорено, ваше высокопревосходительство,— заговорил Семеныч, давил Кожину передохнуть,— только нам тошнехонько от этой грамоты. Ведь ее писал Родивон Аитоиыч.

— Какой Родион Антоныч?

— Ну, секлетарь у Платона Васильича, выходит... Он все и наладил. Такую сухоту напустил нам всем... Потому как он сам заводский и все знает; знает, где и мужика прижать... Разе мы от работы заводской отпираемся,— никогда!.. А ты нам дай угодье — мужик будет справный, вдвое сробит барину-то. А теперь, бают, все от конторы пойдет, по уставной-то грамоте: захочет контора — даст тебе покос, не захочет — шабаш. Уж это не порядок, ваше высокопревосходительство... Когда мы господские-то были, так барину не рука была нас обижать, а теперь мы — отрезанный ломоть. Сами должны промышлять о своей голове.

Генералу хотелось узнать из первых рук, чего добиваются рабочие, чтобы оценить по достоинству их требования. Но пока он убедился только в том, что, несмотря на все усердие ходоков, понять их было очень трудно. Они путались, перебивали друг друга и совсем не могли связно и последовательно развивать отдельные мысли. Необходимо было сначала привыкнуть к мужицкой терминологии, а потом уже толковать с ними. Первое впечатление из двухчасовой беседы как-то двоилось: с одной стороны — мужики как будто были и правы, а с другой — как будто не правы. Очевидно было только то, что свои интересы они будут отстаивать из последнего, следовательно, необходимо дело вести крайне осторожно, чтобы не подавать повода к лишним надеждам и новым недоразумениям.

— Теперь я слышал от вас сам, что вы желаете,— говорил генерал,— читал ваше прошение. Мне нужно еще недели две, чтобы хорошенько разобрать ваше дело, а там опять побеседуем... Могу пока сказать только одно: что барин вас не обидит.

Мужички опять всей гурьбой повалились в ноги и заговорили:

— На тебя вся надежа, ваше высокоблагородие... Не оставь нас своей милостью, ослобони от прижимки.

— Хорошо, хорошо... Только я не люблю, когда в землю кланяются: я не бог.

— А ты, ваше высокоблагородие, не слушай Родивона-то Антоныча — от него вся прижимка вышла... Уж он нам такого сахару насыпал!

Генерал, чтобы успокоить мужичков, записал в памятную книжку фамилию секретаря Платона Васильича и еще раз пообещал разобрать дело по-божески, а потом представить его на усмотрение самому барину, который не обидит мужичков, и т. д.

Вечером этого же дня генерал послал за Родионом Антонычем, который и явился в генеральский флигель с замирающим сердцем. Генерал принял его сухо, даже строго. Наружность Родиона Антоныча произвела на него отталкивающее впечатление, хотя он старался подавить в себе это невольное чувство, желая отнестись к секретарю Горемыкина вполне беспристрастно.

— Не желаете ли вы дать некоторые объяснения по составлению уставной грамоты,— приступил генерал прямо к делу.— Я уже говорил с мужиками.

"Началось",— подумал Родион Антоныч, делая кислую гримасу.

— Я должен вам объяснить, что недоразумения, вызванные уставной грамотой, вызвали и настоящую поездку Евгения Константиныча на заводы. Он требует, чтобы это дело было покончено раз навсегда и чтобы на его имени не было ни одного пятна. Я должен предупредить вас, что вообще все это дело об уставной грамоте мне крайне не нравится. Чтобы не быть голословным, я объясню, почему. Во-первых, оно всегда могло быть кончено путем взаимных уступок, миролюбиво; затем, поведение кукарского заводоуправления вызвало недоверие и враждебное к себе отношение рабочих; наконец вся эта история слишком дорого стоит как рабочим, так и заводовладельцу. Надеюсь, что я выражаюсь достаточно ясно... А главное, чего я никак не могу себе объяснить,— кукарское заводоуправление точно поставило себе задачей постоянно раздражать рабочих и этим подготовляло те взаимные недоразумения, какие на официальном языке носят название

143

бунтов. С своей стороны я глубоко убежден, что ни вы, ни кто другой из участников в редакции уставной грамоты не давал себе отчета в той громадной ответственности, какую вы так самоуверенно,— чтобы не сказать больше,— возлагали на себя... Вероятно, вы слыхали, чем кончаются такие бунты? Несколько погубленных жизней, громадные материальные убытки для обеих сторон — и никому пользы... Это самый ложный и глубоко несправедливый путь, и я могу сказать вам от имени Евгения Константиныча, что он никогда и ничего подобного не желал, не желает и не может желать. В настоящем случае я буду действовать от его имени, со всеми полномочиями.

Такое грозное вступление не обещало ничего доброго, и Родион Антоныч совсем съежился, как человек, поставленный на барьер, прямо под дуло пистолета своего противника. Но вместе с тем у него мелькало сознание того, что он является козлом отпущения не за одни свои грехи. Последнее придавало ему силы и слабую надежду на возможность спасения.

— Ваше превосходительство! я, конечно, маленький человек... даже очень маленький,— заговорил дрогнувшим голосом Родион Антоны?,— и мог бы сложить с себя всякую ответственность по составлению уставной грамоты, так как она редактировалась вполне ответственными по своим полномочиям лицами, но я не хочу так делать, потому что, если что и делал, так всегда старался о пользе заводов... В этом вся моя вина, ваше высокопревосходительство. И я могу желать только одного: чтобы вы отнеслись вполне беспристрастно к делу. Вы желаете пользы заводам и должны убедиться, что рабочие ошибаются, предъявляя ни с чем несообразные требования.

Генерал внимательно слушал эту не совсем правильную речь и про себя удивился уму Родиона Антоныча, относительно которого он уже был предупрежден Ниной Леонтьевной, а также и относительно той роли, какую он играл у Раисы Павловны. Этот кукарский Ришелье начинал его интересовать, хотя генерал не мог преодолеть невольного предубеждения против него.

Игра втемную началась. Каждая сторона старалась сохранить за собой все выгодные стороны своей позиции, и генерал скоро почувствовал, что имеет дело с очень опытным и сильным противником, тем более что за ним стояла Раиса Павловна и отчасти Прейн. Из объяснений Родиона Антоныча он вынес на первый раз очень немного, потому что дело требовало рассмотрения массы документов, статистического материала и разных специальных сведений.

— Если позволите, я вам представлю по этому делу подробную докладную записку, ваше высокопревосходительство,— говорил Родион Антоныч.

— А это не затянет наших занятий? — спросил генерал, пытливо глядя на своего противника.

— Никак иет-с...— ответил Родион Антоныч, вынимая из бокового кармана своего сюртука довольно объемистую рукопись.— Я заранее приготовил ее, ваше превосходительство.

Перекинув несколько листов четко переписанной докладной записки, генерал сухо проговорил:

— Хорошо, мы еще увидимся с вами.

XIX

По исстари заведенному порядку заводовладелец давал официальный бал, на котором он обыкновенно знакомился со всем заводским обществом. Все приготовления к балу были кончены еще до приезда Лаптева; поэтому оставалось только назначить день, который и был выбран. Собственно, такие балы для слабой половины человеческого рода были единственным случаем, когда они имели возможность показать себя. Понятное дело, что главными действующими лицами здесь явились не жены и дочери мелких служащих, а представительницы заводского beau monde'a, более строгого и исключительного, чем всякий другой beau monde, что служит характеристической чертой провинциальных нравов вообще. В столичных центрах городская жизнь кипит ключом, разница общественного положения сглаживается, по крайней мере, в проявлениях чисто общественной жизни, а в провинции таких нивелирующих обстоятельств не полагается, и перегородки между общественными группами почти непроницаемы, что особенно чувствуется женщинами, живущими слишком замкнутой жизнью, подобно тому как размещаются в музеях и зверинцах животные разных классов и порядков.

Понятное дело, что такое выдающееся событие, как бал, подняло страшный переполох в женском заводском мирке, причем мы должны исключительно говорить только о представительницах beau monde'a, великодушно предоставивших всем другим женщинам изображать народ,— другими словами, только декорировать собой главных действующих лиц. Если представители мужского beau monde'a, по деловым своим сношеням, по необходимости, становятся в близкие отношения к рядовым заводским служащим, не отмеченным перстом провидения, и принимают их у себя дома, как своих людей, то этого нельзя сказать относительно женщин. Здесь малейшее преимущество, каждый лишний рубль в жалованье мужа создает непроходимые преграды. Если, например, Родион Антоныч и другие заслуженные дельцы являлись своими в управительском кружке и появлялись даже на завтраках Раисы Павловны, то жене Родиона Антоныча, как существу низшего порядка, нельзя было и думать о возможности разделять общественное положение мужа.

Бал вызвал на сцену, кроме уж известных нам дам и девиц, целую плеяду женских имен: m-me Вершинина, тонкая и чахоточная дама, пропитанная бонтонностью; m-me Сарматова с двумя дочерьми, очень бойкая особа из отряда полковых дам; m-me Буйко, ленивая и хитрая хохлушка, блиставшая необыкновенной полнотой плеч и черными глазами; m-me Дымцевич, из польских графинь, особа с гонором; m-me Кашина с дочерью, представлявшая собой исключение в этой типичной группе как завзятая раскольница, находившаяся в периоде перерождения на дворянскую ногу управительского мирка, и т. д. Весь этот рой женщин, существование которого было совсем незаметно в мирное время, теперь выступил во всеоружии своих женских желаний, надежд и домогательств. Они тоже имели право на самостоятельное существование и теперь заявляли это право в самой рельефной форме, то есть под видом новых платьев, дорогих кружев, бантов и тех дорогих безделушек, которые так красноречиво свидетельствуют о неизлечимом рабстве всех женщин вообще. Нужно ли говорить о том, какая борьба закипела на этом ограниченном поле сражения. М-me Дымцевич выписала себе специально платье для этого бала из Варшавы, m-me Буйко и m-me Тетюева ограничились Петербургом, m-me Вершинина — Москвою и т. д. Едва ли генералу Блинову были известны те сравнительные методы исследования, какие проявили кукарские дамы на изучение, распланировку и применение своих бальных костюмов. Никакой химик не достиг, вероятно, такой точности в своей работе, и величайшие математики позавидовали бы смелому полету воображения. Для философа оставался неразрешимым вопрос о том, для какой цели затрачивался такой громадный запас энергии, если в мировой системе не пропадает даром ни один атом материи, ни один штрих проявившейся тем или другим путем мировой силы... Зачем? куда? для чего? И все это с единственной целью покружиться несколько часов и унести с собой свои тряпицы, как уносит бабочка помятые крылья.

Между тем виновник этой суеты сует проводил время в обществе клевретов и приспешников самым загадочным образом, точно он серьезно подготовлялся к чему-нибудь решительному, набирая силы. Дело в том, что Прейн серьезно взялся за дело и повел его опытной рукой. У генерала было несколько серьезных разговоров с Евгением Константинычем, причем подробно обсуждались разные дела, а главным образом вопрос об уставной грамоте. Прейн принимал иногда участие в этих беседах и осторожно выводил линию Тетюева, то есть в этом случае соглашался с генералом, который, конечно, как и многие другие ученые мужи, совсем не подозревал, в какую игру он играет.

— Меня это дело начинает занимать,— говорил Лаптев.— И, как мне кажется, настоящий состав заводоуправления не вполне удовлетворяет необходимым требованиям... Как вы думаете, генерал?

— Я полагаю, что вам лучше всего будет выслушать мастеровых лично,— отвечал генерал,— это будет спокойнее и для них.

— И, кроме того, можно выслушать мнение других лиц, компетентных в этом деле,— прибавил Прейн.— По моему мнению, Евгений Константиныч, следует составить маленькую консультацию, с участием людей посторонних, близко знакомых с этим делом, но не заинтересованных в нем.

Лаптев с удивлением слушал Прейна, который, против своего обыкновения, сегодня говорил серьезно, что с ним случалось крайне редко, так что его повелитель имел полное право удивляться. Генерал тоже имел свои основания не понимать Прейна, хотя и знал его сравнительно еще очень недавно. Но, вероятно, всех больше удивился бы и даже пришел бы в священный ужас наш уважаемый Родион Антоныч, если бы имел удовольствие слышать настоящий разговор, когда Прейн выдавал Раису Павловну вместе с ее Ришелье прямо на растерзание "компетентных, но не заинтересованных в этом деле лиц".

— Что вы хотите этим сказать? — спросил Лаптев Прейна, обращаясь с ним на "вы", что можно было объяснить только его безграничным удивлением.

— Я уже сказал, что, по моему мнению, не дурно бы составить маленькую консультацию из специалистов,—

147

повторил Прейн.— А на помощь к ним можно будет пригласить в качестве нейтрального элемента председатели здешней земской управы господина Тетюева... Он, кстати, кажется, теперь живет на заводах.

— Что-то знакомая фамилия? — спрашивал Лаптев.— Я точно где-то ее слышал...

— О, конечно, слышали сотни раз! Отец настоящего Тетюева был вашим главным управляющим до Горемыкина.

— Да, да... Горемыкин мне нравится,— в раздумье проговорил Лаптев.— Конечно, он почти слеп и плохо слышит, но он, кажется, честный человек... Как вы полагаете, генерал?

— Относительно Платона Васильича или господина Тетюева?

— Относительно обоих.

— О господние Тетюеве ничего не могу вам сказать, кроме того, что могу положиться на рекомендацию Альфреда Осипыча, который более меня знаком с заводами. А что касается Платона Васильича, я не отрицаю, что это безусловно честный человек, но в таком громадном предприятии, как заводское дело, кроме честности, нужно много кое-чего другого, чего, как я начинаю думать, Платону Васильичу недостает... Я скажу прямо, Евгений Константиныч: Платон Васильич, как все добрые люди, позволяет себя водить за нос разным пройдохам и доморощенным дельцам и смотрит на дело из вторых рук. Так что мы отчасти обязаны ему затруднениями и хлопотами по составлению уставной грамоты.

— Я тоже согласен с мнением генерала,— присоединил свой голос Прейн.— Если бы заменить Платона Васильича кем-нибудь другим, заводы много выиграли бы от этого, и чем я окончательно начинаю убеждаться.

Преследуя свою цель, Прейн забежал вперед генерала и предупредил то, что тот хотел высказать только после известной подготовки.

Этот серьезный разговор как раз происходил перед самым балом, когда Евгений Константнныч, одетый, завитой и надушенный, был уже совсем готов показаться в приемных залах господского дома, где с подавленным шорохом гудела и переливалась цветочная живая человеческая масса. Перед самым выходом к гостям генерал конфиденциально сообщил Прейну, что Нине Леонтьевне что-то сегодня нездоровится.

— Ага! — проговорил Прейн, делая нетерпеливый жест плечами.

— Она едва ли покажется вечером и просила меня извиниться за нее.

Прейн улыбнулся про себя. Нина Леонтьевна больна, значит, Раиса Павловна будет на балу... "О женщины, женщины!.." Известие о болезни Нины Леонтьевны не особенно огорчило Евгения Константиныча, который желал теперь познакомиться с провинциальными красавицами.

Появление Лаптева на балу, где собралось публики до двухсот человек, вызвало подавленную тишину, которая охватила все залы разом. Едва успел Евгений Константиныч сделать несколько шагов, как его засыпали рекомендациями. Мужья церемониальным шагом подводили своих жен, рекомендовали их, улыбались с смущенным достоинством и ретировались, уступая место другим парам, жаждавшим чести представиться самому "подателю светов". Таким образом продефилировали четы Майзелей, Вершининых, Дымцевич, Буйко и т. д. Евгений Константиныч с утонченной вежливостью подавал свою руку дамам и по-французски повторял стереотипные приветственные фразы, удивляясь их свежести, красоте, молодости и другим достоинствам. Сиреневое платье m-me Дымцевич, гранатное m-me Вершининой, небесно-голубое шелковое m-me Майзель, цвета свежескошенного сена m-me Буйко и какого-то необыкновенного канареечного цвета m-me Сарматовой произвели свой эффект, переливаясь в глазах Евгения Константиныча всеми цветами солнечного спектра. Девицы явились в самых бледных тонах, как слабое отражение своих maman, или совсем в белых платьях. Чадолюбивые мамаши, конечно, постарались обнажить все, что допускали общественные приличия, но Евгений Константииыч на своем веку видел столько голых плеч и рук, что его трудно было удивить. Прейн улыбался, сыпал любезностями и все что-то отыскивал глазами в переливавшейся кругом толпе.

— Моя жена, Раиса Павловна...— послышался голос Платона Васильича, который должен был представиться первым, но, по своей рассеянности, попал в последние.

— Очень рад, очень рад...— бормотал Евгений Константииыч, любезно подавая руку Раисе Павловне, которая остроумно и непринужденно извинилась за свою болезнь.

Прейн критически оглядел Раису Павловну и остался его доволен. Вечером в своем платье "цвета медвежьего уха" она была тем, чем только может быть в счастливом случае женщина ее лет, то есть эффектна и прилична, даже чуть-чуть более. При вечернем освещении она много выигрывала своей статной фигурой и смелым типичным лицом с взбитыми белокурыми волосами.

— Могу пригласить вас на вальс? — говорил Евгений Константиныч, обязанный открыть танцы.

Полилась с хор музыка, и пары полетели одна за другой, смешавшись в цветочный вихрь, где людей из-за волновавшейся разноцветной материи трудно было различить. Приличные "почти молодые люди" отличались особенным усердием, работая ногами с изумительным искусством. Прейн отыскал m-lle Эмму и кружился с ней, нашептывая что-то ей на ухо. Аннинька танцевала с Братковским, совсем распустившись у него на руках, "как подкошенный цветок". Она не танцевала, а летала по воздуху, окрыленная чувством, и смотрела на своего улыбавшегося уверенной улыбкой кавалера глазами, полными неги.

— Теперь я могу вас познакомить с нашими красавицами,— говорила Раиса Павловна, когда Евгений Константиныч выводил ее из кружившейся толпы.

Раиса Павловна подвела своего кавалера к Наташе Шестеркиной и m-lle Канунниковой. Потом той же участи подверглись Аннинька и m-lle Эмма. По лицу Евгения Константиныча Раиса Павловна сразу заметила, что ее придворные красавицы не произвели на него никакого впечатления, хотя открытые плечи Наташи Шестеркиной могли выдержать самую строгую критику.

— Ах, чуть не забыла! я представлю вам еще одну молоденькую барышню,— спохватилась Раиса Павловна, проталкиваясь с своим кавалером в следующую комнату, где на голубом шелковом диванчике сидела Луша в обществе Кормилицына.

— Вот. Гликерия Витальевна...— равнодушно проговорила Раиса Павловна, чувствуя, что у ней за плечами улыбается довольной улыбкой Прейн.

Луша поднялась с своего диванчика и неловко подала руку Евгению Константинычу, который неподвижно, с застывшей улыбкой на губах, смотрел на ее белое кисейное платье, на скромно открытые плечи, на несложившиеся руки с розовыми локтями, на маленькую розу, заколотую в темной волне русых волос. Девушка была хороша, она сознавала и чувствовала это и спокойно перенесла бесцеремонный, усталый взгляд. Ее молодое лицо было серьезно и тихо освещалось уверенным взглядом ее прекрасных карих глаз. Прейн, прищурившись тоже смотрел на нее, как смотрели другие, и под этим перекрестным огнем удивленных взглядов она оставалась такой же спокойной и уверенной в себе, как в первый момент. Раиса Павловна задыхалась от волнения, чувствуя, как вся кровь хлынула ей в голову: этот момент был самым решительным, и она ненавидела теперь Прейна за его нахальную улыбку, за прищуренные глаза, за гнилые зубы.

Евгений Константиныч пригласил Лушу на первую кадриль и, поставив стул, поместился около голубого диванчика. Сотни любопытных глаз следили за этой маленькой сценой, и в сотне женских сердец закипала та зависть, которая не знает пощады. Мимо прошла m-me Майзель под руку с Летучим, потом величественно проплыла m-me Дымцевич в своем варшавском платье. Дамы окидывали Лушу полупрезрительным взглядом и отпускали относительно Раисы Павловны те специальные фразы, которые жалят, как укол отравленной стрелы.

— Ничего, вы хорошо ведете свои дела! — говорил Прейн, когда Раиса Павловна шла с ним под руку.

— Не понимаю.

— А я отлично понимаю! Чертовски красивая девочка, и я только могу удивляться, где вы могли отыскать такую.

— Еще раз не понимаю вас,— сухо ответила Раиса Павловна по-французски.— Чему вы улыбаетесь?

Прейн ничего не ответил, а только чмокнул губами. Раиса Павловна окончательно возненавидела этого человека, который совсем не хотел и не мог ее понять.

— А мы вас сегодня решили сменить,— с улыбкой заметил Прейн.— Только еще не решили, кого выбрать на место Платона Васильича. Генерал уважает его как честного человека, но что-то имеет против него...

— Это старая новость.

— Да? Я с своей стороны предложил пригласить Тетюева в качестве консультанта.

— Вы с ума сошли, Прейн?!.

— О, совсем напротив... Я иду прямо к цели. Ага! посмотрите, как Евгений Константиныч идет на вашу удочку!

В это время мимо них прошел Лаптев; он вел Лушу, отыскивая место для кадрили. Девушка шла сквозь строй косых и завистливых взглядов с гордой улыбкой на губах.

Раиса Павловна опять испытывала странное волнение и боялась взглянуть на свою любимицу; по восклицанию Прейна она еще раз убедилась в начинавшемся торжестве Луши.

— Что с вами? — удивился Прейн, взглянув на побледневшее лицо своей дамы.

— Так... пройдет. Вы не поймете меня...

— Тайна? — насмешливо спросил Прейн.

— Да... для вас.

Раиса Павловна издали все время старалась наблюдать за Лушей, пока шла первая кадриль. Танцевала Луша безукоризненно, с какой-то строгой грацией.

— На следующую кадриль я могу вас пригласить? — спрашивал Евгений Константиныч свою даму.

— Нет... Я танцую с доктором.

— А следующую за этой следующей?

— Хорошо.

Лаптев передал Лушу на руки Раисы Павловны, и они втроем болтали с полчаса на том же голубом диванчике, где Луша сидела с доктором. Лаптев заметно оживился, и на его дряблых щеках показался слабый румянец; он говорил комплименты, острил и постоянно обращался к Раисе Павловне, как к третейскому судье. Раиса Павловна пустила в ход все свои знания светской жизни, чтобы сделать незаметным то расстояние, которое разделяло Лушу от подержанного молодого магната. При ее помощи Луша могла показаться с своей лучшей стороны и отвечала на любезности своего кавалера с остроумной находчивостью.

— Знаете, Гликерия Витальевна, что я подумал, когда в первый раз увидел вас? — говорил Лаптев дружеским тоном.— Угадайте!

— Очень просто. Вы думали: какие эти провинциальные девицы скучные, не отличишь одну от другой.

— Ах, нет... Я подумал, что можно ли быть красивой так... так бессовестно!.. Ведь это несправедливо со стороны природы — наделить одну всеми дарами в ущерб остальным...

— Вы не обидитесь, Евгений Константиныч, если я скажу одну маленькую правду? — с лукавой улыбкой спросила Луша.

— Нет... Я никогда не мог бы рассердиться на вас.

— Зачем вы говорите со мной в таком тоне, как говорят пехотные офицеры, когда хотят рассмешить провинциальную барышню...

— О, вот вы какая злая!..— засмеялся Лаптев.

Раиса Павловна незаметно удалилась, предоставив молодых людей самим себе. Теперь она была уверена за Лушу. А Луша в это время с оживлением рассказывала, с каким нетерпением все ждали приезда заводовладельца, и представила в самом комическом свете его въезд в господский дом.

— Вы не знаете, кто стоял тогда во втором этаже господского дома, второе окно слева? — спрашивал Лаптев.— О, я тогда же заметил вас... Ведь это были вы? Да?

Луша засмеялась и замолчала. Лаптев заложил ногу за

ногу, начал жаловаться на одолевавшую его скуку, на глупые дела, с которыми к нему пристает генерал каждый день, и кончил уверением, что непременно уехал бы завтра же в Петербург, если бы не сегодняшняя встреча.

— Я опять начинаю говорить, как пехотный офицер,— смеялся Лаптев.— Но меня делает глупым неожиданное счастье.

— Слишком большое счастье вообще опасно; поэтому мне ничего не остается, как только оставить вас, Евгений Константиныч. Вон мой кавалер меня отыскивает.

— Доктор?

— Да.

— Вы позволите мне ему позавидовать? Он, кажется, пользуется особенными преимуществами...

— Да. Доктор — мой жених.

Лаптев с ленивой улыбкой посмотрел на подходившего Яшу Кормилицына и долго провожал Лушу глазами, пока она не скрылась в толпе, опираясь на руку своего кавалера.

— Каков бесенок? — спрашивал по-английски точно вынырнувший из-под земли Прейн.

— Странно, что она совсем не походит на других,— заметил Лаптев, зевая.

— Это воспитанница Раисы Павловны,— объяснил Прейн, засовывая руки в карманы.

— А вы не знаете, кто эта девушка?

— Гликерия Витальевна?

— Да. Дьявольски мудреное имя, нужно язык переломить пополам, чтобы выговорить его. Кто она такая?

— Дочь инспектора школ... Товарищ генерала по университету, по фамилии Прозоров.

— Ага!

Раиса Павловна не упускала Лаптева из вида все время, пока он разговаривал с Прейном. Она заметила, как m-me Дымцевич несколько раз прошла мимо них, волоча свой шелковый трен; потом то же самое проделали — m-me Майзель и m-me Вершинина. Ясное дело, что они добивались приглашения Евгения Константиновича и не получили его. "Этакие дурищи!" — со злостью думала Раиса Павловна, меряя своих врагов с ног до головы. Она торжествовала, упоенная успехом своей Луши, и не замечала, как Аннинька совсем прильнула к Братковскому, а m-lle Эмма слишком долго разговаривала в темном уголке с Перекрестовым.

Бал кипел. В комнатах подальше толпились мелкие служащие, наблюдавшие Лаптева только издали. Некоторые

153

для смелости успели подвыпить, и женам стоило большого труда удержать их на месте, подальше от управителей. Мимо Раисы Павловны прошли Майзель и Вершинин и злобно посмотрели на нее, потом торопливо пробежал Родион Антоныч, походивший в своей черной паре на хомяка. Он издали раскланялся с Раисой Павловной и молча указал глазами на Лаптева, который отыскивал Лушу. Да, это была крупная победа, и Раиса Павловна не могла удержаться, чтобы не подумать: "А, господа, что, взяли!.."

— Царица Раиса... несравненная из несравненных! — послышался около нее разбитый голос Прозорова, заставивший ее вздрогнуть.

— А вы как сюда попали? — сухо спросила его Раиса Павловна, не подавая руки.— И уж, кажется, готов... Господи! как от вас водкой разит.

— Это только одна внешность, царица Раиса! — бормотал Прозоров заплетавшимся языком.— А душа у меня чище в миллион раз, чем... Видели генерала Мирона? Ха-ха... Мы с ним того... побеседовали... Да-а!.. А где Луша?

— Она с доктором танцует.

— Ну, пусть ее срывает цветы удовольствия в свою долю... Яшка — славный парень... Царица Раиса! а мы с вами не пустимся в кадриль?

— Нет, благодарю вас... Наша кадриль давно протанцована. Ах, уйдите, пожалуйста! Сюда идет Евгений Константиныч...

Родион Антоныч заметил осадное положение Раисы Павловны и поспешил к ней на выручку. Он подхватил Прозорова под руку и потащил его в буфет.

— Родька, ведь ты настоящий Иуда Искариотский! — бормотал Прозоров.— И, наверно, тридцать сребреников в кармане у тебя шевелятся... Ведь шевелятся? Постой, это с кем Лаптев идет... Ведь это моя Лукреция!.. Постой, Иуда, я ее уведу домой... Раиса Павловна сказала, что она танцует с Яшкой.

Родион Антоныч загородил дорогу порывавшемуся вперед Прозорову и, мягко обхватив его в свои объятия, увлек к буфету. Прозоров не сопротивлялся и только махнул рукой. В буфете теперь были налицо почти все заговорщики, за исключением доктора и Тетюева. Майзель, выпячивая грудь и внимательно рассматривая рюмку с каким-то мудреным ликером, несколько раз встряхивал своей коротко остриженной седой головой.

— Я говорил, что нужно действовать быстро и решительно,— говорил Майзелю подвыпивший Сарматов.— Вот теперь и пеняйте на себя, что тогда меня не послушались...

— Ничего вы не говорили,— обрезал его сердито Вершинин.— Это у вас воображение разыгралось. Действительно, нам следовало предупредить Раису Павловну, но она оказалась значительно нас всех умнее...

— Погодите еще, гусей по осени считают! — процедил Майзель.

— Если нас принять за гусей, то можно сосчитать и теперь,— говорил Сарматов.— Я говорил, не хотели меня слушать.

Появившийся Прозоров нарушил эту интимную беседу. На него покосились, а Сарматов, схватив за руку, начал поздравлять с "милостью".

— Что-то плохо понимаю...— бормотал озабоченный Прозоров, но потом спохватился и побледнел как полотно.

— Лукерья Витальевна протанцевала уже две кадрили с Евгением Константинычем,— пояснил Сарматов, подмигивая Вершинину, и многозначительно прибавил: — А знаете, чем дело пахнет, когда сразу протанцуют три кадрили?

Прозоров взглянул на Сарматова какими-то мутными осоловелыми глазами и даже открыл искривившийся рот, чтобы что-то ответить, но в это время благодетельная рука Родиона Антоныча увлекла его к столику, где уже стоял графин с водкой. Искушение было слишком сильно, и Прозоров, махнув рукой в сторону Сарматова, поместился за столом, рядом с Иудой.

— Ну, иудейская закваска, наливай! — ласково шептал Прозоров, улыбаясь блаженной улыбкой.— Вот у меня какой характер: знаю, что ты из подлецов подлец, а не могу тебе отказать...

— Ах, какие вы слова говорите! — с ужасом шептал Родион Антоныч, оглядываясь по сторонам на разговаривавшие кучки служащих.

— Слова... Да, слова говорю...— в раздумье говорил Прозоров, хлопая две рюмки водки.— Тебя царица Раиса приставила ко мне? Ну, не отпирайся... Она боится меня! Тебе, Иуда, никогда этого не понять...

— А я вам скажу одно, Виталий Кузьмич,— вкрадчиво шептал Сахаров, тоже вкушая единую от трудов праведных,— какая голова у вас, Виталий Кузьмич! Ах, какая голова!.. Если бы к этой голове да другой язык — цены бы вам не было...

— Так, змий-искуситель, так! язык мой — враг мой. Постой, что я тебе скажу... Ах, да... три кадрили...

Выпив рюмку, Прозоров впал в ожесточенное настроение,

поправил лихорадочно свои волосы и опять направился было к разговаривавшим управителям.

— Виталий Кузьмич! Виталий Кузьмич!..— шептал Сахаров, удерживая Прозорова за рукав.— Это дело нужно оставить... Ей-богу, так: оставить. Выпьемте лучше по рюмочке...

— Нет, я им покажу третью кадриль! — горячился Прозоров, пошатываясь на месте.— Эта артиллерийская лошадь добивается хлыста...

— Охота вам руки марать о таких людей, Виталий Кузьмич!

Эта выходка рассмешила Прозорова, и он несколько мгновений пытливо смотрел на своего дядьку.

— Я так полагаю, что умный человек прежде всего должен уважать себя,— продолжал Сахаров.— Особенно человек с высшим образованием... Я вам по совести говорю!

— А ведь у тебя ума палата, Родька! Право... Разбирая строго логически, это не ум, а хитрость, но если хитрость делается дьявольской, тогда ее можно назвать даже умом.

— Какой уж у нас ум, Виталий Кузьмич! Так, бродим в потемках — вот и весь наш ум. Если бы вот высшее образование, тогда другое дело...

Генерал Блинов присутствовал на бале, хотя и не принимал никакого участия в общем веселье, потому что был слишком занят своими собственными мыслями, которые были взбудоражены мужицкой бумагой. Он все время разговаривал с Платоном Васильичем, который среди этой кружившейся легкомысленной толпы чувствовал себя совсем чужим человеком. Поместившись в уголке, эти люди не от мира сего толковали о самых скучнейших материях для непосвященного: о пошлинах на привозной из-за границы чугун, о конкуренции заграничных машинных фабрикантов, о той всесильной партии великих в заводском мире фирм с иностранными фамилиями, которые образовали государство в государстве и в силу привилегий, стоявших на стороне иностранных капиталов, давили железной рукой хромавшую на обе ноги русскую промышленность. Платон Васильич понимал все это дело, и генерал с удовольствием слушал, что он вполне разделяет его взгляды, хотя не мог помириться с Горемыкиным как с главным управляющим Кукарских заводов.

— Наша задача — выбить эти фирмы из их позиции,— глубокомысленно говорил генерал.— Мы устроим ряд специальных съездов в обеих столицах, где представители русской промышленности могут обсудить свои интересы и выработать программу совместного действия. Нужно будет произвести известное давление на министерства и повести отчаянную борьбу за свое существование.

К ним подсел Перекрестов и. вслушавшись в разговор, поспешил, конечно, выразить свое полное сочувствие этим планам и даже предложил свою посильную помощь, насколько он мог быть полезен в качестве представителя русской прессы, задачи которой, и т. д. Генерал заговорил о наших технических выставках, которые служили яркой иллюстрацией того печального положения русских заводов, которое создалось под влиянием сильной иностранной конкуренции. Необходимы были крутые меры и энергический отпор со стороны сплоченной массы русских заводчиков, чтобы вырвать зло с корнем. Все эти машиностроительные заводы из иностранного чугуна, все фабрики иностранных фирм и их склады должны исчезнуть сами собой, вместе с теми субсидиями и гарантиями, какими в настоящую минуту они пользуются от русского правительства.

— Я далек от мысли осуждать промышленную политику правительства вообще,— говорил генерал, разглаживая усы.— Вообще я друг порядка и крепкой власти. Но вместе с тем интересы русской промышленности, загнанные иностранными капиталами в дальний угол, заставляют нас принять свои меры. Кэри говорит прямо...

Перекрестов соглашался, кивал головой и даже вытащил из кармана написанную корреспонденцию с Урала, в которой он вполне разделял взгляды генерала. Русская пресса слишком ценит интересы русского горного дела, чтобы не поднять своего голоса в их защиту. Генерал считал Перекрестова пустым малым вообще, но в этом случае вполне одобрял его, потому что, как хотите, а даже и русская пресса — сила. Он даже пообещал Перекрестову посвятить его в свои планы самым подробным образом, документально, как выразился генерал; Платон Васильич тоже обещал содействовать представителю русской прессы.

— Мы должны высоко держать знамя русских интересов! — патетически восклицал Перекрестов своим гнусавым голосом.

Можно было бы представить себе изумление этих двух простецов, если бы они знали, что Перекрестов — замаскированный агент тех иностранных фирм, в поход против которых собирался генерал Блинов вместе с своим излюбленным Кэри. Иностранное золото гоняло продажного корреспондента по всему свету, а теперь его миссия заключалась в том, чтобы проникнуть в планы генерала Блинова, поездка которого на Урал серьезно беспокоила немецких, французских и английских коммерсантов, снабжавших Россию железными изделиями. Теперь Перекрестов с удовольствием потирал руки, обдумывая трескучий фельетон в духе генерала, и в то же время он продавал этого генерала своим патронам. Обыкновенно думают, что беспардонные люди, вроде Перекрестова, только смешны — не больше, но это одно из общих печальных заблуждений: из таких маленьких пакостей складывается иногда громадное зло. Кроме разведки по части планов генерала Блинова, Перекрестов еще имел специальное поручение объехать весь Урал, чтобы навести справки о проектируемой здесь сети железных дорог, чтобы вперед обеспечить сбыт вагонов, локомотивов и рельсов иностранного дела. Собранный этим путем материал потом пройдет через горнило передних, черных ходов и тех "узких врат", которыми входят в царство гешефтов князья и короли русской промышленности.

Раиса Павловна, может быть, одна из всех несколько понимала предательскую натуру Перекрестова и подозрительно следила за ним все время. Ее женский инстинкт досказал то, чего не мог проникнуть генерал с своими широкими финансовыми планами и всей эрудицией. Она пыталась подслушать этот интимный разговор, но Перекрестов уже заметил ее и не поддавался в ловушку. Он хорошо знал, что значат некоторые дамы в деловых сферах, и поэтому побаивался Раисы Павловны, о которой собрал необходимые сведения еще в Петербурге.

А музыка лилась; "почти молодые люди" продолжали работать ногами с полным самоотвержением; чтобы оживить бал, Раиса Павловна в сопровождении Прейна переходила от группы к группе, поощряла молодых людей, шутила с своей обычной откровенностью с молодыми девушками; в одном месте она попала в самую веселую компанию, где все чувствовали себя необыкновенно весело,— это были две беззаботно болтавшие парочки: Аннинька с Братковским и Летучий с m-lle Эммой. Последний был сегодня особенно в ударе и выгружал неистощимый запас самых пикантных анекдотов, заставлявших "галок" хихикать, краснеть и даже закрываться. Это было "немного слишком", но Раиса Павловна смотрела сегодня на все сквозь пальцы, наблюдая только одну Лушу. Она гордилась своим созданием и вынашивала теперь в своей душе самый отчаянный и несбыточный план, который испугал бы даже Прейна, если бы он мог подслушать истинный ход мыслей своей дамы.

— Бал удался...— подчеркивая слова, говорил Прейн.— Вы не можете на него пожаловаться, Раиса Павловна.

— Увидим.

— Посмотрите, какой фурор производит ваша Прозорова... Если бы я был моложе на десять лет, я не поручился бы за себя.

Раиса Павловна начала расспрашивать его о Гортензии Братковской, но Прейн так неловко принялся лгать, что дальнейший разговор продолжать в том же тоне было совершенно излишне.

Бал кончился только к четырем часам утра, когда было уже совсем светло и во все окна радостно смотрело поднимавшееся июньское солнце. Измученная публика потянулась к выходу, унося в душе смутное впечатление недавней суеты. Свечи догорали в люстрах и канделябрах, на полу валялись смятые бумажки от конфет и апельсинные корки, музыканты нагружались в буфете, братаясь с запоздалыми подкутившими субъектами, ни за что не хотевшими уходить домой. Из всей публики осталось только избранное общество, которое получило приглашение к ужину. Дамы были бледны и смотрели усталыми, покрасневшими глазами; смятые платья и разбившиеся прически дополняли картину. Женщины походили на толпу мух, побывавших в меду и запачкавших крылья. Легкомысленная молодость еще продолжала улыбаться, не отдавая себе отчета в происходившем кругом и жалея только о том, что балы не продолжаются вечно. Зато чадолюбивые мамаши сейчас же подвели итоги всему: "галки" остались незамеченными, Канунникова и Шестеркина тоже, Луша вела себя непозволительно и бессовестно вешалась сама на шею Евгению Константинычу, который танцевал, кроме нее, только с m-me Дымцевич и m-me Сарматовой. Когда у Луши в руках появился букет из чайных роз, негодование дам перешло все границы, и они прямо поворачивались к ней спинами. Раиса Павловна торжествовала, переживая лихорадочное состояние. Она ходила теперь по залам под руку с Лушей, поправляла ей волосы и платье и потихоньку несколько раз поцеловала ее. Сама Луша выглядела усталой, щеки у нее побледнели, но прекрасные глаза смотрели мягким, удовлетворенным взглядом. Раиса Павловна крепко прижимала ее маленькую руку к себе, чувствуя, как из вчерашней девочки возрождается чарующая красавица.

Ужин прошел весело. Сарматов и Летучий наперерыв рассказывали самые смешные истории. Евгений Константиныч улыбался и сам рассказал два анекдота; он не спускал глаз с Луши, которая несколько раз загоралась горячим румянцем под этим пристальным взглядом. М-г Чарльз прислуживал дамам с неизмеримым достоинством, как умеют служить только слуги хорошей английской школы. Перед дамами стояли на столе свежие букеты.

Раиса Павловна была сегодня хозяйкой и вела себя с тактом великосветской женщины; она умела поддержать разговор и несколько раз очень ядовито прошлась насчет "почти молодых людей".

— Ну, что, мой ангел? — спрашивала Раиса Павловна свою любимицу, когда ужин кончился.— Весело тебе было, моя крошка?

— Сначала было весело...— уклончиво ответила Луша, лениво потягиваясь.

Этот ответ заставил улыбнуться опытную Раису Павловну: "мой ангел" хотел быть счастливым один... Желание настолько законное, против которого трудно было что-нибудь возразить.

XX

Через несколько дней после бала Евгений Константиныч сделал визит Раисе Павловне и Майзелю. Это было выдающееся событие, которое толковалось умудренными во внутренней политике людьми различно. Партия Тетюева была крайне недовольна сближением Евгения Константиныча с Раисой Павловной; от такого знакомства можно было ожидать всего, тем более что тут замешалась Луша. В действительности визит Лаптева к Раисе Павловне был самого невинного свойства, и она приняла его даже несколько холодно.

— А где эта... эта ваша родственница? — спрашивал Лаптев, когда по правилам вежливости ему оставалось только уйти.

— Какая родственница? — удивилась Раиса Павловна.— Аннинька?

— Нет, не то... Еще такое длинное имя.

— Mademoiselle Эмма?

— Ах, не то.

— Наташа Шестеркина? Канунникова?

— Нет.

Прейн улыбнулся про себя, но предоставил своего высокого покровителя в жертву своему коварному другу.

— Ах, да...— равнодушно припоминала Раиса Павловна.— Вы хотите сказать о Гликерии Виталиевне?

— Да, да. Именно про нее: Гликерия... Гликерия...

— Она немножко больна, Евгений Константиныч. Бал расстроил ее нервы... Ведь она еще совсем девочка, недавно ходила в коротеньких платьицах.

— Отец у ней, кажется, служит на заводах?

— Да. Он тоже не совсем здоров...

Этим разговор и кончился. После Лаптева на Раису Павловну посыпались визиты остальных приспешников: явились Перекрестов с Летучим, за ними сам генерал Блинов. Со всеми Раиса Павловна обошлась очень любезно, памятуя турецкую пословицу, что один враг сделает больше зла, чем сто друзей добра.

После Раисы Павловны и Майзеля Евгений Константиныч отправился в генеральский флигелек навестить больную Нину Леонтьевну. Эта последняя приняла его очень радушно и засыпала остроумным разговором, причем успела очень ядовито пройтись относительно всего кукарского общества. Евгений Константиныч слушал ее с ленивой улыбкой и находил, что болезнь не отразилась на ее умственных способностях в дурную сторону, а даже напротив, как будто еще обострила этот злой мозг.

— Я убежден,— говорил Прейн, когда они возвращались из флигелька,— я убежден, что у этой бабы, как у змеи, непременно есть где-нибудь ядовитая железка. И если бы у ней не были вставные зубы, я голову готов прозакладывать, что она в состоянии кусаться, как змея.

— Но змея очень остроумная,— прибавил Евгений Константиныч, припоминая выходки остроумного урода.

— Да, да...

Сарматов лез из кожи, чтобы угостить набоба любительскими спектаклями и делал по две репетиции в день. С артистами он обращался, как с преступниками, но претензий на директора театра не полагалось, потому что народ был все подневольный, больше из мелких служащих, а женский персонал готов был перенести даже побои, чтобы только быть отмеченным из среды других женщин в глазах всесильного набоба. Особенно доставалось Наташе Шестеркиной с ее наливными плечами; Сарматов обращался с ней, как с пожарной лошадью, так что это наивное создание даже плакало за кулисами.

— Пожалуйста, уберите коленки, Наталья Ефимовна! — кричал Сарматов на весь театр, представлявший собой большую казарму, в которой раньше держали пожарные машины.— Можно подумать, что у вас под юбками дрова, а не ноги...

Эта Наташа Шестеркина была очень симпатичная и миловидная девушка, хотя немножко и простоватая. Свежее лицо с завидным румянцем и ласковыми серыми глазами манило своей девичьей красой; тяжелая русая коса и точно вылепленные из алебастра плечи могли нагнать тоску на любого молодца, конечно, не из разряда "почти молодых людей", предпочитающих немного тронувшийся товар. Канунникова тоже была красивая девушка, только в другом роде. Такие типы встречаются в старых раскольничьих семьях. Высокая, с могучей грудью и серьезным лицом, она в русском сарафане была замечательно эффектна, хотя густые соболиные брови и строго сложенные полные губы придавали ей немного сердитый вид. Какая сила выдвинула этих русских красавиц на грязные театральные подмостки, где над ними ломался какой-нибудь прощелыга Сарматов? Имя этой силе — тщеславие... Раиса Павловна отлично умела пользоваться этой человеческой слабостью в своих целях и теперь с свойственным ей бессердечием подвергла двух юниц тяжелому испытанию.

После кровавой битвы с артистами и репертуаром Сарматов, наконец, поставил "Свадьбу Кречинского". В этой пьесе он сам играл Расплюева, и, нужно отдать ему справедливость, играл хорошо, а роль Кречинского обязательно взял на себя Перекрестов. Вместо водевиля шла "Русская свадьба". В день спектакля зала театра, конечно, была битком набита. Набоб заставил себя подождать, и скептики уже начинали уверять, что он уехал на охоту, но были опровергнуты появлением Евгения Константиныча во фраке и белом галстуке. Во время спектакля он внимательно осматривал зрителей, отыскивая кого-то глазами.

— Раисы Павловны, кажется, нет? — спросил он наконец Прейна.

— Нет... Она немного больна,— ответил Прейн,— Нина Леонтьевна здесь.

Лаптев не досидел до конца спектакля и, послав Наташе Шестеркиной за ее плечи букет, уехал домой.

На следующем спектакле, когда шла "Бедность не порок", Раиса Павловна присутствовала, а Нина Леонтьевна была больна. Даже Евгений Константиныч не мог не заметить такого странного совпадения и спросил Раису Павловну:

— Меня несколько удивляет ваше здоровье, Раиса Павловна. Не отражается ли его состояние на других особах?

— Что вы хотите этим сказать, Евгений Константиныч? — вспыхнула Раиса Павловна, не понимая вопроса.

— О, успокойтесь... Я не имел в виду тех особ, которые поправляются, а тех, которые постоянно больны.

— Труднобольные, вероятно, найдут себе помощь в докторских советах... Я тут решительно ни при чем.

Этот ответ заставил Прейна улыбнуться.

— Вы очень зло отвечаете,— проговорил Лаптев после короткой паузы.— Я всегда уважаю докторов, за исключением тех случаев, когда они выходят из пределов своей специальности. Впрочем, в данном случае докторские советы должны принести двойную пользу, и мне остается только пожалеть, что я совершенный профан в медицине.

Разговор шел по-французски, и любопытные уши m-me Майзель не могли уловить его, тем более что эта почтенная матрона на русско-немецкой подкладке говорила сама по-французски так же плохо, как неподкованная лошадь ходит по льду. Но имя доктора она успела поймать и отыскала главами Яшу Кормилицына, который сидел в шестом ряду; этот простец теперь растворялся в море блаженства, как соль растворяется в воде, потому что Луша, которая еще так недавно его гнала, особенно после несчастного эпизода с "маринованной глистой", теперь относилась к нему с особенным вниманием. Доктор каждый день бывал в Прозоровском флигельке и проводил там по нескольку часов. Он натащил туда своих любимых книжек и читал Луше тонким тенориком. Луша обыкновенно слушала его очень внимательно и только раз прервала эти занятия вопросом:

— А вы не знаете английского языка, Яков Яковлич?

Яков Яковлич с грехом пополам читал английские книжки, но не владел секретом английского произношения. Он только мог удивляться, зачем Луше понадобился английский язык. На душе у доктора лежало камнем одно обстоятельство, которое являлось тучкой на его небе,— это проклятый заговор, в котором он участвовал. По всей вероятности, он откровенно исповедался бы во всем Луше, но его удерживало то, что тут была замешана Раиса Павловна, которая распоряжалась Лушей, как завоеванной провинцией. Несколько раз доктор думал совсем отказаться от взятой на себя роли, тем более что во всем этом деле ему было в чужом пиру похмелье; он даже раза два заходил к Майзелю с целью покончить все одним ударом, но, как все бесхарактерные люди, терялся и откладывал тяжелое объяснение до следующего дня. Заговорщики, по настоянию Майзеля, должны были спешить

163

протестом, но любительские спектакли мешали выбрать подходящий момент. Крайний срок был назначен после второго спектакля, и теперь Яша Кормилицын, сидя в шестом ряду, испытывал неприятные мучения совести, особенно когда в антрактах встречался с Раисой Павловной. Он в сотый раз начинал рассуждать на тему, зачем ои согласился произнести протест перед Лаптевым, и в сотый раз находил, что поступил очень глупо.

На другой день после второго спектакля, рано утром, доктор получил записку от Майзеля с приглашением явиться к нему в дом; в post scriptum'e[20] стояла знаменательная фраза: "по очень важному делу". Бедный Яша Кормилицын думал сказаться больным или убежать куда-нибудь, но, как нарочно, не было под руками даже ни одного труднобольного. Скрепя сердце и натянув залежавшийся фрачишко, доктор отправился к Майзелю. Заговорщики были в сборе, кроме Тетюева.

— Господа, я, право, не знаю, сумею ли я...— начал было доктор, но его протест был заглушён взрывом общего негодования.

— По-ря-доч-ные ллюди так не ппо-сту-на-ют...— цедил Майзель, подступая к самому носу доктора.— Вы хо-ти-те продать нас или уже про-да-ли?..

— Я знаю причину, почему доктор изменяет нам,— заявил Сарматов, находившийся в самом игривом настроении духа.— Выражаясь фигурально, на его уста положила печать молчания маленькая ручка прекрасной юной волшебницы.

Это фигуральное выражение довело общее негодование до последних границ, и доктору ничего не оставалось, как только покрыть свой грех самым строгим исполнением долга.

В час дня, когда просыпался Евгений Константиныч, заговорщики уже были в приемных комнатах господского дома, во фраках, с вытянутыми лицами и меланхолически-задумчивым выражением в глазах. Особенно хорош был Майзель. Раздувая грудь, как турман, он в последний раз делал внушения доктору, который теперь должен действовать во имя заводов и пятидесятитысячного заводского населения. Вершинин и Сарматов принужденно улыбались, глядя на вялую, точно выжатую фигуру доктора, который глупо хлопал глазами. Дымцевич, как всегда, ощипывался, как воробей перед дождем, а Буйко глухо кашлял. Когда лакей заявил, что Евгений Константиныч встали и принимают, Яша Кормилицын сделал инстинктивное движение к выходным

---

[20] приписке (лат.).

дверям, но его схватила железная рука Майзеля и втолкнула в кабинет набоба. Общее изумление на мгновение всех заставило оцепенеть, когда в кабинете Евгения Константиныча, кроме самого хозяина и Прейна, заговорщики увидали... Прозорова. Да, это был сам Виталий Кузьмич, успевший каким-то чудом протрезвиться и теперь весело рассказывавший набобу что-то, вероятно, очень остроумное, потому что Евгений Константиныч улыбался. Как попал Прозоров в кабинет набоба и вдобавок попал в такое время дня, когда к Евгению Константинычу имели доступ только самые близкие люди или люди по особенно важным делам,— все это являлось загадкой. В глубине кабинета стоял m-r Чарльз, неумолимый и недоступный, как сама судьба; из-под письменного стола выставилась атласная голова Brunehaut, которая слегка заворчала на заговорщиков и даже оскалила свои ослепительно-белые зубы.

Кабинет Евгения Константиныча был меблирован почти бедно: письменный стол черного дерева, такой же диван, два кресла, кушетка, шкаф с бумагами и несколько стульев стоили всего пятьдесят тысяч. Прибавьте к этому макартовскую голую красавицу на стене, великолепную шкуру белого медведя на полу и несколько безделушек на письменном столе — вот и все. Это была временная обстановка, потому что набоб жил, по выражению Прейна, на биваках. Для человека, имевшего пятьсот тысяч годового дохода, такой кабинет граничил с приличной бедностью.

— Чем обязан вашему посещению, господа? — спрашивал Лаптев, поднимаясь навстречу гостям.

Прейн, заложив руки в карманы, едва заметно улыбался, покуривая короткую венскую трубочку. Он знал о заговоре через Майзеля и сам назначил день, когда сделать нападение на набоба.

Доктор, подтолкнутый Майзелем, начал свою выученную заранее речь, стараясь не смотреть в сторону Прозорова. В маленьком вступлении он упомянул о тех хороших чувствах, которые послужили мотивом настоящего визита, а затем перешел к самой сущности дела, то есть к коллективному протесту против диктатуры Горемыкина, который губит заводское дело и т. д. Евгений Константиныч слушал эту длинную речь очень рассеянно и все время занимался рассматриванием тощей фигуры доктора, его серо-зеленого лица и длинных, точно перевязанных узлами рук. Прозоров несколько раз улыбнулся и взъерошил себе волосы, а когда доктор кончил, он подумал про себя: "Чистый ты дурак, Яшка!"

165

— Как мне понять ваше заявление?— спрашивал Евгений Константиныч, обращаясь к оратору.— Как наше личное мнение или как мнение большинства?

— Это наш общий протест,— разом заявили Майзель и Сарматов.

— Хорошо. Я на днях буду иметь объяснение с делегатами от заводских мастеровых, тогда приму во внимание и ваш протест. Пока могу сказать только то, что изложенные вами чувства и доводы совпадают с моими мыслями. Нужно сказать, что я недоволен настоящими заводскими порядками, и генерал тоже, кажется, разделяет это недовольство. Господа, что же это вы стоите? Садитесь...

Но господа наотрез отказались от такой чести и гурьбой пятились к двери.

— Ах, я чуть не забыл....— спохватился Лаптев, делая порывистое движение рукой.— Вот, по мысли Прейна, мы думаем составить маленькую консультацию, куда решились пригласить кого-нибудь из... из знающих дело по посторонним заводам. Так я говорю, Прейн?

— О, совершенно так... Пока выбор пал на Авдея Никитича Тетюева. Вы, господа, можете заявить сейчас же Евгению Константинычу, если что-нибудь имеете против этого выбора.

— Нет, мы ничего не имеем...

— Авдей Никитич совершенно постороннее лицо в этом деле,— процедил с своей стороны Майзель.— И мы доверяем ему, как незаинтересованному в нашем общем деле.

— А вы, доктор, ничего не имеете против Тетюева? — спросил Евгений Константиныч.

— Нет... мне все равно,— протянул тенориком доктор.

— Так как вы явились во главе депутации,— продолжал серьезно Евгений Константиныч,— то не могу ли я попросить вас остаться для некоторых переговоров?

Толпа заговорщиков переглянулась. Никто не ожидал такого оборота дела, но приходилось помириться с желанием набоба.

— Я также попросил бы остаться и господина Сарматова,— прибавил Евгений Константиныч.— А затем не смею вас больше задерживать, господа.

Заговорщики удалились, а доктор и Сарматов остались.

— Садитесь, господа,— пригласил Евгений Константииыч, с серьезным видом раскуривая сигару.

В кабинете наступила тяжелая пауза. Даже Прейн не знал, что за фантазия явилась в голове владыки и украдкой недоверчиво посмотрел на его бесстрастное лицо с полузакрытыми глазами.

— Доктор! мне нужно, собственно, поговорить с вами,— серьезно продолжал Лаптев.— Меня удивляет ваше поведение... Буду говорить прямо, без церемоний. Я понимаю, зачем приходили другие, но ведь вы, в качестве доктора, нисколько не заинтересованы в наших заводских делах. Затем, вы поднимаете руку... на кого же? Если Раиса Павловна узнает о вашем поведении, вас ожидает самая печальная участь. Кстати, и папаша Гликерии Витальевны налицо, и мы можем семейным образом обсудить ваш образ действий... Не правда ли, "гроза кабанов"?

— Со мной был точно такой же случай, Евгений Константиныч,— заговорил Сарматов, угадавший теперь, зачем набоб оставил их.— У меня была невеста, Евгений Константиныч... Совершенно прозрачное существо и притом лунатик. Раз я сделал донос на одного товарища, и она меня прогнала с глаз долой.

Все засмеялись, а вместе с другими засмеялся и доктор, немного опешивший в первую минуту.

— Прежде чем мы будем окончательно решать вашу участь, доктор, мы подкрепим свои иглы,— заговорил Лаптев, довольный своей выходкой.— Чарльз, мы здесь будем пить кофе.

Кофе был подан в кабинет, и Лаптев все время дурачился, как школьник; он даже скопировал генерала, а между прочим досталось и Нине Леонтьевне с Раисой Павловной. Мужчины теперь говорили о дамах с той непринужденностью, какой вознаграждают себя все мужчины за официальные любезности и вежливость с женщинами в обществе. Особенно отличился Прозоров, перещеголявший даже Сарматова своим ядовитым остроумием.

— Итак, мы кутим у вас на свадьбе, доктор? — говорил Лаптев, когда тема о женщинах вообще была исчерпана.

— Я, право, еще не знаю...— смущенно бормотал доктор.

— Ах, как он умеет притворяться! — удивлялся Прейн, хлопая доктора по плечу.— Гликерия Виталиевна гораздо откровеннее вас... Она сама говорила Евгению Константинычу, что вы помолвлены. Да?

— Ну, Яша, признавайся! — поощрял Прозоров.

Прозорова вытрезвил и притащил к Лаптеву не кто другой, как Прейн. Для чего он это делал — было известно ему одному. Прозоров держал себя джентльменом, точно он родился и вырос в обществе Прейна и Лаптева.

XXI

По вечерам в господском саду играл оркестр приезжих музыкантов и по аллеям гуляла пестрая толпа заводской публики. С наступлением сумерек зажигались фонари и шкалики. На таких гуляньях присутствовала вся свита Евгения Константиныча, а сам он показывался только в обществе Прейна, без которого редко куда-нибудь выходил. Само собой разумеется, что если гуляла Раиеа Павловна, то Нина Леонтьевна делалась больна и наоборот. Провинциальная публика, как и всякая другая публика, падкая до всевозможных эффектов, напрасно ожидала встречи этих двух ненавидевших друг друга женщин.

Приезжий элемент незаметно вошел в состав собственно заводского общества, причем связующим звеном явились, конечно, женщины: они докончили то, что одним мужчинам никогда бы не придумать. Все общество распалось на свои естественные группы, подгруппы, виды и разновидности. Около m-me Майзель вертелся Перекрестов и Летучий, два секретаря Евгения Константиныча, которым решительно нечего было делать, ухаживали за Наташей Шестеркиной и Канунниковой, пан Братковский бродил с "галками", "почти молодые люди" — за дочерями Сарматова, Прейн любил говорить с m-me Дымцевич и т. д. Сам набоб проводил свое время на гуляньях в обществе Раисы Павловны или Нины Леонтьевны, причем заметно скучал и часто грыз слоновый набалдашник своей палки. Когда устраивались танцы на маленькой садовой эстраде, он подолгу наблюдал танцующие пары, лениво отыскивая кого-то глазами. Все, особенно женщины, давно заметили, что набоб скучает, и по-своему объясняли истинные причины этой скуки.

Евгений Константиныч действительно скучал, и его больше не забавляли анекдоты Летучего и вранье Сарматова; звезда последнего так же быстро закатилась, как и поднялась. Теперь новинкой в обществе набоба являлся Прозоров, который, конечно, умел показать товар лицом и всех подавлял своим остроумием. Всего интереснее были те моменты, когда Прозоров встречался с Ниной Леонтьевной, этой неуязвимой женщиной в области красноречия. Происходили самые забавные схватки из-за пальмы первенства, и скоро всем сделалось очевидной та печальная истина, что Нина Леонтьевна начинала быстро терять в глазах набоба присвоенное ей право на остроумие. Пьяница Прозоров оказался умнее и находчивее в словесных турнирах и стычках, что, конечно, не могло не огорчать Нины Леонтьевны, которая поэтому от души возненавидела своего счастливого противника. Даже приспешники и прихлебатели встали сейчас же на сторону Прозорова, поддерживая его своим смехом; все знали, что Прозоров потерянный человек, и поэтому его возвышение никому не было особенно опасно. Если могли ревновать к Сарматову, то за участь Прозорова были все совершенно спокойны; все его величие могло разрушиться, как карточный домик, от одной лишней рюмки водки. Даже Летучий и Перекрестов относились к Прозорову снисходительно, переваривая его неистощимое краснобайство. Злые языки, впрочем, сейчас же объяснили положение Прозорова самым нехорошим образом, прозрачно намекая на Лушу, которая после бала как в воду канула и нигде не показывалась. Нашлись люди, которые уверяли, что видели своими глазами, как Лаптев рано утром возвращался из Прозоровского флигелька.

— Послушайте, Прозоров, где же ваша дочь в самом деле? — спросил однажды Лаптев, когда они сидели после обеда с сигарами в зубах.

— Сидит дома...

— Ага! А доктор часто бывает у вас?

Прозоров засмеялся и только махнул рукой. Странное поведение Луши заинтересовало капризного набоба, за которым ухаживали первые красавицы всех наций. Как! эта упрямая девчонка смеет его игнорировать, когда он во время бала оказал ей такие ясные доказательства своего внимания. Задетое самолюбие досказало набобу остальное, хотя он старался не выдать себя даже перед Прейном. Это новое, почти незнакомое чувство заинтересовало пресыщенного молодого человека, и он сам удивлялся, что не может отвязаться от мысли о капризной, взбалмошной девчонке. Чтобы утешить самого себя, он старался раскритиковать ее в своем воображении, сравнивая ее достоинства по отдельным статьям с достоинствами целого легиона "этих дам" всех наций и даже с несравненной Гортензией Братковской. По необъяснимому психологическому процессу результаты такой критики получались как раз обратные: набоб мог назвать сотни имен блестящих красавиц, которые затмевали сиянием своей красоты Прозорову, но все эти красавицы теряли в глазах набоба всякую цену, потому что всех их можно было купить, даже такую упрямую красавицу, как Братковская, которая своим упрямством просто поднимала себе цену — и только. В нежелании Луши показываться Лаптев видел пассивное сопротивление своим чувствам, которое нужно было сломить во что бы то ни стало. Иногда набоб старался себя утешить тем, что Луша слишком занята своим доктором и поэтому нигде не показывается,— это было плохое утешение, но все-таки на минуту давало почву мысли; затем иногда ему казалось, что Луша избегает его просто потому, что боится показаться при дневном свете — этом беспощадном враге многих красавиц, блестящих, как драгоценные камни, только при искусственном освещении. Но все эти логические построения разлетались прахом, когда перед глазами Лаптева, как сон, вставала стройная гордая девушка с типичным лицом и тем неуловимым шиком, какой вкладывает в своих избранников одна тароватая на выдумки природа. Собственно говоря, набоб даже не желал овладеть Лушей, как владел другими женщинами; он только хотел ее видеть, говорить с ней — и только. Все ему нравилось в ней: и застенчивая грация просыпавшейся женщины, и несложившаяся окончательно фигура с прорывавшимися детскими движениями, и полный внутреннего огня взгляд карих глаз, и душистая волна волос, и то свежее, полное чувство, которое он испытывал в ее присутствии.

В душе набоба являлась слабая надежда, что он встретит Лушу где-нибудь — в театре, на гулянье вечером или, наконец, у Раисы Павловны. Но время бежало, а Луша продолжала упорно выдерживать свой характер и не хотела показываться решительно нигде. Прейн и Раиса Павловна делали такой вид, что ничего не понимают и не видят. То, чего добивался Лаптев, случилось так неожиданно и просто, как он совсем не предполагал. Раз утром он возвращался по саду из купальни и на одном повороте лицом к лицу столкнулся с Лушей, которая, очевидно, бесцельно бродила по саду, как это иногда любила делать, когда в саду никого нельзя было встретить. Молодые люди остановились и посмотрели друг на друга одинаково смущенным и нерешительным взглядом. Луша была в простеньком ситцевом платье и даже без шляпы; голова была подвязана пестрым бумажным платком, глубоко надвинутым на глаза.

— Здравствуйте! — нерешительно протягивая руку, проговорил набоб.

— Здравствуйте!

Девушка сделала движение, чтобы продолжать свою прогулку, но набоб загородил ей дорогу и как-то залпом проговорил:

— Послушайте, Гликерия Виталиевна, зачем вы прячетесь от меня?

— Я и не думала ни от кого прятаться, это вам показалось...

— Пусть будет так... Какая ж причина заставляла вас все время сидеть дома?

— Самая простая: не хотелось никуда выходить.

— Только?

Лаптев недоверчиво оглянулся, точно ожидая встретить, если не самого доктора налицо, то по крайней море его тень.

— Да, только! — спокойно подтвердила Луша.— Кажется, достаточно; всякий человек имеет право на такое простое желание, как сидеть дома...

— Вы не искренни со мной...

Девушка улыбнулась. Они молча пошли по аллее, обратно к пруду. Набоб испытывал какое-то странное чувство смущения, хотя потихоньку и рассматривал свою даму. При ярком дневном свете она ничего не проиграла, а только казалась проще и свежее, как картина, только что вышедшая из мастерской художника.

— Что вам от меня нужно? — спросила Луша, когда они подходили уже к самому пруду.

— Ничего... мне просто хорошо в вашем присутствии — и только. В детстве бонна-итальянка часто рассказывала мне про одну маленькую фею, которая делала всех счастливыми одним своим присутствием,— вот вы именно такая волшебница, с той разницей, что вы не хотите делать людей счастливыми.

— Как красиво сказано! — смеялась Луша.— Только интересно знать, которым изданием выпущена ваша "маленькая фея"?

— Клянусь вам, Гликерия Витальевна, что это самое первое...

— Сегодня?

— С вами невозможно говорить серьезно, потому что вы непременно хотите видеть везде одну смешную сторону... Это несправедливо. А нынче даже воюющие стороны уважают взаимные права.

— Обыкновенная жизнь — самая жестокая война, Евгений Константиныч, потому что она не знает даже коротких перемирий, а побежденный не может рассчитывать на снисхождение великодушного победителя. Трудно требовать от такой войны уважения взаимных прав и, особенно, искренности.

— Что вы хотите сказать этим?

Луша быстрым взглядом окинула своего кавалера и проговорила с порывистым жестом:

— Вы давеча упрекнули меня в неискренности... Вы хотите знать, почему я все время никуда не показывалась,— извольте! Увеличивать своей особой сотни пресмыкающихся пред одним человеком, по моему мнению, совершенно лишнее. К чему вся эта комедия, когда можно остаться в стороне? До вашего приезда я, по свойственной всем людям слабости, завидовала тому, что дается богатством, но теперь я переменила свой взгляд и вдвое счастливее в своем уголке.

— Следовательно, вы должны быть благодарны мне за этот урок?

— Нисколько!

Эта болтовня незаметно продолжалась в том же тоне, причем Луша оставалась одинаково сдержанной и остроумной, так что набоб еще раз должен был признать себя побежденным этой странной, капризной девчонкой.

— Надеюсь, что мы будем друзьями? — говорил Лаптев, когда девушка начала прощаться.

Луша с улыбающимся взглядом покачала своей красивой головкой.

— По крайней мере, вы не будете прятаться? — продолжал набоб, делая нетерпеливое движение.— Я раньше думал, что вы так поступали по чужой инструкции...

— Именно?

— А Раиса Павловна?

— Я уважаю Раису Павловну, но это не мешает мне иметь свои собственные взгляды.

— В этом я убедился... Итак, мы еще увидимся?

— Не знаю...

Эта нечаянная встреча подлила масла в огонь, который вспыхнул в уставшей душе набоба. Девушка начинала не в шутку его интересовать, потому что совсем не походила на других женщин. Именно вот это новое и неизвестное и манило его к себе с неотразимою силой. Из Луши могла выработаться настоящая женщина — это верно: стоило только отшлифовать этот дорогой камень и вставить в надлежащую оправу.

Непосредственным следствием этой встречи было то, что в комнате Луши каждый день появлялся новый роскошный букет живых цветов, а затем та же невидимая рука приносила богатые бонбоньерки с конфетами. Только раз, когда Луша открыла одну из таких бонбоньерок и среди конфет нашла обсахаренную сапфировую брошь, она немедленно послала за Чарльзом и возвратила ему и бонбоньерку и запретный плод с приличной нотацией. Оставшись одна, она даже расплакалась и вышвырнула за окно последний букет. Эта арамейская любезность возмутила ее до глубины души, хотя она никому ни слова о ней не сказала. Разве она какая-нибудь "галка", чтобы делать ей такие глупые подарки? Если она позволяла дарить себе цветы и конфеты, то потому только, что они ничего не стоили. Не успело еще улечься впечатление этого неудачного эпизода, как в одно прекрасное утро во флигелек Прозорова набоб сделал визит, конечно в сопровождении Прейна. Виталий Кузьмич был дома и принял гостей с распростертыми объятиями, но Луша отнеслась к ним довольно сухо. Разговор вертелся на ожидаемых удовольствиях. Предполагалась поездка в горы и несколько охотничьих экскурсий.

— Вы любите ездить верхом? — спрашивал набоб хозяйку.

— Да, очень люблю.

Прейн дурачился, как школьник, копируя генерала и Майзеля; Прозоров иронизировал относительно кукарских дам, заставляя Лаптева громко смеяться.

— Что же вы нас не пригласите напиться чаю? — напрашивался Прейн с своей веселой бессовестностью.

Девушка на мгновение смутилась, вспомнив свою разрозненную посуду, но потом успокоилась. Был подан самовар, и Евгений Константиныч нашел, что никогда не пил такого вкусного чаю. Он вообще старался держать себя с непринужденностью настоящего денди, но пересаливал и смущался. Луша держала себя просто и сдержанно, как всегда, оставаясь загадкой для этих бонвиванов, которые привыкли обращаться с женщинами, как с лошадьми.

— А где наш общий друг? — спрашивал Прейн, выставляя свои гнилые зубы.

— Какой друг?— удивилась Луша.

— А доктор? Это милый молодой человек, которого я полюбил от души...

— И я тоже,— прибавил Лаптев, делая серьезное лицо.— Мне остается только пожалеть, что в медицине я совсем профан.

Прозоров не упустил, конечно, случая и прошелся довольно ядовито насчет хорошего парня Яшки. Эта сцена не понравилась Луше, и она замолчала. Поболтав с полчаса, гости ушли; в Прозоровском флигельке наступила тяжелая и фальшивая пауза. Прозоров чувствовал, что кругом него творится что-то не так, как следует, но у него не хватило силы воли покончить разом эту глупую комедию, потому что ему нравилась занятая им роль bel-esprit²¹ и те победы, которые он одержал над Ниной Леонтьевной. Конечно, Лаптев ухаживает за Лушей и ухаживает слишком ясно, но ведь это избалованный дурак, а Луша умна; притом вся эта орда скоро уедет с заводов. На этих соображениях Прозоров совершенно успокаивался, предоставив Лушу самой себе.

В тот же день к Прозоровскому флигелю была приведена великолепная английская верховая лошадь под дамским седлом, но она подверглась той же участи, как и сапфировая брошь.

Знала ли Раиса Павловна, что проделывал набоб и отчасти Прейн? Луша бывала у ней по-прежнему и была уверена, что Раиса Павловна все знает, и поэтому не считала нужным распространяться на эту тему. По удвоенной нежности Раисы Павловны она чувствовала на себе то, что переживала эта странная женщина, и начала ее ненавидеть скрытой и злой ненавистью.

— А ты, право, напрасно это...— нерешительно проговорила Раиса Павловна после эпизода с лошадью.

— Что "это"?

Раиса Павловна только посмотрела на свою любимицу улыбающимся, торжествующим взглядом, и та поняла ее без слов.

— Впрочем, тебе лучше знать,— продолжала Раиса Павловна, как о вещи известной.

"Да, я знаю, что ты меня хочешь повыгоднее продать,— думала, в свою очередь, Луша,— только еще пока не знаешь, кому: Евгению Константинычу или Прейну..."

Раиса Павловна поняла мысли Луши по ее сдвинувшимся бровям и горько улыбнулась: Луша была несправедлива к ней. В последнее время между этими женщинами установилось то взаимное понимание между строк, которое может существовать только между женщинами: они могли читать друг у друга в душе по взгляду, по выражению лица, по малейшему жесту. Иногда это было тяжело, но в большинстве случаев избавляло от напрасных объяснений. В открытых нотах Раисы Павловны проходила темой одна фраза: "я тебя люблю, люблю, люблю...", а в партии Луши холодно отзывалось: "а я тебя ненавижу, ненавижу, ненавижу..." Когда стороны начинали увлекаться, ноты разыгрываемой мелодии сливались, и их смысл терялся;

---

²¹ остроумного человека (фр.).

такие недоразумения распутывались в более спокойные минуты.

— Знаешь, Луша, что сказал Прейн третьего дня? — задумчиво говорила Раиса Павловна после длинной паузы.— Он намекнул, что Евгений Константиныч дал бы тебе солидную стипендию, если бы ты вздумала получить высшее образование где-нибудь в столице... Конечпо, отец поехал бы с тобой, и даже доктору Прейн обещал свои рекомендации.

Луша только улыбнулась, и в ее глазах засветилась мысль: "Раиса Павловна, как вам не совестно повторять такие глупости, которым вы и сами не верите? Ведь это та же засахаренная брошь..." Раиса Павловна в ответ на это звонко поцеловала Лушу, что в переводе значило "Умница ты моя!"

XXII

На заводе шли деятельные приготовления к предстоявшей поездке набоба по всему округу, о чем было уже известно всем, а в особенности тем, кому о сем ведать надлежало. Управители оставили Кукарский завод и разъехались по своим гнездам: Сарматов — в Мельковский завод, Буйко — в Куржак, Дымцевич — в Заозерный и т. д. Главная остановка по маршруту предполагалась в Баламутском заводе, где царствовал Вершинин, а затем в Заозерном и Куржаке, где предполагалась охота.

В этот короткий промежуток времени Родион Антоныч успел уже два раза объехать все заводы; он лез из кожи, чтобы все и везде было форменно, в лучшем виде, главным образом, конечно, с внешней стороны. Главной целью этих поездок было кое-что подготовить генералу Блинову, который будет собирать сведения от заводских контор по разным статьям. Необходимо было предупредить генерала и напустить ему такого тумана, что сам черт ногу переломит. По пути Родион Антоныч собрал сведения относительно замыслов Вершинина в Майзеля: первый готовил ряд обедов и завтраков, а второй — охоту. Мимоходом Родион Антоныч завернул на прииски, где и делались приготовления к оленьей охоте, и даже забрался на Рассыпной Камень, самую высокую гору в округе Кукарских заводов, на вершине которой устраивалась главная стоянка. Рубили две избы и чистили дорогу на самую вершину горы.

— А... предтеча! — смеялся Вершинин, когда встретил

Родиона Антоныча на своем заводе.— Как здоровье Раисы Павловны?

— Ничего, слава богу...

— А я слышал, что у ней сильный насморк.

Эти шуточки не особенно беспокоили Родиона Антоныча, потому что у Вершинина уж так была устроена голова; их смысл он понял только вечером, когда к нему прискакал особый нарочный с письмом от Раисы Павловны, которая извещала своего Ришелье об аудиенции заговорщиков у набоба. "Меня нисколько не удивляет их поведение,— писала она под первым впечатлением,— но представьте себе, что во главе депутации явился... кто бы вы думали? — Яшка Кормилицын! Скажите мне, ради бога, что этому младенцу нужно? Пишу вам все, что узнала от Прейна, который присутствовал на аудиенции; не верьте тем слухам, которые распускают наши враги. Меня все оставили... Если вы находите наше дело проигранным, я не удерживаю вас; может быть, и вы хотите примкнуть к партии Тетюева, из принципа, что всякому своя рубашка к телу ближе. Но я повторяю вам одно, что именно теперь, когда всё и все против меня, я глубоко убеждена, что вся эта кутерьма окончится в нашу пользу". Дальше следовало подробное описание аудиенции заговорщиков и ряд деловых соображений, советов и наставлений, пересыпанных крупной солью.

Родион Антоныч слишком далеко зашел, чтобы теперь думать о своей рубашке и, махнув рукой, решил лечь костьми за Раису Павловну: он еще веровал в нее, потому что за нее был всесильный Прейн.

Положение управителей на отведенных им заводах больше всего походило на положение удельных князьков древней Руси: здесь кипела вечная война из-за выгодных столов, составлялись остроумные комбинации и делались целые походы, вроде того, который теперь устроен был против Раисы Павловны. В мирное время управители-князьки были заняты мелкими междоусобиями, личными счетами и копеечными интригами; подкопаться под врага, подставить ножку при удобном случае своему приятелю, запустить шпильку, отплатить за старую обиду,— из этих мелочей составлялся почти безвыходный круг, в котором особенно деятельное участие принимали женщины. Главным воротилой в этом исключительном мирке был Вершинин; он задавал тон и твердой рукой вел свою линию; другие управители плясали уже по его дудке, а в случае проявления самостоятельности подвергались соответствующей каре. На парадных завтраках

Раисы Павловны, в обществе, в специально заводских делах — нигде не было спасения, и недругу Вершинина ничего не оставалось, как только искать спасения в бегстве. Заслужить нерасположение Вершинина равнялось чуть не смертному приговору. Бывали, впрочем, моменты, когда против него составлялась партия из мелких управителей. Было даже раза два так, что Вершинин сам висел на волоске, но всю эту путаницу он всегда умел распутать с дьявольской хитростью и всегда выходил сух из воды. Настоящий состав управителей мирился с этим генеральством Вершинина, за исключением Майзеля; Сарматов, Дымцевич, Буйко и другие были слишком мелки, чтобы открыто тягаться с Вершининым, и предпочитали скрывать свои настоящие чувства. Приезд Лаптева и борьба с Раисой Павловной слили воедино всех и на время заставили забыть личные дрязги, счеты и неприятности. Расчет был простой: если на место Горемыкина назначат Вершинина или Майзеля, тогда произойдет соответствующее повышение всех остальных; если будет Тетюев, тогда увеличат жалованье или что-нибудь в этом роде. Во всяком случае, никто не желал проигрывать, а рассчитывал на верный выигрыш. Несомненный успех первой аудиенции служил ручательством за успех всего дела; теперь оставалось только устроить счастливую поездку набоба по заводам — и дело в шляпе. В последнем случае задача несколько двоилась: нужно было показать плоды и успехи своих трудов и в то же время недостатки и упущения горемыкинской администрации. Это был очень скользкий путь, тем более что мелкие служащие были за Горемыкина. Словом, работы всем было по горло: все чистилось прибиралось и принимало праздничный вид. Управители бесились, ругались, топали ногами и были глубоко убеждены, что в этом именно и состоит настоящее заводское дело.

Маршрут, составленный Прейном, имел в длину около трехсот верст, захватывая все заводы. Из Кукарского завода сначала должны были проехать в Исток и Мельковский — в последнем рюмка водки и легкий завтрак; затем следовал Баламутский завод — обед и, может быть, ужин, смотря по обстоятельствам. Из Баламутского завода — в Заозерный, а из последнего, по озеру, на Рассыпной Камень — ночевка и кормежка. Последними в маршруте стояли заводы Лотовой и Куржак. Раиса Павловна просмотрела этот маршрут вместе с Прейном и вполне одобрила его, за исключением ужина в Баламутском заводе.

— Везите его прямо на охоту,— советовала Раиса Павловна.

— Да ведь другой дороги нет к Рассыпному Камню? Наконец нельзя же миновать наш главный завод... Если бы не генерал, тогда, конечно, мы прокатили бы Евгения Константнныча проселком — и делу конец. Но генерал, вот где загвоздка. Да ничего не выйдет из этого, если и заночуем у Вершинина.

Для поездки по заводам был снаряжен громадный поезд из тридцати троек. Охота и кухня были отправлены вперед другим обозом. Было известно, что поедет Нина Леонтьевна, значит — Раиса Павловна останется дома. Майзель с Перекрестовым уехали вперед, чтобы приготовить приличную встречу набобу в горах; впрочем, представитель русской прессы изменил Майзелю на третьей же станции: смущенный кулинарными приготовлениями Вершинина, он остался в Баламутском заводе. Участие в поездке Нины Леонтьевны решило капитальный вопрос о том, что в предполагаемой охоте могут принять участие и дамы; конечно, такой оборот взволновал прекрасную половину и прежде всего поднял вопрос о костюмах. Последнее особенно беспокоило дам. Охота не бал, приходилось самим "сочинять костюмы", следовательно, единственным основанием являлся только свой вкус; соперничество и желание блеснуть окончательно усложнили все дело. Модные журналы как-то упустили из виду возможность такого случая; самые смелые дамы, как m-me Сарматова, некоторое время колебались даже пред мужским костюмом, но когда узнали, что в таком костюме едет на охоту Прозорова, то восстали против нее с презрением. Луша действительно готовилась ехать в горы и теперь, под руководством Прейна, училась стрелять в цель из монтекристо. Эти уроки шли, кажется, успешно. Веселый учитель, с французской складкой в характере, нравился Луше, потому что никогда не надоедал и вовремя умел приходить и уходить. Между ними установились те дружеские отношения, которые незаметно сближают людей; Прейн вообще понимал хорошо женщин и без слов умел читать у них в душе, а Луше эта тонкость понимания особенно и нравилась в нем. Прибавьте к этому рыцарскую вежливость и уменье всегда принести жертву женскому тщеславию. Шуточки и остроты Прейна смешили Лушу до слез, и она шутя называла его дедушкой. В ответ на это звание Прейн целовал у Луши руки и беззаботно говорил:

— Учитесь у дедушки великой философии жизни, которая заключается всего в одном слове: никогда не скучать.

— Хорошо вам так рассуждать,— смеялась Луша,— а зашить бы вас в нашу девичью кожу, тогда вы запели бы другую песню

178

с своей великой философией... Мужчинам все возможно, все позволительно и все доступно, а женщина может только смотреть, как другие живут.

— Совершенно справедливо, хотя и не без исключений. Умная и красивая женщина всегда сумеет поставить себя выше общественных условий... Но для этого она должна расстаться с некоторыми предрассудками...

— Вы смотрите на женщин хуже, чем на своих лошадей...

— О нет, вы ошибаетесь... Умная женщина может сделать из нас все — это страшная сила.

Лаптев по-прежнему ухаживал за Лушей, посылал букеты и говорил свои армейские комплименты; но этот избалованный набоб не умел попасть в тон, и Луша всегда скучала в его обществе. Эта неподвижная, апатичная натура, с чисто животными инстинктами, отталкивала ее, особенно по сравнению с Прейном, у которого ум вечно играл и искрился. Постепенно, шаг за шагом, этот великий мудрец незаметно успел овладеть Лушей, так что она во всем слушалась одного его слова, тем более что Прейн умел сделать эту маленькую диктатуру совершенно незаметной и всегда знал ту границу, дальше которой не следовало переходить. Чувство меры в нем было особенно развито, и он умел подладиться к невозможным обстоятельствам, от которых даже у самого терпеливого осла давно лопнуло бы терпение. Так Прейн добился того, что Луша перестала дичиться и даже начала брать под его руководством уроки стрельбы и верховой езды. Ездил Прейн, как жокей, и быстро посвятил Лушу во все тайны этого великого искусства. Это сближение, однако ж, беспокоило Раису Павловну, которая, собственно, и сама не могла дать отчета в своих чувствах: с одной стороны, она готовила Лушу не для Прейна, а с другой — в ней отзывалось старое чувство ревности, в чем она сама не хотела сознаться себе. Луша, с эгоизмом всех довольных людей, делала вид, что ничего не замечает.

— Тебе необходимо ехать в горы,— советовала Раиса Павловна, когда Луша раздумывала принять эту поездку.— Во-первых, повеселишься, во-вторых... ты поедешь вместе с отцом, следовательно, вполне будешь защищена от всяких глупых разговоров; а на наших заводских баб но обращай никакого внимания. Нам с ними не детей крестить.

— Мне все равно, Раиса Павловна, что будут говорить про меня.

— Есть одно обстоятельство... собственно пустяки, но я дала бы тебе, Луша, маленький совет.

— Именно?

— Будь осторожнее с Прейном...

Последние слова Раиса Павловна произнесла с опущенными глазами и легкой краской на лице: она боялась выдать себя, стыдилась, что в этом ребенке видит свою соперницу. Она любила Лушу, и ей тяжело было бы перенести слишком тесное сближение ее с Прейном, с которым, собственно, все счеты были давно кончены... но, увы! — любовь в сердце женщины никогда не умирает, особенно старая любовь.

Давно ожидаемая поездка наконец совершилась в светлый июньский день, когда четырехместная коляска Лаптева стрелой полетела по дороге в Истокский завод; в коляске с набобом сидел один Прейн, а в ногах у них лежала ласково взвизгивавшая Brunehaut. Генерал ехал в следующем экипаже, вместе с Ниной Леонтьевной; за ним летела тройка, имевшая счастье везти самого m-r Чарльза, который теперь ехал в сопровождении собственного лакея. За m-r Чарльзом ехали собственные секретари Евгения Константиныча, потом Братковский с Летучим, а прочие экипажи были заняты остальной свитой. Тройки летели с бешеной быстротой восемнадцати верст в час; на половине станции были выставлены заводные лошади; но это не помогало, и непривычные к такой гоньбе тройки задыхались от жара. На первом же полустанке оказалось четыре загнанных тройки; покрытые пеной, лошади тяжело вздрагивали, точно дышали всем телом, опускали головы и падали в конвульсиях.

Набоб лениво смотрел по сторонам, где мелькал тощий лес, вырубленный на заводские надобности; попадались болота, небольшие горки, прятавшаяся в тальнике и лопушнике речка. Подорожная трава была теперь покрыта густым слоем пыли, которую оставляли за собой транспорты железа и чугуна. Дождя не было целую неделю, и зелень сильно "притомилась", как говорят мужики. Трава просила дождика. Даже березы и рябины стояли сонные в окружавшей их знойной истоме. Из хвойного леса несло тяжелым смолистым запахом, кружившим голову. Небо было чисто, и только на западе, над кривой линией гор, ярко блистала гряда пушистых облаков, точно свод небесный был обложен волнами белоснежного дорогого меха.

— Дело кончится тем, что я схвачу чахотку,— капризно говорил набоб, чихая от пыли.

— Что же, за отечество и умереть приятно, сказал какой-то мудрец...

Покуривая сигару, Прейн все время думал о той тройке, которая специально была заказана для Прозорова; он уступил свою дорожную коляску, в которой должны были приехать Прозоров с дочерью и доктор.

Дорога вилась пыльной лентой по холмистой местности, огибая гряду лесистых горок, которые тянулись к востоку, где неправильной глыбой синел Рассыпной Камень. Через два часа езды выглянул своими крайними домиками Истокский завод; он залег на дне глубокой горной долины, где была запружена бойкая горная речонка. Несколько широких улиц вытянулись по берегам заводского пруда; на площади, заваленной дровами, белела церковь. Фабрика слабо дымилась у самой плотины. На небольших заводах летом работы приостанавливаются, потому что все население страдает, заготовляя сено; только такие громадные заводы, как Кукарский и Баламутский, работали насквозь целый год, потому что располагали десятками тысяч рабочих рук.

В Истоке только переменили лошадей, и набоб даже не вышел из экипажа, хотя был встречен колокольным звоном и хлебом-солью. Густая толпа народа не успела мигнуть, как барин уже был на дороге в Мельковский завод, где готовилась ему торжественная встреча. Характер местности быстро изменялся, и дорога начала забирать в гору; широкие лесные просеки, глубокие лога с перекинутым через речку мостиком, покосы с сочной густой травой, пестревшей бледными цветочками,— все кругом было хорошо своеобразной красотой скромного северного пейзажа. Мельковский завод был похож на Исток, как две капли воды, только чуть-чуть побольше, да церковь была выкрашена желтой охрой. Тот же колокольный звон, те же толпы народа и та же хлеб-соль. В квартире Сарматова был сервирован легкий завтрак, на который ехавшая за набобом челядь накинулась с той жадностью, с какой бросается публика на железных дорогах к буфету.

— Ну, как вы себя чувствуете, Сарматов? — говорил Лаптев, торопливо прожевывая кусок холодной телятины.

— А ничего... Живем, пока мыши головы не отъели.

— Как?

— Пока мыши головы не отъели.

— Ага! Вы, конечно, с нами поедете на охоту? Жаль, что на Урале нет кабанов.

Когда генерал предложил осмотреть фабрику, набоб отрицательно покачал головой и заметил, что фабрику можно будет осмотреть на обратном пути.

В Баламутский завод приехали к самому обеду. До него от Кукарского завода считалось девяносто верст; дорога делала большой выгиб, направляясь к северу, где синел Рассыпной

Камень. Встреча барина в Баламутском заводе очень походила на такую же встречу в Кукарском, только в меньших размерах. Пятитысячная толпа запрудила все улицы и провожала коляску барина несмолкаемым "ура". Рассыпав свои бревенчатые избы по каменистым уступам глубокой горной котловины, Баламутский завод был очень красив, особенно издали. Громадный узкий пруд был сдавлен в живописных крутых берегах; под плотиной курилось до десятка больших труб и две доменных печи; на берегу пруда тянулась заповедная кедровая роща, примыкавшая к большому господскому дому, походившему на дворец. Этот дом выстроил еще старик Тетюев, любивший Баламутский завод больше всех других. Две богатые церкви дополняли картину завода.

XXIII

В жизни Евгения Константиновича растительные процессы занимали первое место, поэтому попятно то нетерпение, с которым вся свита ожидала обеда в Баламутском заводе. Чем-то угостит Вершинин набоба? Конечно, у Вершинина был отличный повар, которого он нарочно посылал учиться в петербургский английский клуб, но все-таки... Первые два блюда прошли почти незаметио, но когда подали уху из живых харюзов[22], набоб просветлел; после двух тарелок этой ухи всем было ясно, что Вершинин одержал победу, и Перекрестов поспешил сказать спич в честь знаменитой рыбы северных рек. Этими двумя тарелками все разъяснилось: набоб был доволен, следовательно, и Вершинин мог быть спокоен за свое будущее. В случае какого-нибудь затруднения стоило только сказать: "Евгений Константииыч, это тот самый Вершинин, у которого вы ели уху из харюзов..." Набоб вообще не отличался особенно твердой памятью и скоро забывал даже самые остроумные анекдоты, но относительно еды обладал счастливой способностью никогда не забывать раз понравившегося кушанья. Это была, если позволено так выразиться,

---

[22] Кто-то и почему-то окрестил эту рыбу ученым именем — хариус; на Урале ее называют просто — харюз, и последнее название, по нашему мнению, больше отвечает складу русской речи. (Примеч. Д. Н. Мамина-Сибиряка.)

гастрономическая память, потому что сосредоточивалась главным образом не в голове, а в желудке.

— А как харюз называется по-вашему, но-ученому? — спрашивал Евгений Константиныч, вечером генерала.

— Salmo thymalis...

— Ага! Вершинин очень умный человек! как вы находите, генерал?

— Да... кажется.

Эта salmo thymalis испортила целую ночь старику Майзелю, который от души проклинал все горные речки, где водилась эта проклятая рыбешка. И нужно же было Вершинину подсунуть эту несчастную уху, когда ему, Майзелю, завтра придется угощать набоба охотничьим завтраком. Русский немец имел несчастье считать себя великим гастрономом и вынашивал целых две недели великолепный гастрономический план, от которого могла зависеть участь всей поездки набоба на Урал, и вдруг сунуло этого Вершинина с его ухой... Извольте-ка теперь удивить набоба? Майзель тревожно проворочался целую ночь и чем свет уехал из Баламутского завода к Рассыпному Камню, чтобы там встретить набоба во главе привезенной из Петербурга охоты и целой роты собственных лесообъездчиков.

— Вы сделали отличный ход, Демид Львович,— поздравлял Перекрестов утром Вершинина.— Ведь две тарелки сряду... Да!.. Вот я два раза вокруг света объехал, ел, можно сказать, решительно все на свете, даже телячьи глаза в Пекине, а что осталось от всего? Решительно ничего... А вы своей ухой всех зарезали!

Прейн уехал из Баламутского завода вперед; он торопился в Заозерный завод, куда его вызывал через нарочного наш старый знакомец, Родион Антоныч. Заозерный завод в маршруте служил последней сухопутной станцией, дальше путь к Рассыпному Камню лежал по озеру — на заводском пароходе. Таким образом, Заозерный являлся сборным пунктом, где около пабоба должно было сгруппироваться все общество. Посланная Сахаровым эстафета лаконически гласила: "Все здесь; ждем вас". На этого верного слугу было возложено довольно щекотливое поручение: конвоировать до Заозерного завода "галок" Раисы Павловны, потому что они среди остального дамского общества, без своей патронессы, являлись пятым колесом, несмотря на всесильное покровительство Прейна; другим не менее важным поручением было встретить и устроить Прозоровых, потому что ш-me Дымцевич, царившая в Заозерном на правах управительши, питала к Луше вместе с другими дамами органическое отвращение. Чтобы не вышло какого-нибудь недоразумения между дамами, Прейн полетел сам на выручку.

Заозерный завод, раскидавший свои домики по берегу озера, был самым красивым в Кукарском округе. Ряды крепких изб облепили низкий берег в несколько рядов; крайние стояли совсем в лесу. Выдавшийся в средине озера крутой и лесистый мыс образовал широкий залив; в глубине озера зелеными пятнами выделялись три острова. Обступившие кругом лесистые горы образовали рельефную зеленую раму. Рассыпной Камень лежал массивной синевато-зеленой глыбой на противоположном берегу, как отдыхавший великан.

— Хорошо ли вам здесь? — спрашивал Прейн, пожимая руку Луше.— Как доехали? Благополучно? Ага... А вы, доктор?

Известие об ухе из харюзов опередило Прейна, и Родион Антоныч глядел с печальной задумчивостью, как наблудивший кот. Недаром Раиса Павловна так беспокоилась за Баламутский завод: оно все так и вышло, как по-писаному. Теперь через этих харюзов и Тетюев вылезет... Умудренный в изворотах, мелях и подводных камнях внутренней политики, Родион Антоныч, как никто другой, понимал всю важность совершавшихся событий и немедленно послал эстафету Раисе Павловне с нарочным: "Вершинин угостил ухой из харюзов: Евгений Константиныч скушали две тарелки. Известите с сим же нарочным, что делать".

Луша была недовольна поездкой и капризничала; Прейну стоило большого труда успокоить ее.

— Очень мне интересно смотреть на этих надутых дам,— говорила она.— И к чему вы навезли сюда этих галок?

— Все будет хорошо,— тараторил Прейн,— чем больше дам, тем лучше. Кашу маслом не испортишь... Меня Раиса Павловна просила о "галках", не мог же я отказать ей!

В душе Прейн был очень доволен, что Луша начинала ревновать его к m-lle Эмме; старый грешник слишком хорошо знал все ходы и выходы женского сердца, чтобы ошибиться. Он не любил добычи, которая доставалась даром.

"Галки" тоже скучали и от нечего делать одолевали почтенного Родиона Антоныча самыми невозможными просьбами и птичьими капризами; этот мученик за идею напрасно делал кислые гримасы и вздыхал, как загнанная лошадь,— ничто не помогало. Храбрые девицы позволяли себе такие шуточки и остроты даже относительно самой наружности своего телохранителя, что Родион Антоныч принужден был отплевываться с выражением благочестивого ужаса на лице.

— Ваша прямая обязанность, Родион Антоныч, сейчас же съездить за Братковским,— серьезно говорила m-lle Эмма,— а то посмотрите, на что похожа сделалась Анинька? Если ваша жена узнает...

— О господи, за что ты меня наказываешь? — стонал мученик-доброволец.

— Нет, в самом деле, я очень люблю всех домашних секретарей,— смеялась беззаботная Аннинька,— и дорогой чуть не поцеловала вас, Родион Антоныч, потому что вы ведь тоже секретарь...

— Федот, да не тот,— прибавила m-lle Эмма, хлопая Родиона Антоныча по плечу своей мягкой рукой.

С появлением Прейна шуткам над Родионом Антонычем не было конца, пока этот искус не закончился появлением в Заозерном загонщиков, возвестивших о благополучном отбытии набоба из Баламутского завода.

Небольшой плоскодонный пароход, таскавший на буксире в обыкновенное время барки с дровами, был вычищен и перекрашен заново, а на носу и в корме были устроены даже каюты из полотняных драпировок. Обитые красным сукном скамьи и ковры дополняли картину. В носовой части были помещены музыканты, а в кормовой остальная публика. До Рассыпного Камня по озеру считалось всего верст девятнадцать, но пароход нагружался с раннего утра всевозможной "яствой и питвой", точно он готовился в кругосветную экспедицию.

Набоб из экипажа прямо перешел на пароход, а за ним хлынула толпа дам; все старались занять место получше, то есть поближе к набобу. Собравшиеся прежде всего, конечно, сделали самый строгий осмотр друг другу, как слетевшиеся пчелы. Присутствие "галок" и Луши заставило их целомудренно сбиться в отдельную кучку, а маменьки даже прикрывали своих дочерей носовыми платками, точно в самом воздухе носилась какая-то зараза. Нина Леонтьевна презрительно рассматривала "галок" в лорнет, не переставая улыбаться двусмысленной улыбкой; остальные дамы поддерживали ее взглядами и принужденным молчанием. От взглядов и улыбок Нина Леонтьевна, по всей вероятности, перешла бы к более активным проявлениям своего возмущенного чувства, но ее останавливало присутствие Прозорова, который все время наблюдал за ней улыбающимися глазами. Костюмы дам носили меланхолический характер серых тонов; только одна m-me Сарматова явилась в платье "цвета свежепросольного огурца", как говорил Прозоров, что, по ее мнению, имело какое-то соотношение с предполагаемой охотой. Набоб лениво окинул эту толпу дам и едва заметно улыбнулся, заметив около Прозорова съежившуюся Лушу, которая сегодня казалась совсем маленькой девочкой, точно вся она сжалась и ушла в себя. Она была одета в простенькое камлотовое платье с пелериной; дамы подозрительно осматривали этот скромный костюм, стараясь под ним отыскать мужское платье, о котором они слышали.

Пароход отвалил. Тихими аккордами полился какой-то торжественный старинный марш. На берегу живой стеной стоял провожавший барина народ: кто-то крикнул вдогонку "ура", но оно замерло в шуме падавшей с пароходных колес воды. Неуклюжее судно точно задыхалось и с каким-то хрипеньем разгребало воду. Вода в озеро чуть-чуть рябила; небо было чисто. В воздухе чувствовался наливавшийся летний зной... Луша еще в первый раз едет на пароходе и поддается убаюкивающему чувству легкой качки; ей кажется, что она никогда больше не вернется назад, в свой гнилой угол, и вечно будет плыть вперед под колыхающиеся звуки музыки. Вперед, вперед! Новое, такое хорошее и доброе чувство подхватывает ее, и она забывает о той ненависти, которая сосредоточивается на ней. Ведь здесь все ей враги, за исключением, может быть, Прейна... Она желала бы теперь остаться совсем одна. Пусть шумит вода, пусть плывут мимо лесистые, затянутые синеватой пленкой берега, пусть с неба льются волны теплого света. Почему-то Луша думает о смерти. В самом деле, почему? Хорошо умереть молодой и красивой, в цвете сил, умереть, как засыпает ребенок на руках матери. Что бы тогда сказали о ней все эти дамы и мужчины? Луша ненавидит их всех одинаково, ненавидит той ненавистью, которая, как полированная поверхность блестящего металла, отражает падающий на нее луч. Вон Евгений Константиныч разговаривает о чем-то с Ниной Леонтьевной, вон Братковский улыбается через плечо счастливой Анниньке, вон два зорких глаза наблюдают ее — это глаза старого Прейна, который любит ее и которого она тоже начинает любить... нет, не любить, а ей весело с ним, он такой славный!

— Раз со мной какой случай был,— рассказывал Сарматов, обращаясь к кружку мужчин.— Mesdames![23] вы уж извините меня, если я немного...

— Ах, Сарматов, вы вечно приметесь рассказывать что-

---

[23] Сударыни! (фр.).

нибудь такое...— жеманно протестуют дамы, отсаживаясь подальше от рассказчика.

— Раз наш полк стоял в Саратовской губернии,— рассказывал Сарматов, складывая ногу на ногу,— дело было летнее, скучища смертная, хоть петлю на шею... Хорошо у меня ружьишко: дай, думаю, хоть за утками схожу. Выбрал денек поведреннее и ранним утром махнул к первому озеру. Походил-походил около воды, убил пару уток, а достать из воды не умею... Как быть? Отыскал шалашик, где рыбаки жили, и нанял лодочку с двумя гребцами. Поехали. Ну-с, убил я этак штук пятнадцать — не помню хорошенько, захотелось отдохнуть. Привалили к берегу, развели огонек, пару уток в золу — все по порядку... Устал я, а тут как выпил и закусил, сон меня так и клонит. Мои гребцы видят, что я спать располагаюсь, и просят меня: "Ваше высокородие, позволь нам насчет уток, пока почивать будешь". Думаю, отчего не позволить — ступайте на все четыре стороны. "Мы, говорят, ваше высокородие, тут неподалече в камышах постреляем..." Хорошо. Ружье с ними, обыкновенно, мужицкое: ложа расщеплена, замок привязан веревкой, все в этом роде. Остался я около огонька и смотрю, что будет. Вот один и говорит: "Ты, Бряков, ступай на ту сторону в камыши и загоняй уток, а я буду ждать на этом берегу в камышах. Как я тебе крикну: "мыряй!" — ты в воду, а стрелять буду я..." Мудрено что-то, думаю. Заинтересовало меня, как это Бряков мырять будет. Хорошо-с. Вот охотник с ружьем засел в кусты и ждет, а Бряков с другой стороны палочкой гонит целый выводок — уток там видимо-невидимо. Прямо на охотника так и гонит, тот сидит в камышах и молчит. Бряков вышел из камышей и по колено в воде бредет. Осталось всего этак шагов тридцать, слышу: "Мыряй!" Мой Бряков в воду, вниз головой... Только не рассчитал, бедняга, что место мелкое, да и ружье у приятеля с запалом: пшш... Выстрел... Бряков: ;ай, ай... Выскочил из воды, как ошпаренный, и по берегу напластывает ко мне, а сам ревет благим матом и обеими руками держится... как бы это повежливее выразиться?..

— Это то самое место,— объяснил Прозоров,— в которое, по словам Гейне, маршал Даву ударил ногой одного немца, чем и сделал его знаменитостью на всю остальную жизнь...

Мужская компания громко хохочет. За этим анекдотом посыпался ряд других. Тема оказалась бесконечной. А впереди уже выше и выше встает Рассыпной Камень, можно рассмотреть утесистую вершину-шихан и отдельные россыпи из камней, которые тянутся по бокам правильными полосами.

На берегу устроена временная пристань, и ждут верховые лошади. Несколько экипажей для дам стоят в тени мелкого березняка, где курится огонек. Майзель издали машет серой охотничьей шляпой. От пристани в гору тянется свежая просека, которая нарочно устроена для этого случая.

Мужская компания берет верховых лошадей, а дамы садятся в экипажи. Исключение представляет m-me Сарматова в своем зелено-желтом платье и Луша; для них приготовлены лошади под дамским седлом. Прейн помогает им сесть в седло; Лаптев издали, разговаривая с Майзелем, следит за Лушей, которая, туго натягивая поводья, заставляет свою лошадь танцевать. От волнения все лицо у ней залито ярким румянцем, а глаза блестят лихорадочным влажным взглядом. Вот шагом потянулись в гору экипажи с дамами, тяжело переваливаясь с кочки на кочку и оставляя на траве измятый светло-зеленый след; под ногами лошадей хлюпает и шипит вода. Место низкое, и кое-где лошади проваливаются.

— Посмотрите, как везут кислую капусту! — вполголоса шепчет Прейн Луше, указывая головой на экипажи с дамами.

— Я не знал, что вы такая наездница,— раздается за спиной Луши голос Лаптева.

Девушка краснеет от этой похвалы и мешает поводья. Длинная кавалькада вытягивается в гору. Озеро остается далеко внизу и точно отступает от берега. С каждым шагом вперед горизонт раздается шире и шире; из-за узорчатой прорези елового леса выступают гряды синих гор, которые тянутся к северу тяжелыми валами, точно складки обросшей зеленой щетиной кожи какого-то чудовища. Небо уходит вверх бездонным куполом; где-то далеко-далеко сверкает затерявшаяся в глубоком логу горная речонка. А там кучкой поломанных детских игрушек, рассыпанных без всякого плана и порядка, выделяется какая-то лесная деревенька.

Вершина Рассыпного Камня представляла собой слегка округленную плоскость тремя скалистыми гребнями. Самый высокий из них выходил к озеру; под ним гора крутым выгибом спускалась вниз, к воде. Около этого шихана и была выбрана охотничья стоянка, представлявшая самый живописный уголок по своей дикой красоте. Под скалами рос частый ельник. На маленькой площадке были поставлены две широкие избы. С площадки, кроме лесу и скал, ничего нельзя было рассмотреть; но стоило подняться на шихан, всего каких-нибудь десять сажен, и пред глазами открывалась широкая горная панорама, верст с сотню в поперечнике. Под ногами расстилалось длинное озеро с зелеными островами и

Заозерным заводом в дальнем конце; направо, верстах в двадцати, как шапка с свалившимся набок зеленым верхом, поднималась знаменитая гора Куржак, почти сплошь состоявшая из железной руды. У ее подножья пестрели заводские домики и едва дымилась фабрика. Баламутский завод был прикрыт широкой горой; на горизонте расплывшимся пятном чуть виднелся Кукарский завод. К северу расстилалась настоящая зеленая пустыня; на ней едва можно было разобрать несколько приисков, прятавшихся по глубоким логам. Лес покрывал все кругом сплошным зеленым ковром, который в некоторых местах точно был починен новыми квадратными заплатами более светлых тонов. Это были курени, где жгли уголь и заготовляли дрова. Картина леса вблизи совсем являлась не тем, чем казалась сверху: настоящего леса, годного для заводов, оставалось очень немного, потому что столетние лесные дебри сводились самым хищническим образом. Майзель умел хозяйничать так, что оставались нетронутыми только болота и поросли. Если бы вести правильно лесное хозяйство, то трехсот тысяч десятин, находившихся под лесом, достало бы заводам на веки вечные; но расчеты крупных подрядчиков не совпадали с требованиями лесного хозяйства: вырывались самые лучшие куски без всякого плана и порядка.

Общество, собравшееся на шихане, куда был подан завтрак и чай, менее всего интересовалось вопросами лесной техники и натянуто восхищалось далекой воздушной перспективой, игрой света и теней, зеленью леса, сливавшегося на горизонте с синевой голубого северного неба. Здесь дышалось так привольно и легко, в этой небогатой красками и линиями природе, полной своеобразной северной поэзии. Набоб мельком взглянул кругом и невольно сравнил этот родной вид с смелыми картинами заграничной природы. Его не расшевелили скромные красоты родины, которая теперь, летом, стояла пред ним, как бедная невеста, украсившая себя полинявшими цветочками и выцветшими лежалыми лентами. Не душе русского набоба понимать ту поэзию, которая веяла с этих придавленных низких гор, глухих хвойных лесов и бледного неба.

XXIV

Рано утром, на другой день, назначена была охота на
оленя. Зверь был высмотрен лесообъездчиками верстах в
десяти от Рассыпного Камня, куда охотники должны были
явиться верхами. Стоявшие жары загоняли оленей в лесную
чащу, где они спасались от одолевавшего их овода.
Обыкновенно охотник выслеживает зверя по сакме[24] и
ночлегам, а потом выжидает, когда он с наступлением жаркого
часа вернется в облюбованное им прохладное местечко.

Мужчины переоделись в охотничьи костюмы: серые куртки
с зелеными отворотами и длинные сапоги. Оставались с
дамами только Прозоров, Платон Васильичи домашние
секретари. За охотниками двинулась орава лесообъездчиков и
егеря. Собаки оставались на месте ночлега. Майзель с
молодецкой посадкой ехал рядом с набобом, объясняя правила
охоты, привычки зверя и разные охотничьи секреты. Евгений
Константиныч лениво позевывал, раскачиваясь в седле; он был
немножко не в духе, потому что недоспал. Летнее утро было
хорошо, как оно бывает хорошо только на Урале; волнистая
даль была еще застлана туманом; на деревьях и на траве
дрожали капли росы; прохваченный ночной свежестью,
холодный воздух заставлял вздрагивать; кругом царило
благодатное полудремотное состояние, которое овладевает
перед пробуждением от сна. Только поднимавшееся солнце да
голоса распевавших птиц нарушали картину общего
торжественного покоя. Лесная узкая тропинка повела
охотников под гору, минуя каменистые россыпи. Кое-где
попадались кедры; сплошными массами лесные породы
залегали только по низким местам, а на горе рос смешанный
лес. Если смотреть на Рассыпной Камень снизу, так и кажется,
что по откосам горы ели, пихты и сосны поднимаются
отдельными ротами и батальонами, стараясь обогнать друг
друга. От них сторонится лепечущая нарядная толпа берез, лип
и осин, точно бесконечный девичий хоровод. Нехорошо только
одно, что вся картина точно застыла, охваченная
заколдованным сном в самый горячий момент. Каждым
поколением делается только один шаг, которым растение
навсегда привязывается к почве.

---

[24] Сакма — свежий след зверя на траве. (Примеч. Д. П. Мамина-
Сибиряка.)

Набоб ехал молча, припоминая про себя подробности вчерашнего дня. Днем он не имел возможности поговорить с Лушей, за исключением двух-трех случайно брошенных фраз; девушка точно с намерением избегала его общества в под разными предлогами ловко увертывалась от него. Только вечером, когда под шиханом горели громадные костры и вся публика образовала около них живописные группы, он заметил на верху скалы неподвижную тонкую фигуру. Издали ее совсем трудно было отличить от беспорядочно нагроможденных камней, но инстинкт подсказал набобу, что этот неясный силуэт принадлежал не камню, а живому существу, которое тянуло его к себе с неудержимой силой. Удалившись незаметно от остальной компании, набоб осторожно начал взбираться на шихан с его неосвещенной стороны, рискуя на каждом шагу сломать себе шею. Но эта опасность придавала ему силы, и он видел только этот профиль женской фигуры, теперь ясно вырезывавшийся для него на освещенном фоне костров. Конечно, это была она, Луша. Набоб чувствовал, как кровь приливала к его голове и стучала в висках тонкими молоточками, а в глазах все застилало кружившим голову туманом. Чтобы не испугать любительницу уединения, набобу нужно было подвигаться вперед крайне осторожно, чтобы не стукнул под ногой ни один камень, иначе это воздушное счастье улетит, как тень, как те летучие мыши, которые с быстротой молнии пропадают в ночной мгле. Переползая с камня на камень, набоб оборвал и исцарапал руки и больно ушиб левое колено, так что даже стиснул зубы от боли, но цель была близка, а время дорого. Он чувствовал, что не перенесет, если она сейчас встанет и начнет спускаться со скалы. Вот уже несколько шагов... Набоба охватывала мягкая ночная сырость; из расщелин скалы тянуло гнилым острым запахом лишайника и разноцветного горного мха; с противоположной стороны шихана обдавало едкой струей дыма, щекотавшей в носу и щипавшей глаза.

— Это вы, Прейн? — тихо спросила Луша, заметив выплывавшую из ночной мглы человеческую фигуру.

Этот вопрос успокоил набоба. Он боялся, что девушка ждала своего несчастного доктора.

— Нет, это я...— тихо ответил он сдержанным шепотом, чувствуя, как у него все пересохло во рту, а глаза палились кровью.

— Кто? — еще тише спросила Луша, инстинктивным движением собирая около ног свои юбки и напрасно вглядываясь в подползавшую фигуру.

191

— Я... Человек, которого вы не ждете, но который из-за удовольствия видеть вас десять раз мог сломать себе шею.

Луша не вскрикнула, не испугалась, но сделала движение подняться с места.

— Ради бога, не поднимайтесь! — умолял набоб.— Одно слово — и я уйду.

Набоб подполз так, что его нельзя было заметить со стороны огней, и, скорчившись, сел у ног Луши, как самый покорный раб. Это смирение тронуло сердце Луши, и она молча ожидала первого вопроса.

— Вы ждали Прейна?

— Нет.

— Почему вы подумали, что это он, а не кто-нибудь другой?

— Потому что... потому что считала его одного способным на такую дикую выходку. Ведь он ловок, как кошка.

— Зачем вы ушли сюда?

— Мне было скучно внизу, а здесь так хорошо. Я иногда люблю подурачиться, особенно ночью... Посмотрите, как хорошо кругом.

На горах лежала непроницаемая мгла, из которой смутно выплывали неясные силуэты самых высоких гор, да кое-где белел туман, точно все низменности были налиты белой, тихо шевелившейся массой, вроде мыльной пены. Набоб не находил в этой картине ничего красивого, если бы не это звездное глубокое небо, наклонившееся над землей с страстным шепотом. В лихорадочном блеске мириадами искрившихся звезд чувствовалось что-то неудовлетворенное, какая-то недосказанная тайна, которая одинаково тяготит несмываемым гнетом как над последним лишаем, жадно втягивающим в себя где-нибудь в расселине голого камня ночную сырость, так и над венцом творения, который вынашивает в своей груди неизмеримо больший мир, чем вся эта переливающаяся в фосфорическом мерцании бездна.

— Луша... Вы позволите мне так называть вас?

Молчание.

— Луша! Зачем вы так упорно продолжаете избегать меня? Что я вам сделал? Что мне нужно сделать, чтобы заслужить ваше... ваше доверие?

— Очень немного: уйти отсюда с такою же ловкостью, с какой вы явились. Что вам нужно от меня? Что общего может быть между нами?

Благодаря исключительным условиям этой сцены разговор происходил отрывистыми фразами; сторонам представлялось самим перекидывать между ними те умственные мостики,

192

которые делали бы связь между отдельными мыслями вполне ясной.

— Вы — странная девушка.

— Это очень скучная тема, и чтобы не повторять одно и то же десять раз, скажу вам, что я такая же обыкновенная девушка, как и тысячи других, которым вы повторяли сейчас сказанную вами фразу.

— Но это не мешает мне чувствовать то, что я говорю, чувствовать с того момента, когда я в первый раз увидал вас. Я боюсь назвать то чувство, которое...

— Я понимаю это чувство: имя ему — жажда разнообразия...

Луша тихо засмеялась, скрестив пальцы.

— А если я имею такие доказательства, которые должны убедить вас?

Пауза. Где-то шарахнулась ночная птица и пропала с мягким трепетом крыльев в ночной мгле. Набоб невольно вздрогнул; он только теперь почувствовал, что из его исцарапанных рук сочится кровь.

— Вот вам доказательство,— проговорил он, протягивая руку вперед.— Пощупайте, она в крови, которую я проливаю из-за вас...

— Очень трогательно... Позвольте я оботру ее вам. Это все, что я могу сделать.

Девушка торопливо вытерла своим платком протянутую мясистую ладонь, которая могла ее поднять на воздух, как перышко. Она слышала, как тяжело дышал ее собеседник, и опять собрала около ног распустившиеся складки платья, точно защищаясь этим жестом от протянутой к ней сильной руки. В это мгновенье она как-то сама собой очутилась в железных объятиях набоба, который задыхавшимся шепотом повторял ей:

— Ты будешь моя!.. ты будешь моя!

— Никогда!.. Пустите... Иначе мы вместе полетим вниз.

На верху скалы завязалась безмолвная борьба. Луша чувствовала, как к ней ближе и ближе тянулось потное, разгоряченное лицо; она напрягла последние силы, чтобы оторваться от места и всей тяжестью тела тянулась вниз, но в этот момент железные руки распались сами собой. Набоб, схватившись за голову, с прежним смирением занял свою старую позицию и глухо забормотал прерывавшимся шепотом:

— Я вас убью... Простите меня... но я не могу... я...

Он сорвал с шеи галстук и замолчал, вздрагивая всем телом.

— Уходите, уходите! — гневно шептала девушка, закрывая лицо своими топкими руками.— Я лучше умру сто раз, чем один раз отдамся вам. Уходите... Я сделаю то, о чем вас предупреждала.

Она угрожающе поднялась с места, но ее остановил отчаянный жест набоба, моливший о пощаде.

— Хочешь быть моей женой, Луша? — шептал потерявший голову набоб.— Я все тебе отдам... Вот все, что отсюда можно видеть днем. Это все будет твое... за одно твое ласковое слово.

Луша отрицательно покачала головой и засмеялась.

— Я не требую теперь вашего ответа... сейчас... Обдумайте, я умею ждать...

— Напрасный труд, Евгений Константиныч! Ради бога, уходите... Вас ищут там. Слышите голос Прейна?

— Не уйду, пока вы не дадите мне руки... Это будет доказательство, что вы меня простили... и подумайте о моем предложении.

Девушка торопливо протянула свою руку и почувствовала, с странным трепетом в душе, как к ее тонким розовым пальцам прильнуло горячее лицо набоба и его белокурые волосы обвили ее шелковой волной. Ее на мгновенье охватило торжествующее чувство удовлетворенной гордости: набоб пресмыкался у ее ног точно так же, как пресмыкались пред ним сотни других, таких же жалких людей.

Когда Евгений Константиныч вернулся к пылавшим огням, он, к своему удивлению, увидал Лушу, которая, сидя на бухарском ковре, весело болтала о чем-то в обществе доктора, Прейна и Прозорова. Чтобы не выдать своего похождения, набоб натянул замшевые перчатки. Луша заметила этот маскарад и улыбнулась.

— Где это вы пропадали? — спрашивал Прейн, пытливо глядя на своего повелителя.

— Представьте себе, я чуть не заблудился...— весело ответил набоб, припоминая, как Луша вытирала его руки платком.— Еще четверть часа — и я, кажется, погиб бы в этой трущобе.

Посыпались вопросы и знаки участия; особенно взволновались дамы, которые в своей птичьей беззаботности и не подозревали, что погибель была так близка. Лаптев в тон общему настроению рассказал самую фантастическую историю своего путешествия в каких-то камнях, а потом в густом лесу. В заключение он взглянул на Лушу. Их глаза встретились. Набобу показалось, что он теперь понял эту странную девушку, точно между ним и ей исчезла какая-то завеса, разделявшая их до сих пор. Она смотрела на него с тем гордым чувством собственности, как смотрят любящие женщины. Он показал ей глазами на свои перчатки; она отвернулась, чтобы скрыть осветившую лицо улыбку.

Теперь, спускаясь с горы, набоб с удовольствием перебирал в своем уме подробности вчерашних похождений. Он переживал ту полноту и приятную напряженность чувства, каких не дают продажные женщины. Прейн ехал за ним и сосредоточенно насвистывал какую-то бравурную опереточную арию, что в переводе означало, что он о чем-то думает самым серьезным образом. От его зоркого взгляда не ускользнуло, что между Лушей и набобом произошло что-то очень важное: оба держали себя как-то неестественно, и Луша несколько раз задумчиво улыбнулась без всякой видимой причины. Старый грешник чувствовал себя непогрешимым в известного сорта делах. Рано утром, когда набоб еще спал, Прейн заметил следы крови на снятых перчатках; это обстоятельство навело его еще на большие сомнения.

План охоты на оленя заключался в том, чтобы егерям и лесообъездчнкам сначала окружить зверя живой цепью, а потом выгнать его прямо на набоба. Круг из загонщиков растягивался верст на пять. Посланные вперед разведчики донесли Майзелю, что зверь встал от оводов в густую еловую заросль, которая тянулась сплошной гривою по одному из увалов Рассыпного Камня. За последнюю неделю был выслежен с математической точностью каждый шаг обреченного на погибель зверя. Это был великолепный десятирогий "бык", то есть самец, отдыхавший после весенних удовольствий любви. Можно было пожалеть только о том, что он за последнюю неделю, преследуемый оводом, заметно спал с тела.

Пока загонщики делали свое дело, устроен был легкий привал у безымянного горного ключика, сочившегося ледяной струей из крутого отвала горы. Чтобы прежде времени не встревожить зверя, было строго запрещено курить и разговаривать. Набоб, вытянувшись на траве во весь рост, безмолвно смотрел в голубое небо, где серебряными кружевами плыли туманные штрихи. В одном месте круглилось и надувалось белое грозовое облачко. Смешанный лес из сосен и берез то начинал шуметь ласковым шепотом, то сдержанно стихал. Солнце подобрало росу, и теперь в сочной зеленой траве накоплялся дневной зной, копошились букашки и беззаботно кружились пестрые мотыльки; желтые, розовые и синеватые цветы пестрили живой ковер травы, точно рассыпанные самоцветные камни. Кусты жимолости и вереска выбирали самые солнечные места, где почва накаливалась от зноя. В числе охотников был и Родион Антоныч, тоже облекшийся в охотничью куртку и высокие сапоги; выбрав местечко на глазах набоба, он почтительно сидел на траве, не спуская глаз с своего владыки, как вымуштрованный охотничий пес.

— Готово...— шепотом проговорил Майзель, когда на опушке ближайшего леса показался приземистый бородатый лесообъездчик, первый плут и лучший охотник.

Все поднялись и осторожно пошли через лес пешком. Лошади были оставлены. Евгений Константиныч нес в руках короткий английский штуцер, заряженный самим Майзелем. Когда охотники были расставлены по местам, мертвая тишина охватила все кругом. Набоб стоял под прикрытием развесистого куста рябины; пред ним легла глубокая поляна, по которой должен был пробежать вспугнутый зверь. Время тянулось с ужасной медленностью. Где-то сухо треснул под ногой сучок. Комары лезли набобу в нос, в рот, даже в уши; он сначала отмахивался от них рукой, а потом покорился своей участи и только в крайнем случае судорожно мотал головой, как привязанная к столбу лошадь. Майзель стоял от него шагах в пятидесяти и чутким, привычным ухом ловил малейший шорох. Сначала ничего нельзя было разобрать, но потом он убедился, что зверь поднят: олень почуял опасность и осторожным шагом, нюхая воздух и насторожив уши, шел вдоль лесистой гривки. В одном месте "счакали" рога о дерево. Майзель, притаив дыхание, впился глазами в лесную чащу; зверь шел прямо на набоба и должен был пересечь лесную прогалину, которая была открыта для выстрела.

Красавец олень действительно шел по направлению к этой прогалине, делая легкие прыжки через поваленные стволы деревьев. Он чутко поводил ушами, откидывая рога на спину. Подозрительный шорох заставлял его вздрагивать; горячие большие глаза смотрели тревожно. Зверь почуял своего страшного врага — человека — и теперь старался выбраться из засады. Опасность грозила из каждого угла, олень чувствовал окруживших его людей с такой же отчетливостью, как мы можем только видеть. Вместе с тем он понимал, что единственное его спасение — это идти вдоль гривы. Но блеснувшая между деревьями прогалина заставила его остановиться на опушке, он почуял, что враг совсем близко, и хотел вернуться, но в это мгновение раздался сухой треск выстрела, и благородное животное, сделав отчаянный прыжок

196

вперед, пало головой прямо в траву. Из-за рябины, где стоял набоб, взмыло кверху белое облачко дыма.

— Молодецкий выстрел! — кричал Майзель, первым подбегая к трепетавшему в агонии оленю.— Поздравляю, Евгений Константиныч... Могу сказать, что это выстрел! двести шагов... Да, молодецкий выстрел!

Около убитой жертвы сошлись все охотники, торопливо делая оценку выстрелу.

— Теперь на коня! — скомандовал Майзель.— Господа, мы будем поздравлять Евгения Константиныча на привале...

Лесообъездчики явились с лошадьми; оленя взялся доставить Родион Антоныч, не знавший, чем выразить ему свое удивление пред искусством набоба.

— Что же ты меня не поздравляешь, Альфред? — обратился набоб к Прейну, который рассеянно смотрел на пеструю толпу сбежавшихся егерей и лесообъездчиков.

— Ага... ничего! — ответил Прейн.— Счастливый выстрел...

Майзель торжествовал и гордо закручивал свой седой ус; самое горячее желание исполнилось: набоб был доволен. Обратно охотники поехали другой дорогой и у подножья Рассыпного Камня, на одном повороте лесной тропы, неожиданно увидали перед собой громадный шатер, огни и все общество. Этот сюрприз был задуман тоже Майзелем, чтобы устроить чисто охотничий привал. Дамы наперерыв спешили поздравлять счастливого охотника и даже поднесли ему букет из полевых цветов. В общем взрыве радостного восторга не принимала участия только Луша.

— А вы, кажется, не разделяете общих чувств? — спрашивал ее набоб, улучив свободную минуту.

— Прикажете тоже поздравлять? Это очень забавно! убить оленя, которого лесообъездчики чуть не привязали за рога к дереву... Удивительный подвиг!..

— Я не видал вас со вчерашнего дня...— понизив голос, проговорил набоб.

— Не много от этого потеряли. Идите, пожалуйста, к дамам, а то они меня разорвут...

Привезенный олень явился апогеем торжества. Его освежевали, а мясо отдали поварам. Пир затевался на славу, а пока устроена была легкая закуска. Майзель с замиранием сердца ждал этого торжественного момента и тоном церемониймейстера провозгласил:

— Господа, прошу отведать хлеба-соли!

Набоб первым вошел в палатку, где на столе из свежерасколотых елей красовалась "маленькая" охотничья закуска, то есть целая батарея всевозможных бутылок и затем ряды тарелок, тарелочек и закрытых блюд с каким-то очень таинственным содержимым.

— Вот, могу вам рекомендовать, Евгений Константиныч,— с скромным достоинством проговорил Майзель, собственноручно подавая набобу лежавший на серебряном блюде предмет странной формы, что-то вроде передней половины разношенной калоши: — самое охотничье кушанье...

— Что это такое? — удивился набоб, осторожно пробуя вилкой темную губчатую массу.

— А вы попробуйте...

Отрезанный ломтик оказался необыкновенно тонкого вкуса. Удивленный этим сюрпризом, набоб съел второй ломтик и потом с отчаянием в голосе проговорил:

— Хоть убейте, не могу определить, что это за штука... А чертовски вкусная закуска! Прейн, попробуй!

— Это, Евгений Константиныч, позволю себе так выразиться, классическая охотничья закуска,— объяснил Майзель, даже покрасневший от щедрой похвалы,— маринованная верхняя губа сохатого...

— Благодарю и благодарю! — растроганно заявил набоб и торжественно облобызал старого охотника.— Раз — благодарю за отличную охоту, а второе — за эту закуску...

Нужно ли говорить, что торжество Майзеля отразилось острой болью на душе у всех остальных, особенно у Вершинина, который имел несчастие думать в течение целых двух суток, что никто не может придумать ничего лучше его ухи из живых харюзов. Вот тебе и харюзы! Даже Сарматов — и тот, обнюхивая микроскопический кусочек доставшейся на его долю классической охотничьей закуски и глубокомысленно вытаращив глаза, громко заявил, что действительно, когда он был командирован в Архангельскую губернию, то в течение трех лет питался одной маринованной губой сохатого. Родион Антоныч торжествовал: союзники теперь побивали друг друга... Отлично! Майзель никогда не простит Вершинину уху из харюзов, а Вершинин никогда не простит Майзелю маринованной губы.

"Отлично! — думал Родион Антоныч, потирая руки.— Вот так удружили... Ха-ха!.. Ах! нужно сейчас же послать Раисе Павловне эстафету".

В душе Ришелье затеплилась сладкая надежда, что все здание, с такой дьявольской хитростью воздвигнутое руками Тетюева, разлетится прахом от такой простой вещи, как встреча ухи с губой...

После трех рюмок водки у Майзеля совсем сделалось легко на душе, и он презрительно оглядывал всю остальную публику. Сарматов, прожевывая ломтик колбасы, рассказывал набобу самые удивительные случаи о своих охотничьих похождениях, а в том числе и о собаках.

— Представьте себе, Евгений Константиныч,— ораторствовал он, у меня была одна собака... Кстати, я знаю отличное средство, если кто боится собак: ни одна не укусит. Если вы идете, например, по улице, вдруг — навстречу псина, четвертей шести, и прямо на вас, а с вами даже палки нет,— положение самое некрасивое даже для мужчины; а между тем стоит только схватить себя за голову и сделать такой вид, что вы хотите ею, то есть своей головой, бросить в собаку,— ни одна собака не выдержит. Честное слово... Я даже производил опыты с одним тигром в зверинце.

Сарматов показал пример, как нужно трясти головой, но мнения общества относительно заявленного средства разделились.

— Вздор! — решительно заявил Майзель.

— Честное и благородное слово, Николай Карлыч! Хотите пари?

— Извольте, но с условием: я положу свое пальто, на пальто положу свою собаку,— если вы возьмете из-под собаки пальто, вы выиграли.

— Идет!

Майзель торжественно разостлал на траве макинтош и положил на нем свою громадную датскую собаку. Публика окружила место действия, а Сарматов для храбрости выпил рюмку водки. Дамы со страху попрятались за спины мужчин, но это было совершенно напрасно: особенно страшного ничего не случилось. Как Сарматов ни тряс своей головой, собака не думала бежать, а только скалила свои вершковые зубы, когда он делал вид, что хочет взять макинтош. Публика хохотала, и начались бесконечные шутки над трусившим Сарматовым.

— Это дрессированная собака,— оправдывался Сарматов, нимало не конфузясь.— Она только и умеет, что лежать на вашем пальто...

— Дорого бы я дал тому, кто подал бы мне мой макинтош! — хвастался Майзель, упоенный своими победами.— Господа, попробуйте!

В этот момент из толпы выделился Родион Антоныч, подошел к лежавшей собаке и прыснул на нее набранной в рот водой. Захваленный пес вскочил, поджал хвост и скрылся.

199

— Вот ваш макинтош, Николай Карлыч! — почтительно проговорил Родион Антоныч, подавая пальто Майзелю.

Старый охотник совсем опешил и не знал, что ему ответить. Публика тоже была очень смущена, но когда набоб засмеялся, взрыв дружного хохота был наградой находчивости Родиона Антоныча, который с застенчивой улыбкой вытирал себе лицо платком.

— Это нечестно! — отрубил наконец взбешенный общим хохотом Майзель.

— Успокойтесь, Майзель! — уговаривал расходившегося старика набоб.— Этот господин поступил очень находчиво — и только... А Сарматов жестоко проврался! Я думал, что он совсем оторвет себе голову... А как фамилия этого господина, который прогнал вашу собаку?

— Сахаров,— сердито ответил Майзель.

— Ага! Да, очень находчиво.

Поданный обед сгладил неприятные последствия этого маленького эпизода. На столе в разных видах фигурировал только что убитый олень. Все участвующие, конечно, наперерыв старались уверить друг друга, что в жизнь свою никогда и ничего вкуснее не едали, что оленина в жареном виде — самое ароматное и тонкое блюдо, которое в состоянии оценить только люди "с гастрономической жилкой", что вообще испытываемое ими в настоящую минуту наслаждение ни с чем не может быть сравниваемо и т. д. Выпитое за охотничьей закуской вино заметно оживило все общество, и даже генерал, видавший лес и охотников только на картинах, громко уверял Перекрестова, что и лес и охота — отличные вещи сами по себе. Секретари, занимавшие пост около "галок", совершенно были согласны с генералом; пьяный Летучий, особенно близко познакомившийся в эту поездку с Прозоровым, подтвердил слова генерала неожиданно вырвавшейся икотой. Вообще все имели особенное расположение к веселящим напиткам. Прейн пил вместе со всеми, но не пьянел, а только заметно делался глупее, что ему и доказала самым очевидным образом Нина Леонтьевна, запустив ему шпильку. Впрочем, Прейн не очень огорчился выходкой Нины Леонтьевны — это была та необходимая доза житейской горечи, которая делает наше счастье настоящим счастьем. Он видел два чудные глаза, которые смотрели на него таким понимающим, почти говорящим взглядом и смотрели только на него одного, потому что все остальные люди для этой пары глаз были только необходимым балластом.

XXV

— Я уезжаю! — объявила Нина Леонтьевна генералу самым решительным тоном сейчас же после охотничьего завтрака.

Такой оборот дела поставил генерала в совершенный тупик: ему тоже следовало ехать за Ниной Леонтьевной, но Лаптев еще оставался в горах. Бросить набоба в такую минуту, когда предстоял осмотр заводов, значило свести все дело на нет. Но никакие просьбы, никакие увещании не привели ни к чему, кроме самых едких замечаний и оскорблений.

— Неужели, Нина, стоит обращать внимание на глупую болтовню такого человека, как Прозоров? — говорил генерал.— Обижаться его выходкам — значит, слишком мало уважать себя...

— Оставимте этот разговор,— коротко высказала свою волю Нина Леонтьевна,— я теперь убедилась окончательно, насколько вы меня цените...

— Нина, ради бога, в какое ты ставишь меня положение?

— Вы сами себя ставите, а не я...— зашипела "болванка".— Прозоров — ваш университетский товарищ, и вы так поставили себя с ним, что он совершенно безнаказанно может делать что хочет.

С логикой кровно обиженной женщины Нина Леонтьевна обрушилась всей силой своего негодования не на Прозорова, а на генерала, поставив ему в вину решительно все, что только может придумать самая пылкая фантазия, так что в конце концов генерал почувствовал себя глубоко виновным и даже не решался просить прощения. Притом все дамы были за Нину Леонтьевну и тоже изъявили желание вернуться к покинутым домашним очагам, причем даже не трудились подыскать мало-мальски подходящих предлогов для такого коллективного протеста. М-me Дымцевич была величественна и неумолима, как фатум; m-me Сарматова держала своих юниц за руки с таким видом, точно их невинности грозил самый воздух.

— Мы вас, во всяком случае, оставляем в таком приятном обществе,— говорила Нина Леонтьевна генералу уже от лица всех дам,— что вы, вероятно, не особенно огорчитесь нашим отъездом... Здесь останутся три особы, которые имеют все данные, чтобы утешить вас всех...

— Нина, что ты говоришь? — взмолился генерал.— Опомнись... Бросать грязью в этих девушек просто несправедливо!

— Mesdames, вы слышали? — обратилась Нина Леонтьевна к своим сторонницам.— Я это знала вперед!

Момент получился критический, и интересы русского горного дела висели на волоске. Генерал колебался, оставаться ему здесь или последовать за Ниной Леонтьевной. То и другое решение могло иметь неисчислимые последствия. Но Нина Леонтьевна пересолила, и генерал, как это делают все бесхарактерные люди, махнул на все рукой. Будь что будет, а он останется в горах, чтобы провезти Лаптева на обратном пути по всем заводам. От такого варварского решения с Ниной Леонтьевной сделалось дурно, хотя в душе она желала, чтобы генерал остался в горах, и вместе с тем желала сорвать на нем расходившуюся желчь.

— Что тут такое: революция? — вмешался Прейн, появляясь точно из-под земли.

— Да, мы хотим огорчить вас и... уезжаем,— с деланным смехом ответила Нина Леонтьевна.— Не правда ли, это убьет вас наповал? Ха-ха... Бедняжки!.. Оставлю генерала на ваше попечение, Прейн, а то, пожалуй, с горя он наделает бог знает что. Впрочем, виновата! генерал высказывал здесь такие рыцарские чувства, которые не должны остаться без награды...

Прейн отлично понял, что хотела сказать Нина Леонтьевна, но, прищурив свои бесцветные глаза, только развел руками.

— Вы нам испортите всю поездку, Нина Леонтьевна,— серьезно проговорил он, бросая окурок сигары в траву.— Что-нибудь случилось?

— Ничего особенного... кроме того, что мы не желаем быть здесь лишними. Притом вам предстоит с генералом еще столько серьезных занятий... ха-ха! Нет, довольно, Прейн! я не желаю вас мистифицировать: мы едем просто потому, что в горах слишком холодно.

— Я передам Евгению Константинычу, а с своей стороны могу сказать только что пароход сейчас ушел...

— Как ушел?

— Я уже сказал, что у вас происходит какая-то революция: половина общества уже уехала, а теперь вы покидаете нас...

Нина Леонтьевна побелела даже через слой румян и белил: Прейн предупредил и отправил девиц вперед. Он сейчас после завтрака передал m-lle Эмме, что им пора убираться восвояси, m-lle Эмма сама думала об этом и потащила за собой Анниньку. Перекрестов и Братковский вызвались их сопровождать. К этому веселому обществу присоединились Прозоровы и доктор.

Положение дам получилось довольно некрасивое, но им

больше ничего не оставалось, как только выдержать характер до конца. Пароход вернулся через три часа, и все дамы, простившись с Евгением Константинычем, отправились к пристани.

— Вы войдите в мое положение,— говорил дамам на прощанье Евгений Константиныч, желавший остаться любезным до конца.— Ведь с вашим отъездом я превращаюсь в какую-то жертву в руках генерала, который хочет протащить меня по всем заводам...

В виде почетной стражи к удалившимся дамам были приставлены "почти молодые люди" и Летучий, который все время своего пребывания в горах проспал самым бессовестным образом. Генерал проводил дам до пристани, где еще получил в виде задатка несколько колкостей как главный виновник всего случившегося.

— Славу богу, одним грехом меньше,— шепнул Прейн набобу, когда генерал вернулся на главную стоянку на Рассыпном Камне.

— Что такое случилось,— я решительно недоумеваю! — не понимал Лаптев.

— Самая обыкновенная история; по русской пословице: семь топоров лежат вместе, а два веретена врозь.

— Ага... Очень хорошая пословица. Семь топоров лежат врозь...

— Нет: вместе.

— Да, да... Семь топоров вместе... Очень остроумно сказано!..

Оставшись одни, все почувствовали себя свободными, особенно мужья. Присутствие женщин связывало общество, потому что самые лучшие анекдоты приходилось рассказывать вполголоса и, главное, постоянно быть настороже, чтобы не сболтнуть чего-нибудь лишнего, а теперь все сняли с себя верхнее платье и остались в одних рубашках. Это было очень оригинально и приближало к простоте окружавшей природы; притом и пить приходилось очень много, потому что какое значение может иметь природа для цивилизованного человека, если она не вспрыснута дорогим вином. Даже генерал — и тот пил вместе с другими, чтобы разогнать тяжелое чувство ожидаемого возмездия. Вместе с тем, поглядывая на Евгения Константиныча, генерал соображал, как он потащит на буксире этого барчука высшей школы по всем заводам, а главное — в Куржак, на знаменитый железный рудник. Майзель, Вершинин, Дымцевич и Сарматов заметно оживились и наперерыв старались блистать самым непринужденным остроумием. Под шиханом лесообъездчиками была устроена на высоких козлах трапеция, и на ней "господа" показывали свою ловкость: Прейн вертелся как клоун и поражал всех живостью и силой своего сколоченного жилистого тела. Остальные припомнили тоже кое-что из старины, и всякий в свою долю старался влезть, по крайней мере, на шест, чтобы не отстать от других. Набоб лежал на траве в одной рубашке и поощрял кувыркавшихся и потевших добровольцев, потому что любил упражнения этого рода. И сам он в былые времена тоже умел проделывать кое-что по части эквилибристики, но теперь зажирел и вообще сделался тяжел на подъем.

— А вы, Родион Антоныч, что не попробуете? — предлагал Прейн, когда все успели проделать свои номера.

— Я-с? Нет уж, Альберт Осипыч, увольте...— взмолился Родион Антоныч, отмахиваясь обеими руками.— Помилуйте, я уж старик, притом совсем почти слепой. С печи на полати едва перелезаю...

— Врет, все врет! — послышались голоса.— Какой он слепой! птицу в лет бьет! Нет, Родион Антоныч, пожалуйте!..

В общем хоре особенно энергично настаивал Майзель, который не мог простить Родиону Антонычу его выходки с собакой. Набоб смеялся над смутившимся Ришелье и тоже упрашивал его попытать счастья на трапеции.

— Не могу-с, Евгений Константиныч, вот как перед богом, не могу! — упирался Родион Антоныч, умиленно прижимая обе руки к сердцу.

— Да вы попробуйте. Ведь прогнали же собаку Майзеля,— поощрял Лаптев, продолжая милостиво улыбаться.— На людях и смерть красна... Притом мы здесь совершенно одни, дам нет.

Стоявшие почтительно в сторонке лесообъездчики начали пересмеиваться, дескать, влопался наш Родька, как он полезет на петлю. Общее внимание и градом сыпавшиеся со всех сторон просьбы повергли Ришелье в окончательное смущение, так что он готов был замолчать самым глупым образом и из-за какой-нибудь дурацкой гимнастики разом потерять все внимание, какое успел заслужить в глазах набоба. Оставалось только лезть на трапецию, чтобы сверзиться оттуда мешком для общей потехи; но в это мгновение Родиона Антоныча осенила счастливая мысль, и он проговорил:

— Ей-богу, Евгений Константиныч, не могу насчет трапеции! А ежели вот на палке тянуться или по-татарски бороться...

— Как это по-татарски?

— А так-с, лежа, нога за ногу, а потом кто кого на голову поставит...

Эта идея очень понравилась набобу, и Прейн первый решился вступить с Ришелье в оригинальное ратоборство. Они легли рядом на траву ногами к голове и потом зацепили друг друга ногой в ногу; секрет борьбы заключался в том, чтобы давить скрюченной ногой ногу противника до тех пор, пока тот не встанет на голову. Получалась очень комичная сцена, и набоб хохотал от души, когда Прейн и Родион Антоныч надувались и краснели, стараясь осилить друг друга. Наконец, к общему удовольствию, Прейн кубарем полетел через голову, и ловкость Родиона Антоныча покрылась общими аплодисментами. Лесообъездчики рты разинули от удивления, как ловко Родька обтяпал барина. Ай да Родивон Антоныч, придумал штуку, почище господской петли.

— Это очень интересно!— восклицал Евгений Константиныч, крайне довольный новой забавой.— Ну-ка, Родион Антоныч, со мной...

Это предложение заставило Родиона Антоныча в первое мгновение оторопеть. Он даже потер себе глаза: но нет, это была не галлюцинация, и Лаптев уже растянулся на траве и поднял ногу.

— Евгений Констаитиныч... ей-богу, не могу-с! не смею...— залепетал Родион Антоныч.

— Ничего, вздор! — решил Прейн, прихрамывая и щупая затылок.— Прямо меня на голову поставил...

Родиона Антоныча насильно уложили рядом с Лаптевым и заставили зацепить ногой барскую ногу. Бедный Ришелье только сотворил про себя молитву и даже закрыл глаза со страху. Лаптев был сильнее в ногах Прейна, но как ни старался и ни надувался,— в конце концов оказался побежденным, хотя Родион Антоныч и не поставил его на голову.

— Молодец!..— хвалил Евгений Константиныч, поднимаясь с земли.— Право, я не подозревал, что так можно бороться. Как жаль, что здесь нет Летучего, а то его следовало бы поставить на голову раз пять... Ха-ха! Вы, Родион Антоныч, может быть, еще что-нибудь умеете?

— Нет-с, Евгений Константиныч, больше ничего не умею... Разве вот на палке тянуться, а то ведь я все по письменной части.

Новый успех Родиона Антоныча покоробил Майзеля, и он процедил сквозь зубы:

— Дурацкая штука... глупость!..

Генерал тоже был недоволен детским легкомыслием

набоба и только пожимал плечами. Что это такое в самом деле? Владелец заводов — и подобные сцены... Нужно быть безнадежным идиотом, чтобы находить удовольствие в этом дурацком катанье по траве. Между тем время летит, дорогое время, каждый час которого является прорехой в интересах русского горного дела. Завтра нужно ехать на заводы, а эти господа утешаются бог знает чем!

— Генерал, вы что так насупились? — спрашивал Лаптев, заметив недовольную мипу.— Не сердитесь, голубчик... Завтра ранним утром отправляемся в Куржак, и там можете делать со мной что хотите. Не правда ли, Прейн?

Погода была великолепная, точно сама природа благоприятствовала успехам прогрессировавшего русского горного дела. Вот уже третью ночь все общество проводило в горах, и какую ночь — хоть картину пиши! Вечером солнце село по всем правилам искусства: оно точно утонуло золотым шаром в пылавшем море крови, разливая по небу столбы колебавшихся розовых теней. Опять звездная бездна над головой, опять душистая прохлада северной ночи; кругом опять призраки и узорчатые тени по горам, а в самой выси, где небо раздавалось и круглилось куполом, легли широкие воздушные полосы набежавших откуда-то облачков, точно кто мазнул по небу исполинской кистью. Эти облачка сильно беспокоили Майзеля. Еще предстояло взять дупелиное болото, потом проведать медведя — и вдруг дождь, самый обыкновенный, глупейший дождь, который может зарядить дня на два! Что может быть обиднее? Родион Антоныч думал то же, расположившись на ночь около огонька. Он пережил столько в последние сутки, что долго не мог успокоиться и все щупал свою ногу, которая удостоилась прикасаться к ноге Евгения Константиныча... Ведь вот, поди ж ты, кто бы, кажется, мог придумать такую штуку!.. Да, боролся с самим Евгением Константинычем и был замечен, назло всем окружавшим Родиона Антоныча врагам. Если разобрать, что он такое в этой компании: червь, моль, былинка, колеблемая ветром! Он не умел рассказывать пикантных анекдотов, не умел придумывать новых кушаний — и вдруг: собака Майзеля и татарская борьба сразу подняли его на небывалую высоту! Зато теперь все грызут на него зубы — и Вершинин, и Дымцевич, и Майзель, и Сарматов. Особенно Майзель, который с чисто немецкой аккуратностью не умел прощать обид. Но что они все значили, даже взятые вместе, перед вниманием Евгения Константиныча, который изволил собственной ногой зацепить его рабью лапу? Вот-то обрадуется Раиса Павловна, когда узнает! А Прейн, шельма этакая, только улыбается, а того не подумает, каково было ему, Родиону Антонычу, единоборствовать с Евгением Константинычем. И во сне Ришелье несколько раз осторожно и с благоговением приподнимал осчастливленную ногу, точно эта нога составляла уже не часть его тела, а сам он составлял всем своим существом только ничтожный придаток к этой ноге.

К утру вспрыснул легкий дождь, напугав всех, но этот страх был совершенно напрасен. Дождь только освежил траву и лес, и солнце взошло с небывалой пышностью. Предрассветная туманная полоса, пеленавшая восток, точно дала широкую трещину, от которой все небо раскололось на мириады сквозивших розовым золотом щелей. Неудержимый поток света залил все небо, заставив спавшую землю встрепенуться малейшей фиброй, точно кругом завертелись мириады невидимых колес, валов и шестерней, заставлявших подниматься кверху ночной туман, сушивших росу на траве и передававших рядом таинственных процессов свое движение всему, что кругом зеленело, пищало и стрекотало в траве и разливалось в лесу тысячами музыкальных мелодий. Нужно было такому чуду свершаться исправно каждый день, чтобы люди смотрели на него, новыряя пальцем в носу, как смотрел набоб и его приспешники, которым утро напоминало только о новой еде и новом питье.

Для охотничьего утра набоб проснулся очень поздно, потому что вчера целый день слишком много пил и ел; Прейну стоило большого труда растолкать его, причем оба ругались на трех языках. M-r Чарльз ожидал пробуждения своего повелителя с целым арсеналом принадлежностей туалета и холодным, презрительным взглядом смотрел на суетившуюся толпу управителей. Оседланные лошади нетерпеливо грызли удила, фыркали и взрывали землю копытами. Генерал с сигарой в зубах шагал по росистой траве, заложив руки за спину; он тоже поднялся не в духе, потому что в его профессорском теле сказалась чисто профессорская болезнь. В сторонке от главной стоянки распоряжался Майзель, отдавая приказания лесообъездчикам; он был великолепен всей своей петушиной, надутой фигурой, заученными солдатскими жестами и вообще всей той выправкой, какая бросается в глаза на плохих гравюрах из военной жизни. Из лесообъездчиков Майзель хотел выбить какой-то эскадрон, точно готовился сейчас лететь в атаку.

— Генерал сердится...— объяснил Прейн, когда набоб снова бессильно опустил поднятую голову на подушку.— Наконец будет жарко, и охота пропадет. Теперь самый раз отправляться...

— Я сейчас...— бормотал набоб, натягивая на себя одеяло.— А на генерала мне наплевать... Вот еще мило: каторжный какой дался вам!

Прошел еще час, пока Евгений Константиныч при помощи Чарльза пришел в надлежащий порядок и показался из своей избушки в охотничьей куртке, в серой шляпе с ястребиным пером и в лакированных ботфортах. Генерал поздоровался с ним очень сухо и только показал глазами на стоявшее высоко солнце; Майзель тоже морщился и передергивал плечами, как человек, привыкший больше говорить и даже думать одними жестами.

— Извините, господа,— говорил Евгений Константипыч, усаживаясь за завтрак из холодной дичи.— Мы еще успеем. А где у меня Brunehaul?

Собаку-фаворитку привезли только накануне, и она с радостным визгом принялась прыгать около хозяина, вертела хвостсш и умильно заглядывала набобу прямо в рот. Другие собаки взвизгивали на сворах у егерей, подтянутых и вычищенных, как картинки. Сегодня была приготовлена настоящая парадная охота, и серебряный охотничий рог уже трубил два раза сбор.

— Замечательная собака! — говорил Лаптев, лаская своего пойнтера.— Какую стойку делает! Раз выдержала дупеля час с четвертью. Таких собак только две по всей России: у меня и у барона N.

— А сколько она стоит? — любопытствовал кто-то.

— Вздор... Тысячи две, кажется.

— Ровно две тысячи,— подтвердил Прейн.

Наконец и завтрак был кончен. Серебряный рог протрубил сбор в третий раз, и Майзель скомандовал на коня. До Куржака было верст двадцать, но приходилось ехать верхами. Генерал тоже взмостился в седло и неловко держал поводья обеими руками, точно посаженная на лошадь монахиня; Родион Антоныч оказался верхом на мохноногом горбоносом киргизе. Около него вертелся и прыгал его сеттер Зарез, который до настоящей минуты находился на строгом попечении лесообъездчиков. Вся охотничья кавалькада длинным хвостом потянулась по западному склону горы, спускаясь по извилистой горной тропинке.

Когда съехали с Рассыпного Камня, тропинка расширилась, так что можно было ехать двоим в ряд. Генерал воспользовался этим случаем и, выровняв своего скакуна с английской охотничьей лошадью набоба, принялся отчитывать ему по части тех проклятых экономических вопросов, которые никогда не выходили из генеральской головы. Набоб слушал молча и наблюдал за движением ушей своей лошади, которая чутко прислушивалась к каждому шороху, вздрагивала и напряженно взмахивала своим куцым энглизированным хвостом. Увлекшись своей речью, генерал не хотел замечать, что Евгений Константиныч думает совсем о другом и только делает вид, что внимательно слушает его.

— Теперь важно на самом деле проверить наши теоретические построения,— ораторствовал генерал, неловко повторяя своим телом тяжелый прыжок лошади через ямы.— Увидев заводы, фабрики и фабричных рабочих, я многое уяснил себе, что раньше являлось только отвлеченным понятием, логической выкладкой... На заводы нужно смотреть, как на одну громадную машину, где главной двигающей силой, к сожалению, остаются рабочие руки. Это варварство, с одной стороны, а с другой — слабое место всякой промышленности. Именно эта живая сила составляет основание всех недоразумений, а потому задача всех крупных предпринимателей — как возможно шире применять механические двигатели: воду, пар, электричество наконец. Я не хочу этим сказать, что нужно сокращать количество рабочих: нет, до этого мы не доживем, слава богу, потому что наша фабричная промышленность, собственно, еще в зародыше. Но важно предупредить печальное недоразумение, то есть перевес предложения рабочих рук над спросом. Россия в этом случае стоит, по сравнению с Западной Европой, в самых выгодных условиях, и для нее рабочий вопрос, в обширном смысле этого слова, только вопрос отдаленного будущего. Печальный пример более цивилизованных государств должен нам служить указанием не повторять чужих заблуждений, хотя Наполеон Первый и сказал, что чужие ошибки не делают нас умнее.

— Да, да...— соглашался машинально набоб, думая совсем о другом.

Он почему-то теперь вспомнил о Луше и рассердился на Прейна, который не умел удержать дам в горах. Что они ссорятся и интригуют между собой, так это слишком старая история, чтобы обращать на нее внимание или не уметь помирить враждующие стороны. Собственно, набоб даже не знал, в чем дело, и не интересовался знать, но сердился на Прейна, который обязан был предвидеть и предупредить отъезд Луши. Пикантная это девочка и что-то в ней есть такое, чего нет в других. Трудно сказать — что, но именно вот этого теперь и недостает Евгению Константинычу. Притом, что этот генерал пристает к нему с рассуждениями, точно впереди мало времени... Воображение набоба рисовало смелый и типичный образ девушки, которая не выходила у него из головы и точно дразнила его своей улыбкой.

— Евгений Константиныч, сейчас будет болото,— отрапортовал Майзель, подъезжая на рыжем иноходце.

— Ага!

— Нужно спешиться, Евгений Константиныч, а то мы распугаем птицу.

Егеря и лесообъездчики уже спешились и, выстроившись в две шеренги, с вытянутыми лицами ожидали дальнейших приказаний. Лошади фыркали и отмахивались хвостами от овода, собаки обнюхивали траву и сильно натягивали своры. Устроился импровизированный охотничий привал, хотя огня и не раскладывали из опасения испугать дичь.

Передав лошадей егерям, охотники, под предводительством Майзеля, побрели по болоту, которое светилось через жидкий перелесок. Под ногами сосала и чмокала вода; болотные кочки торчали травянистыми вихрами. Редкий болотистый ельник скоро расступился и открыл довольно широкое болото, очевидно образовавшееся из лесного озера; почва зыбко качалась под тяжестью проходивших людей, а самая средина была затянута высокой желтоватой травой, над которой пискливо звенели комары. У опушки леса все остановились и осмотрели ружья. Евгений Константиныч был с легкой бельгийской двустволкой, которая блестела на солнце своими полированными стволами с насечкой. Brunehaut, вздрагивая всем телом и виляя хвостом, ожидала приказания.

— Cherche![25] — тихо послал собаку набоб и сам пошел за ней в болото.

Уткнув нос в землю и вытянув хвост палкой, красавица Brunehaut шла впереди с той грацией, с какой ходят только кровные пойнтеры; она едва касалась земли своими тонкими и сильными ногами, вынюхивая каждую кочку. Только истинные охотники поймут торжественность наступившего момента, и даже набоб испытывал приятное волнение, наблюдая каждое движение искавшей собаки. Вот она припала носом к одному месту и слабо вильнула хвостом — значит, напала на след дупеля; вот сделала несколько шагов вперед, приподняла

_____
[25] Ищи! (фр.).

210

переднюю погу, вытянулась и точно застыла в живописной позе. Раздалось: пиль! — дупель мягко вспорхнул из-под самого носа собаки и, жалко кувыркнувшись в воздухе, так же мягко упал в траву. Дым и гром выстрела вспугнули еще двух дупелей, которые перелетели в другой конец болота. Охота началась счастливым выстрелом, и набоб положил в свой ягдташ теплую птицу, пестренькие красивые перышки которой были запачканы розовыми пятнами свежей крови.

Скоро лес огласился громким хлопаньем выстрелов: дупеля оторопели, перепархивали с места на место, собаки делали стойки, и скоро у всех участников охоты ягдташи наполнились дичью. Родион Антоныч тоже стрелял, и его Зарез работал на славу; в результате оказалось, что он убил больше всех, потому что стрелял влет без промаха.

— Ого, да вы настоящий охотник! — похвалил его Прейн, усаживаясь на кочку.

— Какой уж я охотник! — скромничал Ришелье, польщенный этой похвалой.— Вот Евгений Константиныч уж точно: дохнуть не дадут.

После часовой охоты все присели отдохнуть. Началась проверка добычи и оценка достоинств стрелков. Сарматов убил меньше всех, но божился, что в молодости убивал влет ласточек пулей. Майзель расхвалил Brunehaut, которая так и просилась снова в болото; генерал рассматривал с сожалением убитых красивых птичек и удивлялся про себя, что люди могут находить приятного в этом избиении беззащитной и жалкой в своем бессилии пернатой твари.

— У меня была собака,— рассказывал Сарматов, размахивая руками,— пойнтер розовой масти... Уверяю вас: настоящей розовой. Это крайне редкий случай. И что же! Это собака раз выдержала трехчасовую стойку... Нынче уж таких собак нет.

— Моя Brunehaut выдержит час,— заметил Лаптев, лаская собаку.

— Нет, не выдержит! — посомневался кто-то.— Она теперь устала и разгорячилась.

— Выдержит.

Набоб поднялся и послал собаку снова в болото; через несколько минут Brunehaut сделала стойку. Майзель достал часы и заметил время. Воцарилась напряженная тишина, которая нарушалась только сдержанным шепотом. Оставив собаку, Евгений Константиныч развалился на траве с самоуверенной улыбкой. Но не прошло двадцати минут, как Brunehaut не выдержала и спугнула дупеля. Раздался смех, и взбешенный набоб пустил вдогонку сконфуженной Brunehaut заряд бекасиниика, который заставил ее дико взвыть и кубарем нокатиться по траве. Ошеломленная болью собака визжала самым неистовым образом и отчаянно трясла своими шелковыми ушами, в которые впился бекасинник.

— Послушайте, Евгений Константиныч, это наконец варварство! — вспылил генерал, побледнев как полотно.— Можно делать что угодно, но этому... этому я не приберу даже подходящего названия!

Взбешенный набоб тоже побледнел и, взглянув на генерала удивленными, широко раскрытыми глазами, что-то коротко сказал Прейну по-английски; но генерал не слышал его слов, потому что прямо через болото отправился на дымок привала. Brunehaut продолжала оглашать воздух отчаянными воплями.

— Это невозможно! — по-английски же ответил Прейн набобу, укоризненно качая головой.

— А если я не желаю ехать дальше? Могу же я позволить себе хоть одно желание?

— Да, в другое время, а не теперь,— настаивал Прейн.— Вы расстроите своим капризом весь план нашей поездки.

— Ни шагу дальше, и сейчас же домой! — капризно повторял набоб.— Вы с генералом делаете из меня какого-то несчастного дупеля...

— Да ведь это ребячество! Продержать генерала в горах трое суток, обещать ехать по всем заводам и вернуться ни с чем... Вы не правы уже потому, что откладываете поездку из-за пустяков. Погорячились, изуродовали собаку, а потом капризничаете, что генерал сказал вам правду в глаза.

— Я уже слишком много слышал правды от генерала. Но что вы хотите наконец от меня? Собственно, он меня оскорбил, а не я его... Я, впрочем, могу извиниться перед генералом, но дальше не поеду, хоть зарежьте.

Как ни уговаривал Прейн, как ни убеждал, как ни настаивал, как ни ругался — все было напрасно, и набоб с упрямством балованного ребенка стоял на своем. Это был один из тех припадков, какие перешли к Евгению Константиновичу по наследству от его ближайших предков, отличавшихся большой эксцентричностью. Рассерженный и покрасневший Прейн несколько мгновений пристально смотрел на обрюзгшее, апатичное лицо набоба, уже погрузившегося в обычное полусонное состояние, и только сердито плюнул в сторону.

XXVI

Поездка в горы перепутала окончательно все ходы, так что друзья и противники перестали понимать друг друга. Сначала, без сомнения, все было на стороне партии Тетюева: во-первых, Раиса Павловна оставалась дома, потом ряд блестящих гастрономических побед, удачная охота на оленя... Но в момент, когда "мой Майзель" был на верху торжества, все здание, возведенное с таким трудом, пошатнулось в самом основании: сначала подвел Родион Антоныч с собакой, потом Прозоров угостил Нину Леонтьевну, далее татарская борьба того же Родиона Антоныча и наконец заряд бекасинника по Brunehaut, произведший резкую размолвку между генералом и набобом. Обиднее всего было то, что безголовый Прейн рассказал набобу эпизод с Прозоровым, и набоб хохотал над Ниной Леонтьевной. Таким образом надежды и упования партии Тетюева значительно побледнели и потеряли прежнее обаяние, а известно, как много значит в каждом деле вера в собственные силы. Если генерал не удержится на прежней высоте, тогда трудно будет предвидеть будущее.

Генерал вернулся из-под Рассыпного Камня один, а за ним следом приехал и Евгений Константиныч в сопровождении всей свиты. Заводы остались неосмотренными, да об этом теперь никто и не заботился, даже сам генерал, который, кажется, махнул на все рукой. Добитая лесообъездчиками Brunehaut явилась камнем преткновения, через которое русское горное дело никак не могло переползти. Однако Прейн не дремал. Этот человек не переносил скандалов и резких выходок и поэтому скоро довел набоба до того, что тот высказал желание не только примириться с генералом, но и извиниться. С другой стороны, генерал, обсудив хладнокровно свою выходку, совершенно безупречную в нравственном смысле, нашел, что резкий тон этой выходки был подготовлен в нем неприятным отъездом Нины Леонтьевны, следовательно, он был несправедлив к набобу, который поступил так же, как делают другие охотники. Губить русское горное дело из-за таких пустяков, во всяком случае, не стоило, тем более что столько уже было сделано и оставалось только подвести итоги.

— Извините, генерал...— добродушно проговорил набоб, являясь в генеральский флигель в сопровождении Прейна.— Мне самому жаль бедной Brunehaut. Погорячился...

Эта искренность растрогала генерала, и он с чувством пожал протянутую руку набоба.

— Оставимте это, Евгений Константиныч,— отвечал он.— Говоря откровенно, и я не совсем был прав, хотя и не виноват... Одним словом, пустяки и вздор, о котором не хочется вспоминать; а чтоб загладить неприятное впечатление этих пустяков, займемтесь делом серьезно. Времени уже много потеряно...

— О, да, да! Непременно займемтесь! — с живостью подтвердил Евгений Константиныч.— Я буду рад... Главное, все разом покончить, не откладывая в долгий ящик.

— Постараемся покончить,— соглашался генерал.

Примирение набоба с генералом разрешило все сомнения и опять придало храбрости унывавшим "тетюевцам", как их называл Прозоров. Но это была только одна сторона медали. За визитом к генералу последовал визит набоба к Раисе Павловне. Конечно, все отлично понимали, зачем Евгений Константиныч сделал этот второй визит — уж, конечно, не для самой Раисы Павловны, а для Луши. Эта игра была слишком очевидна даже для непосвященных; поэтому ей и не придали особенно важного значения. Действительно, набоб встретил у Раисы Павловны Лушу и заметно обрадовался этой встрече.

— Как ваше здоровье, Раиса Павловна?— осведомился Евгений Константиныч с небывалой вежливостью.— Право, оно меня начинает сильно беспокоить...

— Ах, отстаньте, пожалуйста! Охота вам обращать внимание на нас, старух,— довольно фамильярно ответила Раиса Павловна, насквозь видевшая набоба.— Старые бабы, как худые горшки, вечно дребезжат. Вы лучше расскажите о своей поездке. Я так жалею, так жалею, что не могла принять в ней участие. Все говорят, как вы отлично стреляли...

Луша сидела на стуле рядом с Раисой Павловной и при последних словах едва заметно улыбнулась. Она точно выросла и возмужала за последнее время и держалась с самой непринужденной простотой, какая дается другим только путем мучительной дрессировки. Набоб заметил улыбку Луши и тоже улыбнулся: они понимали друг друга без слов.

— Эта поездка для меня лично явилась рядом неудач,— ответил набоб, бросая в глаз, неизвестно для чего, монокль. — Единственным объяснением этих неудач является, Раиса Павловна, только ваше отсутствие.

— Ах! как это трогательно, Евгений Константиныч!

— Уверяю вас. Дело кончилось тем, что мы чуть не разодрались с генералом, вернее, чуть он меня не поколотил...

— И следовало бы поколотить: зачем стреляли в собаку,— заметила Луша с серьезным видом.— Вот чего никогда, никогда не пойму... Убить беззащитное животное — что может быть хуже этого?..

Подняв плечи, Луша вызывающе посмотрела на набоба злыми глазами. Эта смелость испугала Раису Павловну, но набоб только улыбнулся и с ленивой улыбкой, играя своим стеклышком, проговорил:

— Скажите, вы не будете на меня в претензии, если я вас буду называть так же, как Раиса Павловна? А то ваше имя такое длинное и мудреное, что язык вывихнешь... Вы позволяете, Раиса Павловна? Я хотел сказать, что вы, mademoiselle Луша, были причиной смерти бедной Brunehaut. Если бы вы так внезапно не уехали, собака была бы жива... Представьте себе, Раиса Павловна, наше положение: вдруг все дамы бросают нас в лесу на произвол судьбы. С горя мы пили целую ночь, потом дурачились, а конец вам известен. Говоря по справедливости, нас и обвинять нельзя, а меня в особенности. Я слишком был огорчен, чтобы давать себе отчет в собственных поступках.

Набоб был любезен, как никогда, шутил, смеялся, говорил комплименты и вообще держал себя совсем своим человеком, так что от такого счастья у Раисы Павловны закружилась голова. Даже эта опытная и испытанная женщина немного чувствовала себя не в своей тарелке с глазу на глаз с набобом и могла только удивляться самообладанию Луши, которая положительно превосходила ее самые смелые ожидания: эта девчонка положительно забрала в руки набоба.

Они сидели в небольшой голубой гостиной, из которой стеклянная дверь вела на садовую веранду. Обитая голубым атласом с желтыми шнурами мягкая мебель, маленький диван с стеганой спинкой, вроде раковины, шелковые тяжелые драпировки, несколько экзотических растений по углам, мраморные группы у одной стены — все это так приятно гармонировало с летним задумчивым вечером, который вносил в открытую дверь пахучую струю садовых цветов. Сильно пахло левкоями, которые Раиса Павловна особенно любила. Лучи закатывавшегося солнца лениво бродили по паркетному полу рассеянной золотой пылью, которая ярко вспыхивала на бронзовых бра, на ручках дверей и тонких золотых багетах. Набоб сидел на стуле, заложив ногу за ногу, и легонько раскачивался, когда начинал смеяться; летняя пара из шелковой материи, цвета смуглой южной кожи, обрисовывала его сильное, по уже начавшее брюзгнуть тело. Из-под раструба панталон выставлялись шелковые пестрые чулки, потому что набоб дома всегда носил мягкие башмаки. Луша была в своем единственном нарядном платье из чечунчи; сначала она сидела рядом с Раисой Павловной, а потом перешла на диван.

Раиса Павловна с материнской нежностью следила за всеми перипетиями развертывавшейся на ее глазах истории и совершенно незаметно оставила молодых людей одних, предоставляя руководить ими лучшего из учителей — природу. Когда платье Раисы Павловны, цвета античной бронзы, скрылось в дверях, набоб, откинув нетерпеливо свои белокурые волнистые волосы пазад, придвинул свой стул ближе к дивану и проговорил:

— Mademoiselle Луша, а вы мне еще не дали ответа на тот вопрос, который я предложил вам там... в горах?

— Ах, да... Но ведь это был такой серьезный вонрос, что я до сих пор еще не решалась даже приступить к его обсуждению,— отшучивалась Луша, улыбаясь своими потемневшими от удовольствия глазами.— Притом, я думала, что вы уже успели забыть...

— Это несправедливо!..

— Пожалуй... Но вы забываете, что я уже дала слово доктору?

— Что же мне делать? Вызвать доктора на дуэль?

— Я думаю, что это будет самое лучшее... Вы отлично стреляете бекасинником.

— Злая!

В полузакрытых глазах набоба вспыхнул чувственный огонек, и он посмотрел долгим и пристальным взглядом на свою собеседницу, точно стараясь припомнить что-то. Эта девчонка положительно раздражала егъ своим самоуверенным тоном, который делал ее такой пикантной, как те редкие растения, которые являются каким-то исключением в среде прочей зеленой братии.

— Скажите откровенно, зачем вы так неожиданно уехали с горы?— спрашивал Евгений Константиныч, припоминая неприятное чувство, когда он ехал на дупелиную охоту по дороге в Куржак.

— Вы не поймете,— ответила Луша спокойно.

— Позвольте! В таком случае, значит, вы меня считаете просто за осла. Я могу обидеться наконец!

— Можете, но и я могу желать не отвечать вам... Впрочем, вам лучше спросить объяснения у Прейна.

Луша так и сказала, совсем фамильярно: "у Прейна", и даже не думала поправиться, что опять задело набоба за живое. Он подумал сначала, что m-lle Луша не умеет себя держать и

216

сама не понимает, что сказала, но, взглянув на ее лицо, убедился, что если кто не понимает ничего, так это он.

Раиса Павловна осталась очень довольна поездкой набоба в горы, раз — потому, что Прозоров ловко смазал "болванку", а затем — потому, что отношения между Лушей и набобом пережили самый двусмысленный и нерешительный период. С Лушей у Раисы Павловны по этому поводу не было никаких интимных объяснений, но по сосредоточенному, немножко усталому взгляду карих глаз своей любимицы опытная женщина заключила вполне основательно, что случилось именно то, чего она желала: набоб объяснился с Лушей. Поведение набоба доказывало это неопровержимейшим образом, потому что он держал себя с Лушей с утонченной вежливостью и, кажется, не знал, чем угодить этой взбалмошной девчонке, которая ничего не хотела замечать. В голове Раисы Павловны бродили тысячи дум, планов и соображений, так что она даже забывала о самой себе. Очевидно, набоб высказывает самые серьезные намерения относительно Луши, и теперь дело за согласием Луши... Конечно, это будет неравный брак, но разве мало таких mésalliance[26] устраивают русские набобы. Пока Раиса Павловна ничего не говорила Луше о своей мечте, предоставляя все дело его естественному течению. Ее теперь больше всего беспокоило то, как взглянет на mésalliance Прейн: этот старый грешник больше всего, кажется, заботится о себе и делает вид, что ничего не видит и не замечает. От зоркого глаза Раисы Павловны не ускользнуло то влияние, каким пользовался Прейн над Лушей, но, как многие умные женщины, она была убеждена, что ей только стоит объяснить Луше, что за птица Прейн — и умная девочка поймет все. Слишком занятая интимными отношениями, Раиса Павловна с замиранием сердца следила, как раскрывалась страница любви в жизни ее фаворитки, забывая о своих собственных делах.

А между тем дело принимало такой серьезный оборот, что это понял наконец и сам Платон Васильич. Этот странный человек сопровождал набоба в горы, принимал участие в обедах и завтраках, говорил, когда его спрашивали, но без Раисы Павловны всегда оставался совершенно незаметным, так что о нем, при всем желании, трудно было сказать что-нибудь. Бывают такие люди, и господь их знает, как они живут, если не попадут в руки какой-нибудь умной и энергичной женщины. Платон Васильич вечно был занят своей фабрикой и

---

[26] неравных браков (фр.).

машинами и только о них и мог постоянно думать,— все остальное для него проходило точно в тумане, а особенно таким туманом был покрыт приезд набоба. Как это ни странно сказать, но главный управляющий Кукарскими заводами знал меньше всех, что делалось кругом. Самый маленький заводский служащий, который бегал с пером за ухом, и тот знал малейшие подробности приезда набоба, отношения враждовавших партий и все эпизоды поездки в горы. Платон Васильич ел и вершининскую уху и маринованную губу, а о столкновении Нины Леонтьевны с Прозоровым узнал уже по возвращении в Кукарский завод, где служащие рассказали ему и о ссоре генерала с набобом.

— Но я ведь сам был на дупелиной охоте,— задумчиво говорил Платон Васильич.— Видел, как убили собаку, а потом все поехали обратно. Кажется, больше ничего особенного не случилось...

Раиса Павловна просто потешалась над этой наивностью мужа и нарочно морочила его разными небылицами, а когда он надоедал ей своими глупыми вопросами,— выгоняла из своей комнаты. Уйти на фабрику для Платона Васильича было единственным спасением; другим спасением являлись разговоры с генералом о нуждах русского горного дела.

Раз, довольно рано утром, когда Платон Васильич вышел пройтись по саду, на одном повороте аллеи он встретился с Прейном и Лушей, которые шли рядом. Заметив его, Прейн отодвинулся от своей спутницы и выругался по-английски, назвав Горемыкина филином.

— Ах, это ты, Луша! — удивился Платон Васильич, здороваясь с Прейном.

— Да, а это — вы...— грубо ответила девушка.— Вы ничего не потеряли здесь?

— Нет, кажется, ничего. А что?

— Да у вас такой вид, точно вы что-нибудь ищете.

— Да, да... Ты шутишь? — догадался наконец Горемыкин и потом с самым глупым видом прибавил, обращаясь к Прейну:
— Не правда ли, какая сегодня отличная погода?

— Да, ничего... скверная,— отвечал Прейн, стараясь попасть в тон Луши.— Скажите, пожалуйста, мне показалось давеча, что я встретил вас в обществе mademoiselle Эммы, вон в той аллее, направо, и мне показалось, что вы гуляли с ней под руку и разговаривали о чем-то очень тихо. Конечно, это не мое дело, по мне показалось немного подозрительно: и время такое раннее для уединенных прогулок, и говорили бы тихо, и mademoiselle Эмма все оглядывалась по сторонам...

— Что вы хотите сказать этим? — недоумевал Платон Васильич.— Я иногда гуляю в саду, но только один... Не понимаю, как вы могли меня видеть с mademoiselle Эммой.

— В таком случае нужно будет спросить у Раисы Павловны, что значит такие ранние tête-à-tête[27],— смеялся Прейн.— Вам направо?

— Нет, налево.

— Ну, так нам с вами не по пути... До свидания.

Платон Васильич в раздумье несколько минут постоял на месте, посмотрел вслед быстро удалявшейся парочке и пошел своей дорогой: "Не понимаю! ничего не понимаю!.." А утро было славное, хотя и холодное после вчерашнего дождя. Песок кое-где был смыт с утоптанных дорожек, в ямах стояли лужи мутной воды, следы ног ясно отпечатывались на мокром грунте; дувший с пруда ветерок колебал верхушки берез и тополей, блестевших теперь самой яркой зеленью. Около купальни и набережной с шумом разбивались пенившиеся волны. По небу ползли разорванными клочьями остатки рассеявшихся туч, точно грязные лоскутья серых лохмотьев, сквозь которые ярко сквозило чистое голубое небо и вырывались снопы солнечных лучей. Садовник с ножницами ходил около помятых вчерашним ветром кустов сирени и отрезывал сломанные ветви; около куртин, ползая по мокрой траве, копались два мальчика в ситцевых рубашках, подвязывавшие подмятые цветы к новым палочкам. На песке виднелся отпечаток двухколесной тележки, прокатившейся здесь ранним утром с разным мусором; тут же тянулись следы босых ног с резким отпечатком пальцев.

— Зачем ты смеялась над этим филином? — говорил Прейн, предлагая Луше руку.

— А ты зачем делал то же?

— Я смеялся, глядя на тебя...

— А я смеялась потому, что эта глупая рожа мне надоела. Скажите на милость, что этому Платону Васильичу понадобилось в саду в такое время? Еще разболтает чего-нибудь сглупа. Мне все равно, а все-таки меньше разговоров — лучше... Скоро ли вы прогоните этого дурака, Прейн?

— Скоро, гораздо скорее, чем ты думаешь...

— Обманываешь?

— На днях комиссия начнет свои работы, и тогда конец Горемыкину.

— Ах, как я желала бы, чтобы эта накрахмаленная и

---

[27] свидания (фр.).

намазанная Раиса Павловна полетела к черту, вместе с своим глухонемым мужем. Нельзя ли начать какой-нибудь процесс против Раисы Павловны, чтобы разорить ее совсем, до последней нитки... Пусть пойдет по миру и испытает, каково жить в бедности.

— Нет, это невозможно.

— Ах, как я ненавижу эту Раису Павловну, если бы ты знал! Ведь она теперь мечтает... ха-ха!.. ни больше, ни меньше, как о том, чтобы выдать меня за Лаптева, а я разыгрываю пред ним наивную провинциалочку. Глупо, досадно и опять глупо...

— Погоди, мы все устроим,— ласковым шепотом проговорил Прейн, осторожно привлекая к себе девушку за талию.— У нас все будет, мы поживем в свою долю...

— Да, все это так... я не сомневаюсь. Но чем ты мне заплатишь вот за эту гнилую жизнь, какой я жила в этой яме до сих пор? Меня всегда будут мучить эти позорнейшие воспоминания о пережитых унижениях и нашей бедности. Ах, если бы ты только мог приблизительно представить себе, что я чувствую! Ничего нет и не может быть хуже бедности, которая сама есть величайший порок и источник всех других пороков. И этой бедностью я обязана была Раисе Павловне! Пусть же она хоть раз в жизни испытает прелести нищеты!

Прейн был почти у цели. Есть люди, которые родятся в сорочке, и к таким людям, конечно, принадлежал этот философ-бонвиван. Сердце Луши принадлежало ему безраздельно, и он распоряжался в нем, как неограниченный монарх, хотя этому владычеству и были приданы неуловимые формы. Прейн действовал с той ласковой настойчивостью и мягкой самоуверенностью, какие неотразимо действуют на женщин. Луша поверяла ему свои задушевные мысли и чувства, как лучшему другу, и сама удивлялась, что могла снизойти до таких нежностей. В ее глазах старый грешник являлся совершенством человеческой природы, каким-то чародеем, который читал у ней в душе и который пересоздал ее в несколько дней, открыв пред ее глазами новый волшебный мир. Что так старательно развивалось и подготовлялось Раисой Павловной в течение нескольких лет, Прейном было кончено разом: одним ударом Луша потеряла чувство действительности и жила в каком-то сказочном мире,- к которому обыденные понятия и мерки были совершенно неприложимы, а прошлое являлось каким-то жалким, нищенским отребьем, которое Луша сменяла на новое, роскошное платье. Все будет новое; по одному мановению руки Прейна вырастут из земли всевозможные чудеса, которые он положит к ее ногам. У Луши кружилась голова, и она ходила, как в тумане. Все то, что слышала она от отца и доктора о какой-то честной жизни, о новых людях, о заветных идеалах — все это не пустой ли бред, который на каждом шагу разбивается действительностью? Взять хоть того же отца, Раису Павловну, других — все говорят одно, а делают другое, обманывают сами себя и в конце концов портят себе жизнь. Прейн, по крайней мере, не притворяется, называет вещи их настоящими именами и обещает только то, что действительно в состоянии исполнить. Под влиянием Прейна Луша переродилась с такой же быстротой, с какой северные цветы в две-три недели из зеленой почки развертываются всеми своими красками в пышное растение.

— Как все это случилось — я сама не могу дать себе отчета,— говорила иногда в минуты раздумья Луша, ласкаясь к Прейну.— Ведь ты — старый, выдохшийся жуир, я тебя ненавидела и боялась сначала и теперь иногда ненавижу... Но меня что-то тянет к тебе, мне хорошо и легко в твоем присутствии, а когда ты уходишь, меня гложет тоска. Зачем? Почему? Ничего не знаю и ничего знать не хочу... Мне просто хорошо; хорошо теперь, вот сейчас, когда я смотрю на тебя и когда но думаю о будущем. Я недавно читала историю Мазепы. Этого старика тоже любила одна молоденькая хохлушечка, Матрена Кочубей. По-русски "Матрена" нехорошо звучит, а по-хохлацки русская Матрена превращается в Мотреньку... Мазепа был старше тебя, но гораздо лучше. Какие письма писал он своей Мотреньке! Ах, Прейн, я иногда сама не знаю, что говорю и что делаю. То мне хочется петь и танцевать, иногда плакать, иногда убежать, иногда умереть...

Луша хваталась за голову и начинала истерически хохотать. Сам все испытавший Прейн пугался такого разлива страсти, но его неудержимо тянули к Луше даже дикие вспышки гнева и нелепые капризы, разрешавшиеся припадками ревности или самым нежным настроением. Вдвоем они вволю смеялись над набобом, над генералом с его "болванкой", надо всеми остальными; но когда речь заходила о Раисе Павловне, Луша бледнела и точно вся уходила в себя: она ревновала Прейна со всем неистовством первой любви.

— Ты ее любил... да? — спрашивала Луша тысячу раз.— Не отпирайся, я знаю...

— О нет же, тысячу раз нет! — с спокойной улыбкой отвечал каждый раз Прейн.— Я знаю, что все так думают и говорят, но все жестоко ошибаются. Дело в том, что люди не могут себе представить близких отношений между мужчиной и женщиной иначе, как только в одной форме, а между тем я

221

действительно и теперь люблю Раису Павловну как замечательно умную женщину, с совершенно особенным темпераментом. Мы с ней были даже на "ты", но между нами ничего не могло быть такого, в чем бы я мог упрекнуть себя...

— Ах, верю... и все-таки не могу поверить: это выше моих сил. В сущности, я не особенно забочусь о будущем, потому что знаю только одно, что я хочу быть всегда свободной... всегда!.. Даже тогда, когда ты обманешь меня. Ведь ты целую жизнь обманывал женщин, и одной больше — одной меньше для тебя ничего не значит. К чему все это говорю я тебе?.. Да... Какая я была глупая раньше, еще так недавно!.. Мечтала, что буду богатой-богатой, у меня будет своя коляска, бриллианты, поклонники, ложа в театре. А теперь... Мне все это надоело, прежде чем я испытала удовольствие обладания настоящим богатством. Ведь тебе ничего не стоит выбросить пятьдесят тысяч, чтобы устроить мне настоящее гнездышко... да? Конечно, я никогда не унижу себя... Ах, я так хорошо представляю себе свое будущее! Пройдет полгода, потом тебе надоест, и ты с своей обычной ловкостью постараешься сбыть меня какому-нибудь другому жуиру, чтобы сейчас же перейти к новому счастью.

— Луша! ты забываешь золотое правило: всякий человек имеет право быть глупым, но не следует злоупотреблять этим правом...

— Нет, уж позвольте, Альфред Иосифович... Я всегда жила больше в области фантазии, а теперь в особенности. Благодаря Раисе Павловне я знаю слишком много для моего возраста и поэтому не обманываю себя относительно будущего, а хочу только все видеть, все испытать, все пережить, но в большом размере, а не на гроши и копейки. Разве стоит жить так, как живут все другие?

Оставаться в своем флигельке для Луши теперь составляло адскую муку, которая увеличилась еще тем, что Виталий Кузьмич жестоко разрешил после поездки в горы и теперь почти не выходил из своей комнаты, где постоянно разговаривал вслух, кричал, хохотал и плакал. Луше делалось просто страшно, когда она оставалась одна с отцом; его постоянный крики смех болезненно раздражали ее напряженные нервы, и она по целым часам, против воли, прислушивалась к бессвязной болтовне отца, которая вертелась главным образом около текущих событий. Это была самая беспощадная философия отчаяния в лицах, пересыпанная меткими сравнениями, остроумными замечаниями и просто красными словечками. Конечным выводом этой философии получалось заключение, что все люди поголовно мерзавцы, только в разной степени, а так называемые порядочные и честные люди — или идиоты, или жертвы известных общественных законов. Везде зло, мелкие животные инстинкты и всеобщее непонимание; истинные союзники враждуют, враги идут под ручку, противоположности сходятся. Получается болезненно-яркая путаница всяких понятий об "истине, добре и красоте". Свои взгляды и убеждения Прозоров иллюстрировал, причем доставалось всем — и набобу, и Прейну, и генералу, и Тетюеву.

К довершению всех бед, под предлогом помощи Прозорову, в гнилой флигелек повадился ходить Яша Кормилицын, который испытывал мучительную жажду видеть Лушу хотя издали, что вполне объяснялось психологическими, антропологическими и социальными причинами.

Все в природе строго законно, и не пропадает напрасно самое малейшее движение, следовательно, и посещения Яшей Кормилицыным Прозоровского флигелька в общей экономии природы и в ряду социальных явлений должны были иметь высшее научное объяснение.

— Яшка! — кричал Прозоров, размахивая руками.— Зачем ты меня обманываешь? Но ты напрасно являешься волком в овечьей шкуре... Все, брат, потеряно для тебя, то есть потеряно в данном случае. Ха-ха! Но ты, братику, не унывай, поелику вся сия канитель есть только иллюзия! Мы, как дети, утешаемся карточными домиками, а природа нас хлоп да хлоп по носу.

Доктор садился в уголок, на груду пыльных книг, и, схватив обеими руками свою нечесаную, лохматую голову, просиживал в таком положении целые часы, пока Прозоров выкрикивал над ним свои сумасшедшие тирады, хохотал и бегал по комнате совсем сумасшедшим шагом.

XXVII

Нина Леонтьевна поклялась, что столкновение ее с Прозоровым дорого обойдется Раисе Павловне. Официально она оставалась по-прежнему больна, но это не мешало ей заправлять и руководить всем заговором.

Первой заботой ее было доставить обещанную аудиенцию у набоба Тетюеву, и такая аудиенция наконец состоялась. Часа в два пополудни, когда набоб отдыхал в своем кабинете после кофе, Прейн ввел туда Тетюева. Земский боец был во фраке, в белом галстуке и в белых перчатках, как концертный певец; под мышкой он держал портфель, как маленький министр.

— Очень рад... Много слышал о вас,— встретил Тетюева набоб, пережевывая эти стереотипные фразы.— Не угодно ли вам садиться... Вероятно, Прейн передал вам о предполагаемой консультации?

— Да, да... Мне это тем более приятно, что я буду иметь возможность ясно и категорически высказать те интересы Ельниковского земства, которые доверены мне его представителями,— отцедил Тетюев, закладывая свободную руку за борт сюртука.— Лично против заводов, а тем более против вас, Евгений Константиныч, я ничего не имел и не имею, но я умру у своего знамени, как рядовой солдат.

— Садитесь, пожалуйста! — предложил еще раз Лаптев, рассматривая коренастую фигуру человека, приготовившегося умирать у знамени.— Ваши слова могут сделать большую честь каждому общественному деятелю...

Поклонившись в ответ на комплимент набоба, Тетюев с напускной развязностью занял стул около письменного стола; Прейн, закурив сигару, следил за этой сценой своими бесцветными глазами и думал о том, как ему утишить ненависть Луши к Раисе Павловне.

— Я полагаю, Евгений Константиныч, что кукарское заводоуправление в своих отношениях к Ельниковскому земству действовало на свой страх,— продолжал Тетюев, выхаживая свое profession de foi[28] с прежним апломбом.— Я хочу этим сказать, что слишком высоко ценю лично ваши просвещенные и высокогуманные взгляды на идею земства и льщу себя надеждой, что именно ваше содействие устранит все недоумения. Например, гора Куржак приносит земству всего два рубля семнадцать копеек дохода!

— Скажите... целая гора?

— Да, гора Куржак, которая заключает в себе тридцать миллиардов лучшей в свете железной руды.

Для набоба оба известия были настоящим открытием, и он даже посмотрел с недоумением на Прейна, который равнодушно пускал в пространство синие круги дыма. Польщенный вниманием и изумлением набоба, Тетюев обрушился на его голову целым потоком статистических данных и даже вытащил из портфеля объемистую тетрадь,

---

[28] убеждение (фр.).

испещренную целыми столбцами бесконечных цифр. Но эта тетрадь была совсем лишнею: Евгений Константиныч уже истощил весь запас своего удивления и посмотрел на Прейна беспокойным взглядом, точно искал у него защиты. Однако Тетюев, увлекшись, ничего не хотел замечать и осыпал набоба такой массой новых открытий, что тот окончательно потерялся и даже зевнул в руку. Кстати, в этот критический момент Евгений Константиныч вспомнил о генерале, который должен все это знать и все устроить.

— Хорошо, хорошо... Мы постараемся все это устроить общими силами,— заговорил Лаптев, поднимаясь с места и протягивая руку Тетюеву.

— Я...

— Вы подробно изложите свои взгляды на консультации...

— Я, Евгений Константиныч...

— А занятия консультации должны быть кончены в самом непродолжительном времени.

— Я, Евгений Константиныч, буду всегда высоко держать знамя земского обновления,— торжественно провозгласил Тетюев, откланиваясь.

В консультацию, кроме генерала, Прейна и Тетюева, вошли Вершинин и "мой Майзель". Платон Васильич тоже должен был занять место в этом совете бессмертных, но захворал, и на его место был назначен представителем Родион Антоныч. Конечно, такое назначение клеврета Раисы Павловны было встречено партией Тетюева с скрежетом зубовным, но, очевидно, Родиону Антонычу покровительствовал сам Прейн, а с этим приходилось мириться поневоле. Ришелье заявился в собрание "князей и владык мира сего" с самым смиренным видом; он всем кланялся, улыбался заискивающей улыбкой: но все отлично знали пущенную в курятник лису и держали ухо востро. Тетюев морщился и делал вид, что не замечает своего заклятого врага; Майзель не отвечал на поклоны Родиона Антоныча и даже несколько раз толкнул его локтем в бок, конечно, не намеренно. Ввиду такого враждебного настроения Родион Антоныч сначала испытывал большое "угнетение чувств", но, как человек, попавший из темноты прямо на большой свет и ослепленный им, мало-помалу огляделся и самым благочестивым образом занял свое место.

— Смотрите, Родион Антоныч, я вам все доверила,— говорила Раиса Павловна, когда отправляла своего Ришелье на консультацию,— я уверена, что мы выиграем и что вы постоите за себя, но только не трусьте. Ведь они умные только за обедами да за завтраками, а тут нужно будет дело делать.

Тетюев болтун, и на него не обращайте внимания. Генерал... Ах, Родион Антоныч, Родион Антоныч! Это — самый жалкий и бессильный человек, каких я только видела; из него можно все сделать, поэтому вы не бойтесь его ни на волос... Есть одна пьеса — "Свадьба Фигаро", так там горничная говорит: "Ах, как умные люди иногда бывают глупы!.." Вот именно такой человек генерал.

— А Нина Леонтьевна? — спрашивал смущенный Ришелье.

— Нииа Леонтьевна... да от нее и сыр-бор загорелся; в ней, конечно, вся сила, но ведь она не будет принимать участие в консультации, следовательно, о ней и говорить нечего.

Но как ни уговаривала Раиса Павловна своего Ришелье, как ни старалась поднять в нем упадавший дух мужества, он все-таки трусил генерала и крепко трусил. Даже сердце у него екнуло, когда он опять увидал этого генерала с деловой нахмуренной физиономией. Ведь настоящий генерал, ученая голова, профессор, что там Раиса Павловна ни говори...

Заседания консультации происходили в длинной комнате, где помещалась богатая старинная библиотека, собранная Лаптевыми в их путешествиях по Европе. Большинство книг было на иностранных языках. Библиотекой, кроме Прозорова, никто не пользовался, и все эти дорогие издания в роскошных переплетах стояли в шкафах без всякой пользы. Теперь посредине комнаты был поставлен длинный стол, покрытый зеленым сукном; кругом стола были расставлены мягкие кресла, и только одному Родиону Антонычу был предложен простой деревянный стул. Против каждого сиденья была положена пачка чистой бумаги и карандаш; центр стола занимали две стопки разных юридических книг, нужных для справок; горный устав, сборник узаконений о крестьянах, земское положение и т. д. Вообще вся эта торжественная обстановка придавала консультации такой вид, точно в библиотеке готовились заседания какого-нибудь европейского конгресса. Генерал занял председательское кресло, около него поместились Тетюев и Майзель; Вершинин и Родион Антоныч сидели дальше, через стол. На открытие первого заседания явился и сам Евгений Константиныч в сопровождении Прейна и Перекрестова; генерал хотел уступить свое место набобу, но тот великодушно отказался от этой чести. Перекрестов с нахальной улыбкой окинул глазами шкафы книг, зеленый стол, сидевших консультантов и, вытащив свою записную книжечку, поместился с ней в дальнем конце стола, где в столичных ученых обществах сидят "представители прессы".

— Господа! — заговорил генерал официальным сухим

226

тоном, поднимаясь с места.— Мы собрались здесь для очень важного дела, и я считаю своей обязанностью выяснить главные цели нашей консультации. Русская промышленность прогрессирует с каждым годом, и с каждым годом ее интересы захватывают все большую и большую область, соприкасаясь с областями других отраслей производительной деятельности нашей страны. Понятно, что при таком близком соприкосновении разных заинтересованных учреждений, отраслей и лиц происходят неизбежные недоразумения, препирательства и крупные столкновения. Нам приходится иметь дело в настоящем случае с интересами и задачами собственно уральской горной промышленности, в частности — с специально заводскими интересами Кукарского заводского округа, поскольку они связаны с интересами заводского населения, земства и внутренней администрации. Я обращаю особенное ваше внимание, господа, на приведенные сейчас рубрики; мы начнем именно с них, чтобы разрешением этих вопросов расчистить почву для более широких начинаний уже в области русской промышленности вообще, где пред нами встанут другие вопросы и другие задачи. В настоящем случае важно то, что мы будем обсуждать поставленные вопросы с разных точек зрения, для чего в состав консультации вошли лица различных профессий и различных сфер деятельности. По-моему, именно от такого разнообразного состава зависит вполне беспристрастное решение нашей задачи, и я надеюсь, что всякий из нас внесет свою лепту в общий труд, чтобы сказать вместе с баснописцем:

И моего тут капля меду есть...

Генерал перевел дух, посмотрел через очки на слушателей и, облокотившись рукой на кучку лежавших перед ним деловых бумаг, обратился к набобу:

— Евгений Константиныч! скажу еще несколько слов собственно вам. Помните, Евгений Константиныч, евангельскую притчу о рабе, который получил десять талантов, приумножил их новыми десятью талантами и возвратил своему господину уже не десять талантов, в вдвое больше. Вы именно так поступаете, как этот евангельский раб, собрав нас сюда для работы, которая может иметь значение государственной важности. Время безучастного отношения заводовладельцев к своему специальному делу давно миновало: кому дано много, с того и взыщется много. Вы хорошо поняли это и теперь принимаете участие в нашем общем труде, как наш собрат. Эта готовность послужить общему благу является лучшим залогом успеха. Говорю это как человек науки, который может только пожелать, чтобы и другие заводовладельцы отнеслись к своему делу с такой же энергией и, что особенно важно! с такой же теплотой и искренним участием.

Набоб поклонился и сказал на это приветствие несколько казенных фраз, какие говорятся в таких торжественных случаях. Родион Антокыч сидел все время как на угольях и чувствовал себя таким маленьким, точно генерал ему хотел сказать: "А ты зачем сюда, братец, затесался?" Майзель, Вершинин и Тетюев держали себя с достоинством, как люди бывалые, хотя немного и косились на записную книжку Перекрестова.

— Чтобы не терять напрасно времени, мы прямо приступим к тому вопросу, который отчасти и вызвал поездку Евгения Константиныча на заводы,— вновь начал генерал, перебирая бумаги около себя.— Я хочу сказать о недоразумениях, которые возникли между кукарским заводоуправлением — с одной стороны, и крестьянским обществом — с другой. Кстати, мне пришлось хорошо познакомиться с этим вопросом из первых рук: я имел случай несколько раз говорить с представителями крестьянского общества, а кроме того, я получил довольно обстоятельный доклад, собственно, от кукарского заводоуправления специально по этому делу.

"Вот опо когда началось-то..." — подумал Родион Антоныч, чувствуя, как его вперед прошибло холодным потом.

А генерал уже достал из портфеля объемистую тетрадку и положил ее перед собой; в этой тетрадке Родион Антоныч узнал свою докладную записку, отмеченную на полях красным карандашом генерала,— и вздохнул свободнее. Рядом с этой рукописью легла мужицкая бумага, тоже размеченная и подчеркнутая. Началось длинное чтение, которое в первые же десять минут нагнало тоску на Евгения Константиныча, так что ему стоило большого труда, чтобы удержаться и не заснуть. Прейн поймал эту мальчишескую выходку и едва заметно покачал головой. Чтение докладной записки и мужицкой бумаги продолжалось битый час, а за чтением генерал сказал свое короткое резюме и открыл прения. Майзель и Тетюев нападали на несправедливость действия кукарского заводоуправления по отношению к крестьянскому обществу в том смысле, что заводоуправление то допускало напрасные послабления, то устраивало бесполезные прижимки; Вершинин отмалчивался, ожидая, что скажет сам генерал.

228

— Я решительно и во всем обвиняю заводоуправление,— резал Майзель, обрадовавшись случаю сорвать злость.— Отсутствие выдержки, неумение поставить себя авторитетно, наконец профанация власти — все это, взятое вместе, и создало упомянутые недоразумения.

— Не угодно ли будет вам, господин Сахаров, высказаться по этому вопросу? — предложил генерал, когда стороны были выслушаны.

Родион Антоныч не смутился и пункт за пунктом принялся разбивать обвинения своих противников, причем воодушевился настолько, что удивил всех своей смелостью и отчетливым знанием дела.

— Да это — тот самый, который, помнишь, прогнал собаку Майзеля, а потом боролся со мной по-татарски? — спрашивал набоб Прейна.

— Да, секретарь Горемыкина. Делец...— коротко аттестовал Прейн, с удовольствием слушая ораторствовавшего Родиона Антоныча.

Завязались прения, причем Родиону Антонычу приходилось отъедаться разом от троих. Особенно доставалось бедному Ришелье от Вершинина, который умел диспутировать с апломбом и находчивостью. Эта неравная борьба продолжалась битых часа полтора, пока стороны не пришли в окончательный азарт и открыли уже настоящую перепалку.

— Господа, я полагаю, лучше будет выслушать самих крестьян, а потом уже продолжать дебаты,— предложил Прейн, желая спасти Родиона Антоныча от раз-громления.

Все шумно поднялись с своих мест и продолжали спорить уже стоя, наступая все ближе и ближе на Родиона Антоныча, который, весь красный и потный, только отмахивался обеими руками. "А Прейн еще предлагает привести сюда мужиков..." — думал с тоской бедный Ришелье, чувствуя, как почва начинает колебаться у него под ногами.

— До завтра, господа! — кричал генерал, стараясь заглушить споривших.— А завтра мы выслушаем крестьянских ходоков... Это будет лучше.

Прямо с консультации Тетюев, Майзель и Вершинин отправились в генеральский флигелек, к Нине Леонтьевне, а Родион Антоныч побрел к Раисе Павловне, где и встретил Прейна, хохотавшего, как сумасшедший. Раиса Павловна тоже смеялась и встретила своего Ришелье с необыкновенной любезностью.

— Устали вы, Родион Антоныч? — спрашивала она, усаживая его в кресло.— Кофе подать вам или закусить?

Слышала, все слышала... Настоящую вам баню задали — ну, что делать, нужно потерпеть!

— Уж потерпим, пока терпится,— согласился уныло Родион Антоныч, вытирая платком лицо и шею.

— Все отлично идет! — хвалил Прейн, потирая руки.— Как на заказ!

— А с мужиками вы зачем назвались, Альфред Осипыч? — корил Родион Антоныч.— Нечего сказать, отлично... Да они всю душу вымотают, а толку все равно не будет никакого.

— С мужиками еще лучше будет,— весело отвечал Прейн.— А вы держите свою линию — и только. Им ничего не взять... Вот увидите.

— Генерал-то молчит что-то.

— И пусть молчит... А Евгению Константиныу очень понравился ваш доклад. Он узнал вас.

Конечно, все это было приятно и утешительно, но перспектива новых битв пугала Родиона Антоныча, потому что один в поле не воин. Ох, грехи, грехи!

На следующий день действительно были приглашены на консультацию волостные старички с Кожиным, Семенычем и Вачегиным во главе. Повторилась приблизительно та же сцена: ходоки заговаривались, не понимали и часто падали в ноги присутствовавшему в заседании барину. Эта сцена произвела неприятное впечатление на Евгения Константиныча, и он скоро ушел к себе в кабинет, чтобы отдохнуть.

— Чего они хотят от меня? — спрашивал он Прейна.— Удивляюсь... И к чему это унижение, эти поклоны! Ведь теперь не крепостное право, все одинаково свободные люди.

— Это верно, но и к свободе нужно привыкнуть,— объяснял Прейн.— Эти земные поклоны еще остатки крепостного права, когда заводских мастеровых держали в ежовых рукавицах.

— Зачем же эти униженные просьбы,— я все-таки не пойму. Если дело мастеровых правое, тогда они стали бы требовать, а не просить... Разве мой Чарльз будет кланяться кому-нибудь в ноги?

Родион Антоныч не ошибся в своих расчетах: присутствие мужиков окончательно перепутало весь ход работ консультации. Эти живые документы разных заводских неправд, фабрикованных ловкими руками Родиона Антоныча, производили известное впечатление на генерала, не привыкшего обращаться с живыми людьми. "Какие разговоры с мужичьем,— думал Родион Антоныч про себя,— в шею их, подлецов. Нет, в три шеи, да еще отпороть на прибавку, чтобы пустяками не занимались. Ох, времена!" Но главным неудобством в положении Родиона Антоныча была его совершенно фальшивая роль и этом деле: он насквозь видел всех, видел все ходы и выходы и должен был отмалчиваться. Тот же Тетюев и Майзель толкуют за мужиков, а сами из-за мужицкой спины добивают Раису Павловну. Дай-ка им в руки этих мужиков, да они бы из них лучины нащепали. А генерал всякому ихнему слову верит, потому что они по-образованному умеют говорить, ученые слова разговаривают. Тоже если взять и заводское дело: плетут из пятого в десятое, а настоящей сути все-таки нет. Разве такие порядки должны быть? Вон Прейн, даром что немец, а всех видит... Ох, тонкий, оборотистый человек, только не провел бы он нас с Раисой Павловной. Даже крестьянские ходоки — и те перестали ломать шапку перед Родионом Антонычем, а краснобай Семеныч, встретив его на улице, с необыкновенной развязностью спросил:

— А што, Родивон Антоныч, бают, у тебя супротив енарала-то неустойка выходит? Ты вот нам прижимку сделал, а енарал по душе все хочет разобрать...

Это уж было слишком. Все кругом рушилось, и дни Раисы Павловны были сочтены. Тетюев одолевал генерала с земством, а в сущности Раису Павловну подсиживал. И умен только, пес, уродился, такие углы загибает генералу, что успевай слушать! Дальше Вершинин начал сильно гадить — тоже мужик не в угол рожей, пожалуй, еще почище будет Авдея Никитича. Одним словом, чем дольше шли работы консультации, тем положение Ришелье делалось невыносимее, и он уже потерял всякую веру даже в Прейна, у которого вечно семь пятниц на неделе. К Раисе Павловне Сахаров редко заглядывал, ссылаясь на работу. Ввиду всех этих грозных признаков, омрачавших горизонт, бедный кукарский Ришелье находил единственное утешение в своем курятнике, где и отдыхал душой в свободные часы. Известно, что все великие исторические люди питали маленькие слабости к разным животным, может быть выплачивая этим необходимую дань природе, потратившей на них слишком много ума.

А партия Тетюева торжествовала совсем открыто, собираясь у Нины Леонтьевны, где об изгнании Раисы Павловны все говорили, как о деле решенном. Параллельно с этим торжеством начинались новые происки и интриги, причем недавние союзники начинали играть уже "всяк в свои козыри", потому что каждому хотелось занять место Горемыкина. Конечно, это место всего легче было добыть через посредство Нины Леонтьевны, курсы которой поднялись необыкновенно высоко. И в самом деле, она не только привезла набоба на Урал, но и руководит каждым шагом генерала. Кроме общих совещаний, каждый из тетюевцев старался выслужиться перед Ниной Леонтьевной частными визитами, причем происходили забавные встречи, неожиданности и недоразумения. Тетюев подозревал Вершинина, Майзель — Тетюева, Вершинин —Тетюева и Майзеля; одним словом, заварилась настоящая дипломатическая каша, в которой больше всех выигрывала Нина Леонтьевна.

Перекрестов, бывший всегда там, где везло счастье, находился в числе непременных гостей Нины Леонтьевны и расточал перед ней самые лестные речи.

— Без вас, Нина Леонтьевна, никому и ничего не сделать бы,— говорил представитель русской прессы, приятно осклабляясь.— Хотите, я напишу о вас целый фельетон?

Вперемежку с этой неисчерпаемой ложью Перекрестов искал блох у Коко или сплетничал про все и про вся. Нина Леонтьевна очень ценила этого литературного человека и в ответ на его любезности предложила ему небольшую работу.

— Знаете что,— сообщила она,— я говорила о вас с Мироном, и мы решили передать вам одни заказ... Именно, вы будете писать историю фамилии заводовладельцев Лаптевых.

— Я с удовольствием...— соглашался Перекрестов, целуя у Нины Леонтьевны ручку.

— Условия работы такие: пока будете работать — три тысячи в год, за работу пять тысяч, а если ваша работа понравится Евгению Константинычу, тогда он, без сомнения, наградит вас по-царски.

— Благодарю, благодарю вас, Нииа Леонтьевна. Чем я могу заплатить вам за внимание к моим слабым силам?

— Угадайте, чем можете заплатить? Ха-ха... Как это наивно, чтобы не сказать больше! Вы можете сослужить большую службу русскому горному делу своим пером... Догадались?

— Помилуйте, Нина Леонтьевна, да зачем же я сюда и ехал?.. О, я всей душой и всегда был предан интересам горной русской промышленности, о которой думал в степях Северной Америки, в Индийском океане, на Ниле: это моя idée fixe[29]. Ведь мы живем с вами в железный век; железо — это душа нашего времени, мы чуть не дышим железом...

— Я понимаю вас, Перекрестов,— сентиментально проговорила Нина Леонтьевна, тронутая этим патетическим монологом.

— И я отлично вас понимаю, Нина Леонтьевна! —

---

[29] навязчивая мысль (фр.).

воскликнул Перекрестов.— Мне было достаточно увидать вас... И уж никогда я не сравню вас с другими женщинами! Знаете, Нина Леонтьевна, Раиса Павловна считает себя самой умной женщиной и не подозревает, как вы ей салазки смажете... Ха-ха! Вы сослужите русскому горному делу золотую службу, Нина Леонтьевна!

Заручившись симпатиями Нины Леонтьевны, а также выгодной работой по части жизнеописания Лаптевых, Перекрестов тоже возмечтал. Ведь в самом деле, мыкался, мыкался он по всем континентам, продавал все и всех, заискивал, льстил, унижался и все-таки гол как сокол! Надо же когда-нибудь и остепениться! В бесшабашной голове Перекрестова мелькнула счастливая мысль: а что, если бы ему, Перекрестову, занять место Горемыкина... а?.. На эту интересную тему Перекрестов продумал целую ночь, набросал даже в своей книжечке на всякий случай план реформ, какие он произведет в Кукарских заводах, и весь следующий день ходил с самым таинственным видом, точно какой-нибудь заговорщик.

— Что это с тобой сделалось? — с участием спрашивал его Летучий.— Уж не болит ли у тебя живот?

XXVIII

Пока шла ожесточенная борьба партий, беззаботная половина человеческого рода веселилась напропалую, изобретая каждый день новое удовольствие. Под предлогом развлечения Евгения Константиныча устраивались гулянья в саду, семейные вечера, катанья по пруду на лодках, пикники и т. д. Молодежь находила тысячи средств веселиться, пока люди зрелого возраста рыли друг другу волчьи ямы, злословили и преисполнялись самыми ожесточенными мыслями и чувствами. Аннинька и m-lle Эмма проводили время в обществе Братковского, Перекрестова и Летучего самым веселым образом и находили, что лучшего ничего и желать невозможно. Особенно так думала Аннинька, формально объяснившаяся Братковскому в любви.

— Я тоже вас люблю...— лениво ответил поляк.— Только обещать вам ничего не могу, потому что...

— Ах, боже мой! Да разве я что-нибудь требую от вас? —

233

задыхающимся шепотом говорила Аннинька, блестя своими темными глазками.— Ведь вы скоро уедете... времени остается так мало.

В ответ на это Братковский целовал Анниньку и шепотом говорил тот любовный вздор, который непереводим ни на какой язык, хотя отлично понимается всеми, как музыка без слов. Как все влюбленные девушки, Аннинька таскала за собой Братковского по разным тенистым уголкам в саду, одолевала его массой записочек и ревновала даже к Нине Леонтьевне. Конечно, каждый вечер m-lle Эмма должна была выслушать бесконечную болтовню Анниньки, которая изнывала от душившей ее потребности рассказать кому-нибудь о своем счастье. M-lle Эмма любила, раздевшись и улегшись в постель, долго жевать что-нибудь сладкое: сосала леденцы, грызла орехи, доедала припасенное заранее мороженое и конфеты, причем погружалась в сладкое созерцательное настроение, как жующая жвачку овечка. Аннинька пользовалась этим моментом душевного расслабления своей подруги, забиралась к ней с ногами на кровать и принималась без конца рассказывать о своей любви, как те глупые птички, которые щебечут в саду на заре от избытка преисполняющей их жизни. Таким образом m-lle Эмма имела удовольствие узнать все достоинства пана Братковского, который был совершенством человеческой природы и, наверное, происходил из какой-нибудь старинной королевской фамилии.

— Отлично, все отлично,— лениво соглашалась m-lle Эмма, рассматривая свои упругие круглые руки.— А этот переодетый принц не рассказывал тебе, сколько он таких дур, как ты, надул на своем веку? Спроси как-нибудь.

— Да мне-то какое дело? Конечно, надувал и еще сто дур надует, а все-таки я его люблю. Если бы ты, Эминька, знала, как я этого красивого мерзавца люблю! Право, я съела бы его или задушила бы, если бы могла... Глаза у него какие, Эминька!

— Дурища ты безголовая, Апька, вот что я тебе скажу!— полушутя, полунаставительно говорила m-lle Эмма.

— Что же, Эминька, разве я не знаю, что я глупенькая... "Галка", как Прозоров говорит. Все равно пропадать, так хоть месяц поживу в свое удовольствие!

В припадке нежности и отчаяния Апнинька и плакала, и хохотала, и сто раз принималась целовать m-lle Эмму — в лицо, шею, даже ее голые точеные руки.

— Ты смотри, как Лушка устроилась,— говорила m-lle Эмма, напрасно стараясь отбиться от поцелуев Анниньки.— Не бойся, не по-нашему с тобой... Мне, ей-богу, она начинает нравиться: умная! Вон как Прейна забрала, а уж, кажется, он весь свет оплетет. И сама себя бережет, лишнего ничего не позволит. Так и следует поступать умной девушке, а то поцеловались два раза — и кончено! точно разварная рыба, хоть ты ее с хреном ешь, хоть с горчицей. Лушка и Раису Павловну проведет... Та ее за Лаптева прочит... Ха-ха! Ей-богу, я начинаю любить эту Лушку!

В минуту отдыха, раздевшись и прикрыв свое круглое белое тело одеялом, m-lle Эмма любила пофилософствовать на разные житейские темы, причем все у ней выходило как-то необыкновенно спокойно и чуть-чуть было приправлено тонкой и умной насмешкой. В этом сколоченном на заказ организме, работавшем, как машина, для философии отчаяния не оставалось ни одного свободного уголка, потому что m-lle Эмма служила живым воплощением самого завидного душевного равновесия. Даже такие критические обстоятельства, которые теперь заставляли весь кукарский господский дом, со всеми флигелями и пристройками, переживать самые тревожные минуты, не беспокоили особенно m-lle Эмму, хотя она, после падения Раисы Павловны, буквально должна была идти на улицу, не имея куда приклонить голову. Сама Раиса Павловна в минуты отчаяния посылала за m-lle Эммой, и одно присутствие этой жирной, как семга, немки успокаивало ее расходившиеся нервы. К передрягам и интригам "большого" и "малого" двора m-lle Эмма относилась совсем индифферентно, как к делу для нее постороннему, а пока с удовольствием танцевала, ела за четверых и не без удовольствия слушала болтовню Перекрестова, который имел на нее свои виды, потому что вообще питал большую слабость к женщинам здоровой комплекции, с круглыми руками и ногами.

Слушая болтовню Анниньки, m-lle Эмма припоминала свой последний разговор с Перекрестовым, который сделал ей довольно откровенное предложение, имея в виду открывавшуюся вакансию главного управляющего Кукарскими заводами.

— Мы люди умные и отлично поймем друг друга,— говорил гнусавым голосом Перекрестов, дергая себя за бороденку.— Я надеюсь, что разные охи и вздохи для нас совсем лишние церемонии, и мы могли бы приступить к делу прямо, без предисловий. Нынче и книги без предисловий печатаются: открывай первую страницу и читай.

— Что вы хотите сказать этим? — сердито спрашивала m-lle Эмма, чувствовавшая, что тут дело идет совсем не об ее уме.

— Вы меня отлично понимаете, mademoiselle Эмма; к чему притворяться? Мы устроились бы в Петербурге отлично. У меня есть работа, известное обеспечение; наконец, очень солидные виды на будущее, которым вы остались бы довольны...

Бессовестно льстя уму и прочим добродетелям m-lle Эммы, Перекрестов высказал самое откровенное желание поближе познакомиться с ее круглой талией, но получил в ответ такой здоровый удар кулаком в бок, что даже смутился. Смутился Перекрестов, проделывавший то же самое во всех широтах и долготах,— это что-нибудь значило! Но m-lle Эмма не думала разыгрывать из себя угнетенную невинность и оскорбляться, а проговорила совершенно спокойно:

— Нет, батенька, это дело нужно оставить: у вас ничего нет, и у меня ничего нет — толку выйдет мало. Я давно, знаю эти умные разговоры, а также и то, к чему они ведут... Одним словом, поищите дуры попроще, а я еще хочу пожить в свою долю. Надеюсь, что мы отлично поняли друг друга.

В последнее время Братковский имел меньше времени для свиданий с Аннинькой, потому что в качестве секретаря генерала должен был присутствовать на консультации, где вел журнал заседаний и докладывал протоколы генерала, а потом получил роль в новой пьесе, которую Сарматов ставил на домашней сцене. С секретарскими работами Аннинька мирилась, но чтобы ее "предмет" в качестве jeune premier[30] при всех на сцене целовал Наташу Шестеркину,— это было выше ее сил.

— Я этой Наташке все глаза выцарапаю,— уверяла Аннинька в порыве справедливого негодования.— Вот увидишь, Эминька, как кошка, так и вцеплюсь. Пусть тогда Братковский целуется с ней.

— Нашла кого ревновать,— презрительно замечала m-lle Эмма.— Да я на такого прощелыгу и смотреть-то не стала бы... Терпеть не могу мужчин, которые заняты собой и воображают бог знает что. "Красавец!", "Восторг!", "Очаровал!" Тьфу! А Братковский таращит глаза и важничает. Ему и шевелиться-то лень, лупоглазому... Теленок теленком... Вот уж на твоем месте никогда и не взглянула бы!

Аннинька зажимала рот m-lle Эмме рукой и продолжала свое, как ее ни уговаривала рассудительная подруга, не любившая в жизни никакой суеты, даже в любви. Но уговорить Анниньку было не так-то легко: она скрежетала зубами, рвала

---

30 первого любовника (фр.).

на себе волосы и вообще страшно неистовствовала. Иногда она старалась не думать о готовившемся спектакле, но ее точно подталкивал какой-то бес и шептал на ухо: "Вот теперь Братковский идет на репетицию... вот он в уборной у Наташи и помогает ей гримироваться... вот он улыбается и смотрит так ласково своими голубыми глазами". Бедная "галка" ходила, как помешанная, и, не имея сил преодолеть чувства ревности, решилась накрыть Братковского на самом месте преступления, то есть подкараулить на одной из репетиций.

Сарматов, так милостиво отмеченный набобом, хотел удивить мир злодейством, как сам характеризовал свою театральную затею. Он не щадил ни себя, ни других, чтобы удивить набоба блестящей постановкой пьесы. Нужно было выбрать такую пьесу, где можно было бы показать всех кукарских красавиц разом. После долгих колебаний Сарматов остановился на одной из комедий Потехина. В число исполнителей были завербованы все наличные силы и, между прочим, Луша Прозорова. Последним Сарматов подкупил всесильного Прейна, который молча и многознаменательно пожал руку театральному директору.

— Старый артиллерист все видит и умеет молчать, как рыба, Альфред Осипыч,— ответил на это пожатие Сарматов.

— Благодарю, благодарю... А какой костюм нужно будет сделать для Прозоровой?

— Костюм? Можно белый, как эмблему невинности, но, по-моему, лучше розовый. Да, розовый — цвет любви, цвет молодости, цвет радостей жизни!..— говорил старый интриган, следя за выражением лица Прейна.— А впрочем, лучше всего будет спросить у самой Гликерии Виталиевны... У этой девушки бездна вкуса!

Прейн улыбнулся и фамильярно потрепал старого солдата по плечу.

Луша с удовольствием согласилась принять участие в спектакле, потому что сидеть в своем флигельке и слушать пьяный бред отца ей было хуже смерти. Она еще никогда не играла на сцене и с любопытством новичка увлекалась даже неприглядной изнанкой театра. Ей нравилась эта длинная мрачная казарма, служившая временным помещением для театра. Сколоченные на живую руку подмостки едва освещались двумя-тремя дрянными лампами, и эта убогая любительская сцена, загроможденная кулисами и декорациями, терялась в окружавшем мраке громадного здания мутным пятном. Подойдя к рампе, Луша подолгу всматривалась в черную глубину партера, с едва

237

обрисовавшимися рядами кресел и стульев, населяя это пространство сотнями живых лиц, которые будут, как один человек, смотреть на нее, ловить каждое ее слово, малейшее движение. Перспектива сценической деятельности как-то вдруг досказала Луше то, чего ей недоставало: вот где ее место... Девушке нравилось здесь все — и затхлый, застоявшийся воздух, пропитанный запахом свежей краски от декораций, керосином и еще какой-то гнилой дрянью, и беспорядочность закулисной обстановки, и общая бестолковая суматоха, точно она попала в трюм какого-то громадного корабля, который уносил ее в счастливую даль. Что-то фантастическое чувствовалось кругом, точно какая детская сказка без начала и конца... А главное, вся эта театральная обстановка как нельзя больше отвечала душевному настроению Луши. Ведь вся эта нескладная театральная суматоха и всеобщая путаница являлась только живым сколком и продолжением того, что считалось за действительность в господском доме; те же декорации и кулисы, тот же оптический обман на каждом шагу и только меньше фальши и лжи, хотя актеры и актрисы должны были изображать совсем других людей.

Даже неистовство Сарматова нравилось Луше, потому что он неистовствовал от чистого сердца, не скрывая своего желания выслужиться. В пылу усердия он кричал на всех каким-то неестественным тонким голосом, как поют молодые петухи, ходил по сцене театрально-непринужденным шагом, говорил всем дерзости и тысячью других приемов старался вдохнуть в своих сотрудников по сцене одолевший его артистический жар. Особенно доставалось Наташе Шестеркиной и Канунниковой, которые не раз плакали от выходок Сарматова и все-таки продолжали приносить непосильные жертвы на алтарь искусства.

— Наталья Ефимовна! актриса должна себя держать совсем непринужденно на сцене!..— кричал Сарматов на конфузившуюся Шестеркину.— А вы не знаете, куда деваться с руками... Наталья Ефимовна! ради всего святого уберите ваши коленки! Ах, боже мой! Извините! коленки вы убрали, а зачем, с позволения сказать, начинаете выпячивать живот и переваливаетесь, как гусыня. А вы, mademoiselle Канунникова, вы держите голову с таким трудом, точно она набита у вас свинцовой дробью. Держитесь свободно, не стесняйтесь! Вон посмотрите на Братковского: этот гусь точно родился на сцене, а между тем я чувствую, что он-то и провалит меня, без ножа зарежет... Признайтесь, Гуго Альбертович, ведь вы до сих пор

238

своей роли ни в зуб толкнуть и будете удить рыбу из суфлерской будки?..

Братковский только улыбался и даже не давал себе труда отшучиваться.

На репетициях, кроме официально назначенных актеров, толпились в качестве добровольцев Перекрестов с Летучим. Эти "почти молодые люди" постоянно заглядывали в дамскую уборную и старались заслужить внимание любительниц разными мелкими услугами: переставляли стулья, носили переписанные роли и даже пришивали пуговицы, когда это требовалось. Перекрестов толкался на сцене из любви к искусству и отчасти движимый желанием поволочиться за хорошенькими женщинами при той сближающей обстановке, какую создают любительские спектакли. Что касается Летучего, то этот прогоревший сановник, выдохшийся даже по части анекдотов из "детской жизни", спился окончательно и приходил в театр с бутылкой водки в кармане, выпивал ее через горлышко где-нибудь в темном уголке, а потом забирался в самый дальний конец партера, ложился между стульями и мирно почивал.

— Театр — это цивилизующая сила,— ораторствовал Перекрестов, забравшись в дамскую уборную.— Она вносит в темную массу несравненно больше, чем все наши университеты и школы. Притом сцена именно есть та сфера, где женщина может показать все силы своей души: это ее стихия как представительницы чувства по преимуществу.

Театральная суматоха была нарушена трагико-комическим эпизодом, который направлен был рукой какого-то шутника против Сарматова. Именно, во время одной репетиции, когда все актеры были в сборе, на сцене неожиданно появилась Прасковья Семеновна, украшенная розовыми бантиками.

— Мне нужно видеть директора театра,— спрашивала она совершенно серьезным тоном, отыскивая глазами Сарматова.

— К вашим услугам, сударыня,— с комической вежливостью расшаркивался Сарматов, напрасно придумывая какую-нибудь остроумную шуточку над полусумасшедшей девушкой.— Чем могу служить вам?

— Я получила приглашение от вас играть роль первой любовницы,— с прежним спокойствием проговорила Прасковья Семеновна, не замечая насмешливых улыбок.— Вот я и пришла...

— Это недоразумение, Прасковья Семеновна...— смутился Сарматов от такой неожиданности.— У нас уже есть первая любовница.

239

Этот ответ исказил добродушно-сосредоточенное лицо Прасковьи Семеновны; глаза у ней сверкнули чисто сумасшедшим гневом, и она обрушилась на директора театра целым градом упреков и ругательств, а потом бросилась на него прямо с кулаками. Ее схватили и пытались успокоить, но все было напрасно: Прасковья Семеновна отбивалась и долго оглашала театр своим криком, пока пароксизм бешенства не разрешился слезами.

— Меня все обманывают,— шептала несчастная девушка, глотая слезы.— И теперь мое место занято, как всегда. Директор лжет, он сам приглашал меня... Я буду жаловаться!.. О, я все знаю, решительно все! Но меня не провести! Да, еще немножко подождите... Ведь уж он приехал и все знает.

Нашлись такие любители скандалов, которые хотели потешиться над заговаривавшейся девушкой, но какая-то добрая рука увела ее со сцены под одним из тех предлогов, при помощи которых заставляют уходить из комнаты детей. На Лушу этот маленький эпизод подействовал крайне тяжело, и она просидела все время в уборной, пока Прасковья Семеновна кричала и плакала на сцене. Но после репетиции, когда Луша проходила по узкому коридорчику между кулисами, кто-то в темноте схватил ее за руку точно железными клещами, так что она даже вскрикнула от испуга и боли.

— А, попалась... Ха-ха!..— кричал хриплый голос, по которому Луша едва узнала Прасковью Семеновну.— Ты отбила мое место, но я тебе устрою штуку. Ты будешь меня помнить... Ха-ха!..

Луша чувствовала на себе пристальный взгляд сумасшедшей и не смела шевельнуться; к ее лицу наклонялось страшное и искаженное злобой лицо; она чувствовала порывистое тяжелое дыхание своего врага, чувствовала, как ей передается нервная дрожь чужого бешенства. Подоспевший на выручку Братковский помог освободиться Луше от этого объяснения, и она едва добрела до уборной, где и упала в обморок. Поднялась новая суматоха, послали за доктором, но Луша пришла в себя сейчас же, как ее вспрыснули холодной водой. Она долго сидела на грязном диванчике в уборной, плохо понимая, что делается кругом, точно все это был какой-то сон, тяжелый и мучительный. Только когда в дверях уборной показалась длинная фигура доктора Кормилицына, Луша точно проснулась.

— Не нужно, ничего не нужно...— проговорила она, жестом прося доктора не входить.— Мне лучше... Это пустяки. Не говорите ничего отцу.

— Что такое случилось? что с вами, мой ангел? — кричал Прейн, врываясь в уборную: его тоже успел кто-то предупредить.— Ах, как я испугался...

— Напрасно... Может быть, лучше было бы умереть,— проговорила Луша, начиная сердиться.— Уходите, пожалуйста... "мой ангел"!

В последнее время все стали замечать, что Прасковья Семеновна сильно изменилась: начала рядиться в какие-то бантики, пряталась от всех, писала какие-то таинственные записочки и вообще держала себя самым странным образом. Раиса Павловна давно заметила эту перемену в сумасшедшей и боялась, как бы она не выкинула какойнибудь дикой штуки в присутствии набоба; но выселить ее из господского дома не решалась.

Аннинька, желая накрыть Братковского на самом месте преступления, несколько раз совершенно незаметно пробиралась на сцену и, спрятавшись где-нибудь в темном уголке или за кулисами, по целым часам караулила свой "предмет". Эта засада, однако, не приводила ни к каким положительным результатам, потому что Братковский держал себя, как и все другие мужчины. Впрочем, с прозорливостью влюбленной Анниньки поймала несколько таких взглядов Наташи Шестеркиной на "предмет", что сомнения не оставалось. Наташа любила его. Сделанное открытие стоило Анниньке больших слез и еще большей злобы против счастливой соперницы; оставалось только выследить их вдвоем и накрыть.

Всем влюбленным случай, как известно, является покорнейшим слугою; он же помог и Анниньке довершить предпринятый подвиг. Репетиция была назначена вечером; Аннинька с утра притворилась больной, а когда m-lle Эмма ушла к Раисе Павловне, она, как ящерица, улизнула в театр и пробралась на свой наблюдательный пост. На этот раз Братковский нетерпеливо шагал по сцене, заложив руки за спину. Не оставалось никакого сомнения, что он ждал ее. Было еще рано, и актеры только что начинали собираться и шушукались отдельными кучками. Братковский несколько раз посмотрел на часы и все поправлял свои русые волосы нетерпеливым жестом. Но вот мимо Анниньки скользнула знакомая женская фигура, закутанная в большой платок: это была Наташа Шестеркина. Она прошла к тому углу сцены, где были свалены старые декорации, и сделала знак Братковскому, чтобы он шел за ней. Аннинька должна была придерживать грудь рукой, чтобы сдержать колотившееся сердце, а потом она, как кошка, начала подкрадываться к уединившейся парочке. Ей пришлось сделать порядочный крюк, чтобы подойти к вороху кулис совершенно незамеченной. Вот уж близко, всего несколько шагов... Можно рассмотреть, как Братковский крепко обнял Наташу одной рукой и, наклонив голову, что-то внимательно слушал. Потом до ушей Анниньки донесся сдержанный счастливый смех ее разлучницы. Вся кровь прилила к голове Анниньки, сердце замерло, в глазах пошли красные круги; еще несколько шагов — и она у цели. Счастливая парочка так близко от нее, что можно доскочить одним прыжком; и Аннинька почти чувствует под своими ногтями белую кожу Наташи Шестеркиной. Но нужно немного перевести дух...

— Что же она? — спрашивал Братковский.

— Она?.. Ха-ха... Аннинька такая глупая, что ее обмануть ничего не стоит. Ведь она караулила тебя здесь все время, а ты и не подозревал?

— Этого еще недоставало!.. Ничего нет скучнее этих кисейных барышень, которые ничего не понимают... Ведь сама видит, что надоела, а уйти толку недостает.

— А тебе неужели не жаль Анниньки?

— Я могу женщину любить только до тех пор, пока она не потеряла ума, а как только начались охи, да вздохи, да еще слезы...

Братковский сделал выразительный жест рукой, а Шестеркина засмеялась. Аннинька слишком хорошо изучила ее манеру говорить и смеяться и вся дрожала, как в лихорадке. Послышался долгий поцелуй.

— А все-таки необходимо поскорее отделаться от этой дуры,— заговорила опять Шестеркина, прижимаясь к своему кавалеру,— а то она еще, пожалуй, устроит такой скандал, что и не расхлебаешь.

— Вздор!..

— Нет, я ее отлично знаю...

Аннинька не могла больше выносить и, как тигренок, бросилась на свою жертву, стараясь вцепиться ей прямо в лицо. Неожиданность нападения совсем обескуражила Братковского, он стоял неподвижно и глупо смотрел на двух отчаянно боровшихся женщин, которые скоро упали на пол и здесь уже продолжали свою борьбу.

— Анька... дура! Да ты, кажется, совсем с ума сошла? — послышался голос защищавшейся.

У Анниньки упали руки при звуках этого знакомого голоса — это была не Наташа Шестеркина, а m-lle Эмма, которая смешно барахталась своими круглыми руками и ногами, напрасно стараясь оттолкнуть нападавшую Анниньку.

— Право, настоящая дура! — уже сердито проговорила m-lle Эмма, поднимаясь с пола.— Ну, к чему было лицо ногтями царапать?..

Бедная, уничтоженная Аннинька сидела на полу в самом отчаянном виде и решительно не могла понять, во сне она или наяву.

XXIX

Занятия консультации были в полном разгаре, хотя сам Евгений Константиныч теперь редко посещал ее заседания. Дело Родиона Антоныча было совсем дрянь, и он, махнув на все рукой, плыл туда, куда его уносил стремительный поток событий. Да и что он мог сделать один против четверых? Выходила полная неустойка, как говорил Семеныч. Тетюевцы разнесли по щепам всю внутреннюю политику Раисы Павловны, и беспристрастный генерал, находившийся под сильным давлением Нины Леонтьевны, заметно начал склоняться на сторону тетюевцев. В чаше испытаний, какую приходилось испить Родиону Антонычу, мужицкие ходоки являлись последней каплей, потому что генерал хотя и был поклонником капитализма и смотрел на рабочих, как на олицетворение пудо-футов, но склонялся незаметно на сторону мужиков, потому что его подкупал тон убежденной мужицкой речи.

— Твое желание исполнилось,— говорил Прейн, отыскав Лушу в театре,— Платона Васильевича мы покончили совсем...

— А ты не обманываешь меня?..

— Если не веришь мне, так завтра сама можешь узнать от Раисы Павловны,— ответил Прейн обиженным тоном порядочного человека.

Луша торжествовала: ее заветное желание исполнилось. Сегодня идти к Раисе Павловне было поздно, но зато завтра она воочию убедится в случившемся. Ей страстно хотелось видеть, как Раиса Павловна примет известие о своем поражении и как она отнесется к Прейну, на которого надеялась, как на каменную стену. Вот будет комедия!..

Луша долго не могла заснуть в эту ночь. Вслед за картиной

243

поражения Раисы Павловны перед ней встала другая, более широкая — это торжество партии Тетюева, с Ниной Леонтьевной во главе. Вот самодовольная, надутая фигура "моего Майзеля", вот хитро улыбающееся бородатое лицо Вершинина, вот делец Тетюев с своим "я", вот сама "чугунная болванка", расплывшаяся и безобразная... Луша одинаково ненавидела эту торжествующую шайку дельцов, ненавидела той отраженной ненавистью, какая созрела в ней в последнюю поездку в горы, когда все начинали смотреть на нее, как на кандидатку в куртизанки. Особенно ненавидела Луша заводских аристократов, которые так жалко пресмыкались перед Ниной Леонтьевной... Чем Раиса Павловна хуже безобразной "болванки"? Дальше Луша думала о том, кто займет место Горемыкина, и старалась представить себе картину разрушения старого режима, сложившегося около Раисы Павловны. Кто потеряет и кто выиграет в этой новой суматохе? Прейн несколько раз говорил, что всего больше шансов на стороне Тетюева... Итак, вместо Раисы Павловны будет царить Авдей Никитич Тетюев. Глупо. Когда ненавистная Раиса Павловна была побеждена, и в душе Луши проснулось к этой женщине какое-то неясное, но теплое чувство. Ведь если разобрать справедливо, так Раиса Павловна ничем не хуже других, а только умнее во сто раз. И Лушу она любила по-своему, особенно в последнее время. Да, любила; любила немного по-кошачьи, но все-таки любила.

Перед Лушей протянулся длинный ряд воспоминаний, как Раиса Павловна готовила ее к балу, как с замиравшим сердцем следила за ее первыми успехами, как старалась выдвинуть ее на первый план, с тактикой настоящей великосветской женщины, и как наконец создала то, чем теперь Луша пользуется. Одной красоты и молодости мало для женщины, а нужна еще выдержка, такт, известная оригинальная складка, что и было разработано в Луше той же Раисой Павловной.

"Но ведь Раиса Павловна погубила отца...— думала Луша, движимая старым наболевшим чувством.— Она и меня преследовала, когда я была маленькой замарашкой".

Раньше Луша относилась к отцу почти индифферентно или с сдержанным чувством холодного презрения, а теперь начинала бояться его. Что он скажет, когда узнает все? Никакая тайна не останется тайной. Этот погибший человек отвернется от нее, как от содержанки Прейна. Он бросит в нее первый камень. Жалкий отец только один и вставал между нею и Прейном. Луша видела его презрительную улыбку и чувствовала всем телом его злой, насмешливый взгляд. Но из-за страха перед отцом в душе Луши выступило более сильное чувство: она жалела этого жалкого, потерянного человека и только теперь поняла, как его всегда любила. Ведь это была недюжинная голова, человек с искрой в душе, который при других обстоятельствах мог быть университетской знаменитостью или выдающимся представителем в области литературы. Мысли об отце были единственной тайной Луши от Прейна, и она берегла эту последнюю святыню, как берегут иногда детские игрушки, которые напоминают о счастливом и невинном детстве. И все-таки отца погубила окончательно Раиса Павловна... Это решение созрело еще в голове Луши в самом раннем детстве и в таком виде сберегалось до последнего времени, как не требующая доказательств аксиома. Но первое проснувшееся чувство расширило душевный горизонт Луши, и она теперь старалась проверить детскую аксиому, принимая меркой свой личный опыт. Кто из них прав и кто виноват: Раиса Павловна или отец?.. В сущности, она судила только по догадкам и только отчасти по двум-трем письмам, доставшимся ей после матери. История была самая темная. Да и как ей судить их? Просветленная собственным чувством, Луша долго думала о самой себе и своих отношениях к Прейну. Эта неожиданная встреча тоже носила в себе что-то роковое, как и встреча отца с Раисой Павловной. Луша действительно любила Прейна, любила человека умного и сильного,— всего вернее последнее. Именно сила Прейна производила на нее обаятельное действие: это был всемогущий человек, создавший свое положение одним своим умом. Конечно, он стар и некрасив, но все-таки во сто раз лучше тех молодых и красивых, которых встречала Луша до настоящего времени, не говоря уже об Яшке Кормилицыне. Девушка поклонялась силе, потому что в самой себе чувствовала эту силу, а жить, как живут все другие люди — день за днем, не стоило труда.

Долго не спала Луша в эту ночь, ворочаясь на своей постели. Ночь была темная и дождливая; деревья в саду шумели, точно говор далекой толпы, волновавшейся, как море. Крупные капли дождя хлестали в стекла с сухим треском, как горох, а рамы вздрагивали и тихо дребезжали под напором метавшегося ветра. Где-то выла собака, сильно сконфуженная происходившими в природе беспорядками. А потом глухо гукнул отдаленный раскат грома, точно вестовая пушка. Шум начал стихать, и дождь хлынул ровной полосой, как из открытой души, но потом все стихло, и редкие капли дождя

245

падали на мокрую листву деревьев, на размякший песок дорожек и на осклизнувшую крышу с таким звуком, точно кто бросал дробь в воду горстями. Но это было временное затишье, как бывает перед надвигающейся грозой. Вот режущим блеском всполыхнула первая молния, и резким грохотом рассыпался первый удар, точно с неба обрушилась на землю целая гора, раскатившаяся по камешку. Опять затишье, и новая молния, и вслед за ней уже без всякого перерыва покатились страшные громовые раскаты, точно какая-то сильная рука в клочья рвала все небо с оглушающим треском. Луша не боялась грозы и с замирающим сердцем любовалась вспыхивающей ночной темью, пока громовые раскаты стали делаться слабее и реже, постепенно превращаясь в отдаленный глухой рокот, точно по какой-то необыкновенной мостовой катился необыкновенно громадный экипаж.

Поздно утром, когда Луша проснулась, около ее кровати сидела Раиса Павловна. По блесткам дождевых капель в волосах и по темным пятнам от таких же капель на платье и на большой темной шали, в которую она куталась до самого подбородка, было видно, что Раиса Павловна только что пришла. Оиа сидела с опущенной головой, в задумчивой позе, и не замечала, что Луша давно уже смотрела на нее. Бледное, обрюзгшее лицо было бы совсем безобразно, если бы не освещалось какой-то глубокой думой, которая заставляла Раису Павловну забывать и промокшие насквозь прюнелевые башмаки, и недоконченный туалет, и место, где она сидела.

— Ах, ты уж проснулась? — проговорила Раиса Павловна, выведенная из своего забытья движением Лушиной головы.

— Да... Что случилось, Раиса Павловна? — сухо спросила девушка, напрасно стараясь замаскировать овладевшее ею чувство радости при виде разбитого врага.

— Ничего особенного...

Раиса Павловна нервно улыбнулась и опустила глаза; ее душило, и слезы стояли в горле.

— Я пришла проститься с тобой, Луша,— заговорила Раиса Павловна душевным, простым тоном, с нечеловеческими усилиями подавляя бушевавшие в ней горькие мысли.

— Что такое? Как проститься? — ответила Луша, не давая себе труда даже притвориться хорошенько.— Я, кажется, еще покуда не уезжаю, Раиса Павловна.

— Зачем ты обманываешь меня, голубчик? Я не за этим пришла... Мне хочется на прощанье много тебе высказать, потому что... вероятно, больше нам уже не придется встретиться, хотя и я — как ты, конечно, знаешь — тоже уезжаю.

"Скатертью дорога",— про себя подумала Луша, пока Раиса Павловна с трудом переводила дух.

— Я знаю твой выбор,— тихо заговорила Раиса Павловна, глядя прямо в лицо Луши.— И знала его гораздо раньше, чем ты думаешь. Но дело не в этом. Я пришла поговорить с тобой... ну, как это тебе сказать? — поговорить, как мать с дочерью.

— Раиса Павловна, пожалуйста, оставьте это святое слово в покое... Как-то вам нейдет говорить: мать!

При виде смирения Раисы Павловны в Луше поднялась вся старая накипевшая злость, и она совсем позабыла о том, что думала еще вечером о той же Раисе Павловне. Духа примирения не осталось и следа, а его сменило желание наплевать в размалеванное лицо этой старухе, которая пришла сюда с новой ложью в голове и на языке. Луша не верила ни одному слову Раисы Павловны, потому что мозг этой старой интриганки был насквозь пропитан той ложью, которая начинает верить сама себе. Что ей нужно? зачем она пришла сюда?

— Ты права, Луша...— ответила Раиса Павловна бледнея,— я беру свое слово назад. Но ты все-таки позволишь мне высказать тебе все, что у меня лежит на душе?

— Говорите... если вам это доставляет удовольствие,— с прежним бессердечием заметила Луша, пожимая плечами.— Только я думаю, что между нами всякие разговоры — совершенно лишняя роскошь. Надеюсь, что мы и без слов понимаем друг друга.

Луша сухо засмеялась, хрустнув пальцами. В запыленные, давно непротертые окна пробивался в комнату тот особенно яркий свет, какой льется с неба по утрам только после грозы,— все кругом точно умылось и блестит детской, улыбающейся свежестью. Мохнатые лапки отцветших акаций едва заметно вздрагивали под легкой волной набегавшего ветерка и точно сознательно стряхивали с себя последние капли ночного дождя; несколько таких веточек с любопытством заглядывали в самые окна.

— Можно открыть окно? — спросила Раиса Павловна, задыхаясь от бросившейся в голову крови.

— Будьте так любезны... А вы мне позволите одеться сначала?

— Позволяю...

Через четверть часа Луша была готова, и Раиса Павловна распахнула окно, в которое широкой волной хлынула еще не

247

успевшая улетучиться ночная свежесть. Пахнуло цветочным ароматом, и вместе с струей свежего воздуха ворвался в комнату неясный гул работавшей фабрики. Что-то бодрое и сильное ликовало там сейчас, за пределами Прозоровского флигелька, где зелеными кружевами поднимались шпалеры акаций и сиреней, круглились зелеными шапками липы и сквозили на солнце прорезными вершинами мохнатые стройные ели. Сколько покоя, сколько мира чувствовалось под этим открытым голубым небом, того мира, которого недостает бессильному, слабому человеку, придавленному к земле своей бесконечной злобой. В ожидании разговора Луша села на свой прорванный диванчик, а Раиса Павловна тяжело ходила по комнате, заложив руки за спину.

— В последнее время, Луша, я не спала несколько ночей, думая о тебе,— заговорила Раиса Павловна, с трудом переводя дух.— Ты сделала рискованный шаг, слишком смелый для твоего возраста и неопытности. С этой дороги возврата нет. Но я пришла не для того, чтобы читать тебе наставления, а просто хочется поговорить по душе. Ты только начинаешь свою жизнь, а я ее кончаю; поэтому не лишнее будет заметить тебе кое-что из моего житейского опыта. Сначала я испугалась ожидающей тебя участи, но потом передумала: порядочной, честной женщине, как это принято понимать, не стоит жить, потому что все против нас... Если мужчина, на стороне которого все права и преимущества, может эксплуатировать женщин в свою пользу, не заслуживая ничьего порицания, то почему же женщина не может распорядиться точно так же единственным своим преимуществом? Посмотри на меня: что я такое? Жалкая старуха — и больше ничего. В настоящую минуту у меня ничего нет — ни общественного положения, ни молодости, ни друзей, даже нет того, что остается после всех крушений и неудач — сознания, что я действительно сделала все, что могла. Нет, мне не осталось даже и этого утешения, хотя я была когда-то красива, не глупа и целую жизнь работала — конечно, работала по-своему... Вот в этой-то работе ты и можешь видеть то проклятие, которое тяготеет над женщиной. Мы всегда остаемся в жизни каким-то придатком мужчины, и возможная для нас деятельность совершается только из-за его спины. Самой умной женщине пробить себе дорогу только одной своей головой — дело почти невозможное; она всегда остается на полудетском положении, и ее труд ценится наравне с детским. Получается самое проклятое положение, тем более что требуют от женщины неизмеримо больше, чем от мужчины. Малейшая ошибка, малейший неверный шаг — все против нее, и больше всех сами же женщины. Про свою жизнь не буду тебе рассказывать — слишком много глупостей, или, вернее, одна сплошная глупость, хотя я всегда слыла за особу, которая умеет обделывать свои дела и ни перед чем не остановится.

Луша слушала эту плохо вязавшуюся тираду с скучающим видом человека, который знает вперед все от слова до слова. Несколько раз она нетерпеливо откидывала свою красивую голову на спинку дивана и поправляла волосы, собранные на затылке широким узлом; дешевенькое ситцевое платье красивыми складками ложилось около ног, открывая широким вырезом белую шею с круглой ямочкой в том месте, где срастались ключицы.

— Мне целую жизнь приходилось барахтаться в самой некрасивой обстановке,— продолжала Раиса Павловна,— интриговать, обманывать, лгать на каждом шагу и вечно действовать через третьи руки. Единственным утешением оставалось сознание, что окружавшие меня люди, с которыми мне приходилось иметь дело, ничем не лучше, за исключением разве того, что они в большинстве случаев были непроходимо глупы. И что же? Конец ты сама знаешь... Но уже когда жизнь прошла, я пришла к тому убеждению, что нужно было жить совсем иначе. Видишь, в чем дело. Я подразделяю людей на две категории: на человеческое мясо, которое мясом родится, мясом живет и мясом умирает, и на собственно людей — настоящую человеческую аристократию, выдвинувшуюся из остальной безличной массы или умом, или характером, или красотой, или талантом. Я говорю об этой второй категории и, собственно, об ее женском отделе. Таким женщинам нужна широкая деятельность, не обставленная выдохшимися привычками, обычаями и правилами, и такая деятельность доступна только вполне свободной женщине. Последнее время открыло несколько таких профессий и полуобщественных положений, где женщина может найти приложение своим силам и взять от жизни все, что та может дать. Конечно, общественные предрассудки высказываются против такой деятельности, пробивающей брешь в старых порядках; но что же делать, если нам не остается прямого выхода, нет дороги...

— Я это уже слыхала, Раиса Павловна, и не могу понять, при чем я-то тут? — спрашивала Луша.

— Вот о тебе и речь, Луша... Ты молода, красива, по-своему умна и обладаешь счастливым характером. Словом, в твоих руках все данные, чтобы устроить свою жизнь настоящим образом. Я буду счастлива уже тем, если когда-нибудь услышу, что ты хорошо устроилась, в чем я не сомневаюсь. Ты начинаешь с того, с чего когда-то следовало начать и мне, но я пропустила лет тридцать, а родиться во второй раз для повторения опыта не приведется. Прейн из мужчин его круга недурной человек и сумеет обставить тебя совершенно независимо; только нужно помнить одно, что в твоем новом положении будет граница, через которую никогда не следует переступать,— именно: не нужно... как бы это сказать... не нужно вставать на одну доску с продажными женщинами.

— Вы ошибаетесь, Раиса Павловна, принимая меня за одну из таких тварей...

— Нет, совсем не то; я хочу только сказать тебе, что нужно беречь себя и серьезно работать. У тебя будет в руках масса дел и людей, и ты можешь ими пользоваться по своему усмотрению. А главное...

Раиса Павловна на мгновение остановилась и закрыла даже глаза, точно собираясь с силами произнести роковое слово.

— Что "главное"? — спросила Луша, довольная этим патетическим движением, которому не верила.

— Главное, Луша...— глухо ответила Раиса Павловна, опуская глаза,— главное, никогда не повторяй той ошибки, которая погубила меня и твоего отца... Нас трудно судить, да и невозможно. Имей в виду этот пример, Луша... всегда имей, потому что женщину губит один такой шаг, губит для самой себя. Беги, как огня, тех людей, то есть мужчин, которые тебе нравятся только как мужчины.

— Благодарю за хороший совет; но опять прошу вас, Раиса Павловна, не повторять имени отца; иначе я попрошу вас удалиться отсюда.

— Ты меня гонишь? Ах, да, ведь не ты одна — все меня гонят... Но ты забываешь только одно, что я тебе желаю добра и даже забываю, что ты ненавидишь меня.

— Это уж мое дело, Раиса Павловна... Надеюсь, вы кончили?

— Да, почти. Все равно, я сейчас ухожу.

Раиса Павловна накинула на голову шаль, но медлила уходить, точно ожидая, что Луша ее остановит. Она, кажется, никогда еще не любила так эту девочку, как в эту минуту, когда она отвертывалась от нее совсем открыто, не давая себе труда хотя сколько-нибудь замаскировать свою ненависть.

— Прощай, Луша! — проговорила с трудом Раиса Павловна, не решаясь подойти к не трогавшейся с места девушке.— Мне хотелось тебя поцеловать в последний раз, но ведь ты не любишь нежностей...

Луша молчала; ей тоже хотелось протянуть руку Раисе Павловне, но от этого движения ее удерживала какая-то непреодолимая сила, точно ей приходилось коснуться холодной гадины. А Раиса Павловна все стояла посредине комнаты и ждала ответа. Потом вдруг, точно ужаленная, выбежала в переднюю, чтобы скрыть хлынувшие из глаз слезы. Луша быстро поднялась с дивана и сделала несколько шагов, чтобы вернуть Раису Павловну и хоть пожать ей руку на прощанье, но ее опять удержала прежняя сила.

— К чему? — проговорила она вслух, прислушиваясь к звукам собственного голоса.— Зачем она приходила? Ах, да... Все это одна сплошная ложь, последняя ложь!

Луша даже засмеялась, хотя на душе у ней было тяжело, точно там лежал какой камень. Итак, Раиса Павловна уничтожена. Она сама сейчас говорила это вот здесь. Куда она теперь денется с своим Платоном Васильичем, который глуп, как семьдесят баранов? Тетюев торжествует, и пусть торжествует: его счастье. То-то теперь все переполошились и начнут наперерыв заискивать перед новым временщиком, чтобы удержать за собой насиженные местечки, а может быть, и получить новые получше. И Нина Леонтьевна тоже торжествует и будет уверена, что это она столкнула Раису Павловну. Вот и еще размалеванная дура!

"А между тем мне стоит сказать одно слово,— и все торжество этих мерзавцев разлетится прахом",— думала Луша с удовольствием, взвешивая свое влияние на Прейна.

Ее подмывало детское желание разрушить всю городьбу Нины Леонтьевны и Тетюева, но она удержалась. Пускай события идут своим естественным путем, как им следует идти. Ее личные счеты с Раисой Павловной кончены навсегда, а мертвых с кладбища не носят.

В тот же день вечером, когда все улеглось в господском доме на покой, Евгений Константиныч раньше обыкновенного простился с Прейном, ссылаясь на усталость. Когда шаги Прейна затихли, набоб торопливо накинул на себя плед, надел шотландскую шапочку и осторожно вышел из комнаты; он миновал парадную приемную, потом столовую и очутился на садовой террасе. Ночь была мягкая, хотя и сырая после вечернего дождя; только что родившийся молодой месяц причудливо освещал колебавшиеся широкими полосами купы деревьев, зеленые стены акаций и разбитые веером цветочные клумбы. Берег был окутан клубами тихо шевелившегося тумана; выметывавшее из доменных печей пламя отражалось легкими вспышками, а от фабрики тянулся неясный сдержанный гул, точно какое громадное животное ворчало во сне. Спустившись с террасы, набоб пошел налево, в дальний угол сада; его охватила ночная сырость, которая заставляла неприятно вздрагивать. Вот и туманная полоса берега, вот те две ели и маленькая зеленая скамейка под ними.

"Здесь..." — подумал набоб, еще раз прочитывая в уме полученную вечером записку.

Эта записка была от женщины, и набоб испытывал то приятное волнение, какое овладевает человеком в неизвестном ожидании. Кто писал эту записку? — набоб терялся в догадках, хотя желал думать, что она была написана Лушей. Сколько сотен таких записок получал Евгений Константиныч на своем веку, как все они были похожи одиа на другую и вместе с тем каждая имела свою особенность. Были записки серьезные, умоляющие, сердитые, нежные, угрожающие, были записки с упреками и оскорблениями, с чувством собственного достоинства или уязвленного самолюбия, остроумные, милые и грациозные, как улыбка просыпающегося ребенка, и просто взбалмошные, капризные, шаловливые, с неуловимой игрой слов и смыслом между строк,— это было целое море любви, в котором набоб не утонул только потому, что всегда плыл по течению, куда его несла волна. Маленькие атласные конверты служили гнездышком раздушенным розовым листочкам, точно это были лепестки какой-то необыкновенной розы. Но полученная набобом записка сегодняя была таинственна, как сфинкс, и он долго ломал над ней голову.

"Приходи на берег пруда, где стоят две ели,— гласила записка,— там узнаешь одну страшную тайну, которую ношу в своем сердце много-много дней... Люди бессильны помешать нашему счастью.— Твой добрый гений".

Закутавшись в плед, набоб терпеливо шагал по мокрому песку, ожидая появления таинственной незнакомки. Минуты шли за минутами, но добрый гений не показывался. "Уж не подшутил ли кто надо мной?" — подумал набоб и сделал два шага назад, но в это время издали заметил закутанную женскую фигуру и пошел к ней навстречу. По фигуре это была Луша, и сердце набоба дрогнуло.

— Ты не узнал меня? — спросил его добрый гений, когда они пошли по песчаной дорожке рядом.

— Нет... не догадываюсь.

Незнакомка сильно куталась в большой платок, так что ее лица нельзя было рассмотреть; но голос был изменен; очевидно, добрый гений хотел поинтриговать предварительно.

— Я знаю, что ты меня любишь,— продолжал гений

252

прежним измененным голосом,— но злые люди нас постоянно разделяли. Везде интриги и коварство. Но я тебя тоже люблю и вот пришла сюда сама сказать это...

— Открой лицо,— просил набоб, начиная сомневаться в подлинности гения.

— Поклянись, что ты меня всегда будешь любить?

— Я уже клялся тебе раз... там, в горах.

— О нет... Это был обман.

Чтобы покончить эту комедию, набоб, под предлогом раскурить сигару, зажег восковую спичку и сам открыл платок гения. И попятился даже назад от охватившего его чувства ужаса: перед ним стояла Прасковья Семеновна и смотрела на него своим сумасшедшим взглядом.

— Узнал?..— шептала она, протягивая к нему руки с улыбкой.

Но набоб уже не слыхал этого шепота, потому что обратился в самое постыдное бегство, точно за ним по пятам гнался целый ад; Прасковья Семеновна стояла на прежнем месте и грозила кулаком ему вслед, а потом дико захохотала на весь сад.

Пробежав несколько аллей, набоб едва не задохся и должен был остановиться, чтобы перевести дух. Он был взбешен, хотя не на ком было сорвать своей злости. Хорошо еще, что Прейн не видал ничего, а то проходу бы не дал своими остротами. Набоб еще раз ошибся: Прейн и не думал спать, а сейчас же за набобом тоже отправился в сад, где его ждала Луша. Эта счастливая парочка сделалась невольной свидетельницей позорного бегства набоба, притаившись в одной из ниш.

— Это целая оперетка! — заливался Прейн, когда Прасковья Семеновна прошагала мимо них.— Луша! что же ты молчишь? Ха-ха!..

Но Луша была задумчива, почти грустна и не отвечала на шумную радость Прейна той же монетой. Она только что рассказала перед этим об утреннем визите Раисы Павловны и напрасно старалась разгадать впечатление, произведенное ее рассказом.

— Что же, тебе нисколько не жаль Раисы Павловны? — спросила она наконец.

— Что же я могу сделать для нее?— ответил Прейн тоже вопросом.

— Как что? Ты можешь все... если захочешь.

— Ну, теперь уж поздно: все кончено.

Равнодушный тон Прейна обидел Лушу, и ей сделалось

вдруг жаль Раисы Павловны, насчет которой теперь ликовала вся партия Тетюева.

— Послушай, а если я хочу, чтобы Раиса Павловна осталась? — капризно проговорила девушка, ежась от холода.

— Слишком поздно... Что хочешь проси, только не это:

> На волнах морских построю замок
> И зубами с неба притащу луну...

но спасти Раису Павловну я не в силах. Еще раз повторяю: все кончено...

— В таком случае я требую, чтобы Раиса Павловна осталась! Понимаешь: требую! А иначе, не кажись мне на глаза!

Произошла очень горячая сцена, и стороны разошлись самым неприятным образом обвиняя друг друга.

XXX

Прейн опять торжествовал. Благодаря своей политике он сумел заставить Лушу просить его о том, чего хотел сам и что подготовлял в течение месяца в интересах Раисы Павловны. Это была двойная победа. Он был уверен именно в таком обороте дела и соглашался с требованиями Луши, чтобы этим путем добиться своей цели. Это была единственная система, при помощи которой он мог вполне управлять капризной и взбалмошной девчонкой, хотевшей испытать на нем силу своего влияния.

— Отлично, и еще раз отлично! — повторял он несколько раз, потирая руки от удовольствия.

Разрушить всю городьбу, которую в течение месяца с таким усердием городили Тетюев с Ниной Леонтьевной, Прейну ничего не стоило, как он уверял с самого начала Раису Павловну. Дело было настолько подготовлено, что оставалось только нанести последний удар. Удаление Горемыкина в принципе было решено, и набоб вполне был согласен с таким решением. Работы консультации вывели на свежую воду многое, что не должно было видеть света. Недостатки горемыкинского режима сделались ясны, как день, даже для непосвященных, а генерал положительно был возмущен, что и высказывал Прейну несколько раз с своей обычной откровенностью.

— Теперь нужно доставить Тетюеву вторую аудиенцию,— предлагал Прейн генералу,— до настоящего времени вся ваша работа носила только отрицательный характер; пусть Тетюев представит Евгению Константинычу положительную программу, в духе которой он мог бы действовать, если бы, например, Евгений Константиныч предложил ему занять место Горемыкина... Конечно, я говорю только к примеру, генерал.

— Понимаю,— соглашался генерал.— А отчего же и в самом деле не предложить бы Тетюеву этого места? Это такой развитой, интеллигентный человек — настоящая находка для заводов! Тем более что отец Авдея Никитича столько лет занимал пост главного управляющего.

— Я не могу обещать вам решительно, генерал, но употреблю с своей стороны все, что будет зависеть от меня, а за остальное не ручаюсь... Хотя, кажется, можно утвердительно сказать, что все шансы теперь на стороне Тетюева.

— И Нина Леонтьевна говорит то же самое относительно Тетюева; так что мы все трое думаем одинаково.

— Да, да... Очень приятно, очень приятно! А вы предупредите Тетюева, чтобы он основательно подготовился к приему и изложил перед Евгением Константинычем свое profession de foi. А прежде всего, я думаю, вам нужно представить Евгению Константинычу подробный доклад занятий нашей консультации, чем вы, так сказать, расчистите почву Тетюеву. Положительные данные будут виднее на отрицательном фоне... Горемыкина нам щадить нечего, потому что он нам и без того стоит стольких хлопот.

— Да, если бы не эта консультация, мы могли много бы сделать для заводов в эту поездку! — согласился генерал.

После своего неудачного свидания с "добрым гением" набоб чувствовал себя очень скверно. Он никому не говорил ни слова, но каждую минуту боялся, что вот-вот эта сумасшедшая разболтает всем о своем подвиге, и тогда все пропало. Показаться смешным для набоба было величайшим наказанием. Вот в это тяжелое время генерал и принялся расчищать почву для Тетюева, явившись к набобу с своим объемистым докладом.

— А не лучше ли было бы рассмотреть этот доклад после, в Петербурге? — протестовал Евгений Константиныч при виде целой дести исписанной бумаги.— Мы на досуге отлично разобрали бы все дело...

Но генерал был неумолим и на этот раз поставил на своем,

заставив набоба проглотить доклад целиком. Чтение продолжалось с небольшими перерывами битых часов пять. Конечно, Евгений Константиныч не дослушал и первой части этого феноменального труда с надлежащим вниманием, а все остальное время сумрачно шагал по кабинету, заложив руки за спину, как приговоренный к смерти. Генерал слишком увлекся своей ролью, чтобы замечать истинный ход мыслей и чувств своей жертвы.

— Благодарю вас, генерал, от души благодарю! — с облегченным сердцем говорил набоб, когда чтение кончилось.— Я во всем согласен с вами и очень рад, что нашел наконец человека, которому могу вполне довериться. Вот и Прейн то же говорит...

Но этим испытание не кончилось. Вслед за генералом с его бесконечным докладом в кабинет явился Прейн и объявил, что необходимо дать Тетюеву вторую аудиенцию.

— Нет, это уже слишком! — горячо возразил Евгений Константиныч, делая сердитое лицо.— Вы все, кажется, сговорились довести меня этими проклятыми делами до чахотки.

— Нельзя, Евгений Константиныч! — мягко настаивал Прейн.— Если бы была какая-нибудь возможность обойтись без вас, тогда другое дело... Тетюев для нас чистый клад!

— Убирайтесь к черту с вашим кладом!

— Я вам говорю, что нельзя. Вы — заводовладелец, и в таком важном деле необходимо ваше личное вмешательство. Наша роль с генералом кончилась.

Набоб задумался и, поддаваясь настояниям Прейна, изъявил наконец согласие выслушать Тетюева.

— Только в последний раз! — капризно говорил набоб.

— В самый последний... Неужели у вас не найдется свободных пяти часов для такого важного дела?

— Пять часов! Да ты, Прейн, с ума, кажется, сошел...

— Нисколько... Если вы хотите показаться смешным в глазах всех служащих, тогда не слушайте меня и делайте по-своему. Что же мне-то за интерес надоедать вам?..

Набоб замолчал.

— Ваше последнее слово, Евгений Константиныч? — продолжал настаивать Прейн.

— Хорошо, я согласен.

— Отлично. Я передам это генералу.

Прежде чем явиться к набобу, Тетюев получил подробные инструкции от самой Нины Леонтьевны, которая вперед поздравляла его с полным успехом. Со стороны можно было подумать, что Тетюева аккредитовали послом к самому Бисмарку или по меньшей мере поручали министерский портфель. Вероятно, настоящие министерские кризисы происходят при менее торжественной обстановке. Майзель, Вершинин и другие тетюевцы тоже переживали самые тревожные минуты в ожидании решительного момента, причем повторялась избитая психологическая истина, что общее волнение возрастало вместе с уверенностью в успехе.

Наконец Тетюев был совсем готов и в назначенный день и час явился во фраке и белом галстуке со своим портфелем в приемную господского дома. Было как раз одиннадцать часов утра. Из внутренних комнат выглянул m-r Чарльз и величественно скрылся, не удостоив своим вниманием вопросительный жест ожидавшего в приемной Тетюева. Поймав какого-то лакея, Тетюев просил его доложить о себе.

— Барин еще почивают,— отвечал лакей.

— Не может быть! он назначил мне прием именно в одиннадцать часов.

— Не могу знать-с.

— Ну, так доложи Альфреду Осипычу. Он, наверно, уже встал.

Лакей сонно взглянул заспанными глазами на Тетюева и нехотя понес его карточку на половину Прейна.

Вместо ожидаемого лакея выбежал сам Прейн. Он был в туфлях и в шелковой фуфайке, в чем и поспешил извиниться с истинно французской вежливостью.

— Извините, Авдей Никитич. Вам придется подождать несколько минут,— говорил Прейн, подхватывая министра под руку.— Пойдемте пока в мою комнату.

Комната Прейна, служившая ему и кабинетом и спальней, отличалась отчаянным беспорядком неисправимого холостяка. Усадив гостя на кресло к письменному столу, на котором ничто не напоминало о письменных занятиях, Прейн скрылся за маленькую ширмочку доканчивать свой утренний туалет.

— Отодвиньте ящик в правой тумбочке, там есть красный альбом,— предлагал Прейн, выделывая за ширмой какие-то странные антраша на одной ноге, точно он садился на лошадь.— Тут есть кое-что интересное из детской жизни, как говорит Летучий... А другой, синий альбом, собственно, память сердца. Впрочем, и его можете смотреть, свои люди.

Красный альбом не представлял ничего особенного, потому что состоял из самых обыкновенных фотографий во вкусе старых холостяков: женское тело фигурировало здесь в самой откровенной форме. В синем альбоме были помещены карточки всевозможных женщин, собранных сюда со всего света.

— Вы слыхали о галерее польского короля Станислава-Августа, которая хранится теперь в Дрездене? — спрашивал Прейн, выставляя голову из-за ширмы.

— Право, не помню что-то, Альфред Осипыч...

— Гм... Ну, одним словом, этот синий альбом заменяет мне королевскую галерею.

Прейн объяснил более откровенным образом значение синего альбома, и Тетюев погрузился в рассматривание длинного ряда красивых женских лиц, принадлежавших всем национальностям. Кого-кого только тут не было, начиная с гризеток Латинского квартала, цариц Мабиля и кафе-шантанов, представительниц demi-monde'а самых модных курортов и первых звезд европейских цирков и балетов и кончая теми метеорами, которых выдвинула из общей массы шальная мода, ослепительная красота или просто дикая прихоть пресыщенной кучки набобов всего света. На страницах альбома, который перелистывал Тетюев, нашли себе, может быть, последний приют самые блестящие полуимена, какие создавали за последние двадцать пять лет такие центры европейской цивилизации, как Париж, Вена, Берлин, Лондон и Петербург. Это была интимная история в лицах той жизни, которая доступна только избранникам и баловням слепой фортуны. Если бы перевести на "язык простых копеек", чего стоили эти красавицы Европы, то в результате получилась бы сумма, далеко превышающая стоимость громадной войны каких-нибудь очень цивилизованных держав. Эти красивые лица были живой иллюстрацией капитальных политических переворотов, страшных экономических кризисов, банковых крахов, миллионных хищений и просто воровства, воровства без числа и меры. Обыкновенные разорения, самоубийства, убийства и разные другие causes célèbres[31] не должны идти в счет, как слишком нормальные явления. Тетюев слыхал об этом исключительном интернациональном мирке из пятого в десятое, поэтому перелистывал альбом без особенного внимания, как человек непосвященный, и только заметил последнюю страницу, где было оставлено свободное место для новой карточки: это место было назначено Луше Прозоровой.

— Однако Евгений Константиныч заставляет нас ждать! — проговорил Прейн, появляясь наконец из-за ширмы.— Двенадцать часов скоро...

---

[31] громкие судебные дела (фр.).

Он позвонил и велел явившемуся на звонок лакею узнать, может ли принять Евгений Константиныч. Лакей через пять минут явился с длинным конвертом на серебряном подносе. Прейн разорвал конверт и несколько раз торопливо перечитал маленький листок английской почтовой бумаги цвета морской воды.

— Не понимаю...— проговорил он наконец, вопросительно глядя на Тетюева и проводя рукой по лбу.— Вероятно, какая-нибудь ошибка. Извините, Авдей Никитич, я вас оставлю всего на одну минуту... Не понимаю, решительно не понимаю! — повторил он несколько раз, выбегая из комнаты.

Лакей остался в дверях и сонно смотрел на Тетюева с тупым нахальством настоящего лакея, что опять покоробило будущего министра. "Черт знает, что такое получается? Уж не хочет ли Прейн расстроить аудиенцию разными махинациями?" — мелькнуло в голове Тетюева, но в этот момент появился Прейн. Ударив себя по лбу кулаком, он проговорил:

— Решительно ничего не понимаю, Авдей Никитич. Вот не угодно ли вам прочесть самим это письмо.

Прейн передал полученное письмо Тетюеву, и тот прочитал:

"Дорогой Прейн! Одно очень серьезное дело заставило меня уехать, не простившись ни с кем... Передай генералу, что я во всем полагаюсь на него и на тебя и вперед изъявляю свое полное согласие на все, что вы сделаете для заводов.

Твой Евгений Лаптев".

— Не понимаю, не понимаю, не понимаю! — кричал Прейн, схватившись за голову.— Какое дело? куда уехал?..

— Я тоже, кажется, ничего не понимаю...— в раздумье проговорил опешивший Тетюев.— По моему мнению... я... В самом деле, Альфред Осипыч, как же я-то: был назначен прием, я готовился, и вдруг...

Неожиданный отъезд набоба походил скорее на бегство. Он укатил в своей коляске только с одним m-r Чарльзом, величественно сидевшим рядом с кучером. Вся свита, в лице Прейна, генерала, Нины Леонтьевны, Перекрестова с Летучим и прочими остались в Кукарском заводе, вместе с лаптевской конюшней, охотой, гардеробом и целым обозом. Известие о сбежавшем набобе еще раз переполошило весь Кукарский завод, причем все накинулись на Прейна, как сумасшедшие. Произошел целый ряд неприятных сцен и недоразумений; все рушилось кругом, точно случилось по меньшей мере смешение языков. В общей суматохе первым опомнился шустрый представитель русской прессы Перекрестов: он в то же утро, в сопровождении Летучего, бросился нагонять набоба каким-то проселком, чтобы перехватить его, по крайней мере, на пароходе. В пустой голове Перекрестова все еще болталась мысль о месте главного управляющего, хотя он и потерпел полное фиаско у круглых ног m-lle Эммы.

Общему изумлению не было границ и меры: все было устроено, приготовлено, даже сделано наполовину — и вдруг...

— Как же это так?..— вдруг спрашивали все друг У друга.

Бедный Сарматов ворвался в кабинет Прейна бледный как полотно и едва мог выговорить:

— Альфред Осипыч! а как же спектакль? Ведь уж все было приготовлено, я из кожи лез, и вдруг... Наташе Шестеркиной нарочно такой костюм заказали, чтобы плечи были как на ладони. Ей-богу!.. Да что же это такое в самом деле?..

Вслед за Сарматовым явился "мой Майзель" и с своей обычной важностью отцедил:

— Куда же я с медведем, которого приготовил под Куржаком для Евгения Константиныча?

— Я уж, право, не знаю, господа, как быть с вами,— вертелся Прейн, как береста на огне.— Пожалуй, медведя мы можем убить и без Евгения Константиныча... Да?.. И вы, Сарматов, не унывайте: спектакль все-таки не пропадет. Все, вероятно, с удовольствием посмотрят на ваши успехи...

— Ну, уж слуга покорный! — огрызнулся Сарматов.— И медведя и спектакль — жирно будет.

— Вы начинаете говорить дерзости, Сарматов!

— Виноват... простите! Но, ради всего святого, войдите в мое положение, Альфред Осипыч!

— И в мое тоже,— прибавил Майзель, точно бросил пудовую гирю.

— А кто же в мое положение войдет, господа? — спрашивал Прейн, делая трагический жест.

— Действительно, замысловатая вышла штука,— проговорил Сарматов, приходя немного в себя.— Это выходит совсем новая пьеса, в которой все остались с носом..- ха-ха!.. А жаль, признаться сказать, я рассчитывал на кое-что, потому что, согласитесь сами, ведь плечи у этой бестии Шестеркиной — мрамор, нет — слоновая кость... Право, всем нам теперь остается только тараканов морозить!

В кабинете Прейна собрались почти все действующие лица расстроенной пьесы, даже приплелся, неизвестно зачем, Яша

Кормилицын. Генерал был возмущен и сконфужен и тоже изъявил непременное желание сейчас же уехать из Кукарского завода.

— Нет, это невозможно, генерал,— доказывал Прейн,— теперь вся ответственность ложится на нас с вами, и мы не имеем права бежать с нашего поста. Чужие глупости еще не дают нам права делать своих. Притом нам остается только увенчать уже возведенное здание.

— Вы правы, Прейн,— согласился прямодушный генерал.— Я погорячился. А все-таки жаль, что Тетюев лишился возможности высказать Евгению Константинычу свою программу. Это замечательная административная и финансовая голова.

На половину Раисы Павловны, где уже начинала воцаряться библейская мерзость запустения, пикантную новость принес воспрянувший духом Родион Антоныч. Даже изощренная во всевозможных внутренних переворотах Раиса Павловна не хотела верить всему случившемуся. Такую штуку, конечно, мог устроить только один Прейн, этот гениальнейший из рожденных женами.

— Ну, то есть так они ловко укололи эту самую штуку, так ловко! — умиленно шептал Родион Антоныч, качая своей жирной головой.— Ведь уж все дело было на мази, а тут вдруг... Уж истинно сказать, что из огня выхватил нас Альфред-то Осипыч.

Вечером, отделавшись от своих взволнованных гостей, Прейн сидел в будуаре Раисы Павловны, которая опять угощала его кофе из собственных рук. Собеседники болтали самым беззаботным образом, и Раиса Павловна опять блестела пикантным остроумием, а Прейн, как школьник, болтал ногами и хохотал, как сумасшедший. Между прочим, он рассказал об эпизоде с добрым гением, причем хохотала уже Раиса Павловна.

— Что же мы теперь будем делать? — спрашивала Раиса Павловна, успокоившись после первых восторгов.— Какой-то умный человек сказал, что не так трудно выиграть сражение, как разумно воспользоваться его плодами.

— Да, да... Но теперь уже все от вас зависит: я свое дело сделал.

— Постойте, зачем же вы из меня душу-то тянули столько времени, бессовестный человек?

— Я?.. Нет, я с самого начала объявил вам, что буду делать?

— А потом?.. Что стоило вам предупредить меня... а я тут

бог знает что передумала и даже несколько раз проклинала вас, как изменника. Вы мне много крови испортили...

— Напротив, я хотел подарить вам маленький сюрприз, а что касается до ваших сомнений, то в них, во-первых, больше всего виноваты вы же сами, а во-вторых, чем была бы наша жизнь без маленьких волнений!

— Да, да, хорошо вам разводить философию, а каково было мне...

Растроганная и умиленная неожиданным успехом, Раиса Павловна на мгновение даже сделалась красивой женщиной, всего на одно мгновение лицо покрылось румянцем, глаза блестели, в движениях сказалось кокетство женщины, привыкшей быть красивой. Но эта красота была похожа на тот солнечный луч, который в серый осенний день на мгновение прокрадывается из-за бесконечных туч, чтобы в последний раз поцеловать холоднеющую землю.

— Мы еще поживем! — проговорил Прейн, весело целуя руку Раисы Павловны.— Не правда ли?

— Да, вы еще поживете,— печально согласилась Раиса Павловна, чувствуя, как румянец сбегает у ней с лица и глаза холодеют.— Извините, Прейн, я не желала вас обидеть, но так как-то само сказалось...

На другой день утром, когда Раиса Павловна едва еще успела проснуться, Родион Антоныч уже ожидал ее. Такой ранний визит, конечно, был неспроста, и Раиса Павловна поторопилась выйти к своему Ришелье.

— Что новенького, Родион Антоныч? — спрашивала она, еще позевывая после сна.

— Да новенького-то ничего нет, а я пришел так...— начал Родион Антоныч по своему обыкновению издалека.— Вот у вас был вчера Альфред Осипыч, так, может, у вас что-нибудь есть новенькое.

— Ах, да... Ну, нового ничего особенно нет, а старое вы сами знаете.

— Так-с... Очень хорошо.

По лицу Ришелье Раиса Павловна видела, что он что-то хочет сказать и не решается.

— Да не тяните вы из меня жилы! говорите прямо, зачем пришли? — договорила Раиса Павловна, усаживаясь в кресло.— Ну?.. Ах, какой человек!

— Ей-богу, ничего, Раиса Павловна... Я так зашел. Был в управлении, а потом и думаю: дай, думаю, зайду проведать Раису Павловну. Только и всего.

— Ну, теперь видели, что Раиса Павловна в добром

здоровье, и убирайтесь, а мне нужно еще одеваться да притираться. Чего стоите?..

— Вот что, Раиса Павловна,— заговорил нерешительно Родион Антоныч, делая самую благочестивую рожу.— Как вы насчет Авдея Никитича?

— То есть, как это "насчет"? Просто, всех их к черту — и конец делу! А Тетюева в особенности...

Родион Антоныч тяжело вздохнул, сморщился и не уходил, переминаясь с ноги на ногу.

— А я вам, Раиса Павловна, прямо скажу,— заговорил он после длинной паузы,— напрасно вы, даже весьма напрасно, то есть относительно Авдея Никитича...

— Что же мне делать с вашим Авдеем Никитичем? Расцеловать его, что ли? Предоставляю это Нине Леонтьевне и другим дамам...

— Все-таки напрасно, Раиса Павловна... Конечно, теперь вы можете сделать большую неприятность Тетюеву, но ведь он отдохнет да опять за старое. Вот какую оперу устроил!.. Ведь меня-то заклевали на консультации и совсем бы съели, ежели бы не Альфред Осипыч. Ну, нынче хорошо, а час на час не приходит... Тетюев непременно опять будет нас подсиживать и уж свое возьмет. Большие неприятности может сделать... А между тем все просто, проще пареной репы. Рассудите так: неужели теперь у Евгения Константиныча для Тетюева места не найдется в Петербурге, когда он такую орапу совсем несообразных людей кормит и поит? Да ежели бы Авдею-то Никитичу пять тысяч дать в Петербурге, местечко этакое особенное устроить ему, да ведь он... Ах, господи!.. Как это вы, Раиса Павловна, Авдея Никитича понимать не хотите; ведь живой он человек, жить хочет! А кабы его в Петербурге к Евгению Константинычу пристроить, да еще он почувствовал бы, что не через Нину Леонтьевну свое счастье получил, а через вас, да тогда вы тут катайтесь, как сыр в масле! Ей-богу, ведь голова-то какая: все может на свете оборудовать. А у нас бы в Питере-то рука была не чета Прохору Сазонычу Загнеткину. Право, Раиса Павловна, даже очень вы напрасно так Авдея Никитича трактуете. Теперь самый случай его на точку поставить, а он уж за добро наше заплатит. Ведь человек-то вон какой!

Это предложение сначала озадачило Раису Павловну; потом она усумнилась в искренности Родиона Антоныча, который мог ее продать тому же Тетюеву, и наконец проговорила:

— Хорошо, я подумаю, хотя определенного ничего и не могу обещать.

— Подумайте, Раиса Павловна... Ведь человек-то... А-ах, боже мой!

XXXI

Кукарский завод походил теперь на улей, из которого улетела матка и все пчелы бродят как потерянные. Более подходящим сравнением, пожалуй, будет картина игроков, которые чинно уселись за зеленый стол, роздали карты, произвели ряд выкладок карточной математики, сделали первые ходы, обозначавшие масть и намерение партнеров,— и вдруг какая-то шальная рука перемешала все карты... Прибавьте к этому, что на карту были поставлены самые жгучие интересы, связывавшие главарей с десятками других, второстепенных игроков, которые должны были ограничиваться только наблюдением за ходом всей игры. Отъезд набоба довел расходившиеся страсти до последней степени напряжения, и две женщины, стоявшие во главе партий, питали друг к другу то же ожесточение, как две матки в одном улье. Собственно за игорным столом сидели теперь Раиса Павловна, Нина Леонтьевна, Тетюев и Прейн. Чтобы общее недоразумение не перешло врукопашную, нужно было придумать какой-нибудь такой компромисс, который примирил бы интересы всех. Таким компромиссом и являлась придуманная Родионом Антонычем комбинация, заставившая Раису Павловну сильно задуматься, прежде чем она решилась передать свой разговор Прейну.

— Что же! отличная это штука, Раиса Павловна! — обрадовался никогда не унывавший Прейн.— Мы так и сделаем... Тетюев действительно неглупый человек и может быть нам очень полезен.

По сдержанному выражению лица Раисы Павловны Прейн понял с своей обычной проницательностью, что ее смущает: ей хотелось окончательно уничтожить Нину Леонтьевну, а назначение Тетюева в Петербург будет принято "болванкой" за дело ее рук.

— Послушайте, Раиса Павловна, я устрою так, что Тетюев сам придет к вам с повинной! — объявил Прейн, радуясь повой выдумке.— Честное слово. Только мне нужно предварительно войти в соглашение с генералом: пожалуй, еще заартачится. Пусть Нина Леонтьевна полюбуется на своего протеже. Право, отличная мысль пришла в голову этому Родиону Антонычу!.. Поистине, и волки будут сыты, и овцы целы...

Как Раиса Павловна ни презирала Тетюева, но все-таки сомневалась, что он пойдет на такую сделку, что и высказала Прейну, который только захохотал в ответ.

Прейн на этот раз не отложил дела в долгий ящик, а сейчас же пригласил генерала к себе для необходимых совещаний. Прежде всего ему нужно было уломать генерала, а Тетюев пусть себе едет в Петербург,— там видно будет, что с ним делать: дать ему ход или затереть на каком-нибудь другом месте.

— Генерал, нам необходимо кончить это дело как можно скорее,— говорил Прейн, встречая генерала в дверях.

— Я ничего не имею против этого...

— Отлично... Садитесь, пожалуйста, и поговоримте откровенно. Тетюева я давно знал как умного человека, но познакомиться с ним ближе мне как-то не удавалось до сих пор. Для нас такой человек находка. Да?.. Хорошо. Но согласитесь, что Россия вообще страдает недостатком в умных и талантливых людях, и похоронить такого человека на заводах было бы просто грешно. Ведь заводское дело в своей сущности крайне просто, то есть я говорю об административной его части, какая находится в ведении главного управляющего. Даже те недостатки управления Горемыкина, которые так блистательно раскрыты работами нашей консультации, обязаны своим происхождением переходному времени. Не будь уставной грамоты, все дело шло бы отлично. Заметьте, что Платон Васильич замечательно честный человек, и не мне объяснять вам, какое это неоцененное достоинство в наше время крахов, растрат и хищений. Но все это к слову; главное, я против того, чтобы Тетюева оставлять на заводах: такую голову мы возьмем поближе к себе.

— Что вы хотите сказать этим? — спрашивал недоумевавший генерал.

Прейн начал издалека. Сначала он подробно изложил намерения генерала и его idée fixe о создании в России капиталистического производства под крылышком покровительственной системы, благодаря чему русские промышленники постепенно дорастут до конкуренции с заграничными производителями и даже, может быть, в недалеком будущем займут на всемирном рынке главенствующую роль.

265

— Это наша общая цель, генерал, и мы будем работать в этом направлении,— ораторствовал Прейн, шагая по кабинету с заложенными за спину руками.— Нам нужно дорожить каждым хорошим человеком в таком громадном деле, и я беру на себя смелость обратить ваше особенное внимание, что нам прежде всего важно привлечь к этой работе освежающие элементы.

— Да, да...

— Все столичные дельцы на одну колодку, генерал, они слишком шаблонны, слишком обезличены окружающей обстановкой, а провинция всегда вливает новые силы.

— Да, да... это подтверждается всей историей: Греция, Рим, современный Париж...

— Мы отлично понимаем друг друга, и я предложил бы перевести Тетюева в Петербург на службу к Евгению Константииычу. Места, конечно, все заняты, но можно создать для него что-нибудь новое... Ну, пусть будет юрисконсультом, тем более что Тетюев получил солидное юридическое образование.

— Что ж! это будет отлично! — соглашался генерал.— Теперь именно нужно действовать исключительно на юридических основаниях, как, например, создала свое промышленное благосостояние Англия...

— Именно, именно, я только что хотел сказать то же самое. Ведь нам приходится воспитывать конкурентов английским промышленникам, и мы будем разбивать их на их же почве и их же оружием.

Генерал был в восторге от этого разговора и, только вспомнив про Горемыкина, сморщился и проговорил:

— Да, все это хорошо, а как мы с Горемыкиным сделаемся?

— С Горемыкиным?.. Ничего нет легче, генерал. Пусть он пока останется на том же месте, а мы тем временем успеем приискать подходящего преемника.

— Да, но ведь это выйдет неловко, Альфред Осипыч,— заметил генерал, отлично представляя себе неистовую ярость Нины Леонтьевны.— Все было против него, и вдруг он останется! Это просто дискредитирует в глазах общества всякое влияние нашей консультации, которая, как синица, нахвастала, а моря не зажгла...

— Да ведь я сказал, генерал, что мы оставим Горемыкииа только пока... Заметьте: пока. А там без сомнения устраним его...

Это "пока" совсем успокоило генерала, который не подозревал, что это маленькое словечко в русской жизни имеет всеобъемлющее значение и что Прейн постоянно им пользовался в критических случаях. Наука, с которой имел дело генерал, все явления подводит под известные законы и не хочет знать никаких "пока". Между тем это "пока" имеет самое широкое применение, особенно в мелочах повседневной жизни. Известно, что битая посуда два века живет, и постройки, воздвигаемые на время, в ожидании капитальных сооружений, пользуются особенной долговечностью. Все архитекторы и подрядчики отлично знают, что стоит только поставить на время какую-нибудь деревянную решетку вместо железной или дощатую переборку вместо капитальной стены — и деревянная решетка и дощатая переборка переживут и хозяина и даже самый дом. Прейн давно практиковал в этом направлении и теперь пустил в ход заветное словечко, которое сразу обезоружило генерала.

Покончив с генералом, Прейн пригласил к себе Тетюева и с шутливой откровенностью высказал ему свои намерения.

— Надеюсь, что мы сойдемся с вами, Авдей Никитич,— закончил свои переговоры Прейн,— хотя, конечно, за будущее трудно ручаться... Вы будете нашим юрисконсультом и поработаете на пользу русской промышленности, поскольку она соприкасается с юридическими вопросами. Ну, взять хоть эту же уставную грамоту, отношения к земству, тарифные вопросы и так далее.

— Я, Альфред Осипыч, буду всегда...— смущенно бормотал Тетюев, растроганный свалившимся с неба на его голову счастьем.— Одним словом, вы не раскаетесь в сделанном выборе, если мне не изменят мои слабые силы...

— Отлично, очень хорошо... Но это все еще в будущем, а теперь поговоримте о настоящем: у меня на первый раз есть для вас маленькая дипломатическая миссия. Так, пустяки... Кстати, я говорил уже о вас генералу, и он согласен. Да... Так вот какое дело, Авдей Никитич... Собственно, это пустяки, но из пустяков складывается целая жизнь. Я буду с вами откровенен... Надеюсь, что вы не откажете мне?

— Помилуйте, я для вас готов в огонь и в воду, только скажите!

— Я уже сказал, что пустяки: нужно помирить Раису Павловну с Ниной Леонтьевной. Ведь, собственно говоря, батенька, вы и кашу-то всю заварили, так вам ее и расхлебывать.

Как ни велика была готовность Тетюева идти за Альфреда Осипыча в огонь и в воду, но эта "маленькая дипломатическая миссия" повергла его сразу в уныние, потому что он отлично

267

понимал невозможность примирения двух враждовавших женщин. В ответ на предложение Прейна Тетюев только пробормотал что-то совсем бессвязное.

— Да вы не смущайтесь, Авдей Никитич,— успокаивал Прейн.— В таких делах помните раз и навсегда, что женщины всегда и везде женщины: для них своя собственная логика и свои законы... Другими словами: из них можно все сделать, только умеючи.

— Но ведь здесь с одной стороны Раиса Павловна, а с другой — Нина Леонтьевна...— с унынием повторял Тетюев.— Нет, это невозможно! Что хотите, но только не это, Альфред Осипыч!

— Э, пустяки! Я вас научу, батенька... Вы будировали против Раисы Павловны много лет. Да? И всю эту поездку устроили тоже сюрпризом для нее... так? Потом с Ниной Леонтьевной работали все лето против Раисы Павловны... так? А теперь вам нужно сделать следующее: отправляйтесь сегодня же с визитом к Раисе Павловне и держите себя так, как будто ничего особенного не случилось... Ведь этакие вещи приходится проделывать постоянно.

— А если меня Раиса Павловна не примет?

— Нет, за это я вам поручусь... Позвольте еще одну маленькую откровенность: пожалуйста, когда будете у Раисы Павловны и у Нины Леонтьевны, держите себя так, как бы вы попали к самым молоденьким и красивым женщинам... Да, это первое условие, а то всю свою миссию погубите. Ведь женщина всегда останется женщиной!

— А как же Нина Леонтьевна? Ведь она все узнает, и тогда... нелепая история может произойти.

— Ах, да... Мне следовало предупредить вас с самого начала. Позволю еще маленькую откровенность. Ведь вы, Авдей Никитич, в душе уверены, что обязаны своим юрисконсульством Нине Леонтьевне? Да?

— Да, я считаю себя много обязанным Нине Леонтьевне...

— Хорошо. Так и запишем... Вы считаете себя много обязанным Нине Леонтьевне, а между тем вы обязаны всем исключительно одной Раисе Павловне, которая просила меня за вас чуть че на коленях. Да... Даю вам честное слово порядочного человека, что это так. Если бы не Раиса Павловна, вам не видать бы юрисконсульства, как своих ушей. Это, собственно, ее идея...

Это известие окончательно ошеломило Тетюева, точно он слушал какую-нибудь сказку: Раиса Павловна хлопотала за него, когда все было для него с отъездом Лаптева проиграно! Нет, это что-то совсем непонятное и хоть кого сведет с ума.

— А когда вы сделаете визит Раисе Павловне,— продолжал Прейн,— мы сейчас же устроим обед и на обеде сведем Раису Павловну с Ниной Леонтьевной... Да! Тут уж им не примириться невозможно!

Выполняя маленькую дипломатическую миссию, Тетюев немедленно отправился с визитом к Раисе Павловне, которая встретила его с той непроницаемой великосветской любезностью, которая так ловко заравнивает все житейские шероховатости, колдобины и целые пропасти.

— Очень рада поближе познакомиться с вами, Авдой Никитич,— говорила Раиса Павловна.— Мы, кажется, встречались с вами иногда... на улице?

— Да...

В гостиной Раисы Павловны к своему изумлению Тетюев встретил Амалию Карловну и m-me Дымцевич. Эти милые дамы болтали самым непринужденным образом, хотя в душе страшно ненавидели друг друга: Амалия Карловна была уверена, что она первая сделает визит Раисе Павловне и предупредит других, и m-me Дымцевич думала то же самое, но эти проницательные дамы встретились носом к носу на подъезде квартиры главного управляющего и должны были войти в гостиную Раисы Павловны чуть не под ручку. Появление Тетюева усилило эффект до последней степени: Амалия Карловна презирала ренегатство и подлое заискивание m-me Дымцевич и Тетюева, m-me Дымцевич то же самое презирала в Амалии Карловне и Тетюеве, а Тетюев презирал обеих дам по тому же адресу. Моралист в этой глупой комбинации нашел бы новое доказательство человеческой испорченности, но погодите бросать камнем в это почтенное трио, ибо невозможно обвинять перелетную птицу за то только, что она летит туда, где теплее. И для человеческой глупости есть свои законы, хотя они еще не раскрыты наукой с той отчетливостью и непреложностью, как какое-нибудь учение об отрицательных величинах или теории вероятностей. Отрицательные величины в мире умственных и нравственных явлений имеют такое же законное право на существование, как и в области математики.

Раиса Павловна держала себя, как все женщины высшей школы, торжествуя свою победу между строк и заставляя улыбаться побежденных. Нужно ли добавлять, что в гостиной Раисы Павловны скоро появились Майзель, Вершинин, Сарматов — одним словом, все заговорщики, кроме Яши

269

Кормилицына, который в качестве блажеиненького не мог осилить того, что на его месте сделал бы всякий другой порядочный человек.

— Я так рада вас видеть у себя, господа,— повторяла несколько раз Раиса Павловна, занимая милых гостей.

Повторились сцены, разговоры и пикировки парадных завтраков, за исключением того, что все "галки" отсутствовали, ибо — увы! — они были за произведенную в театре драчишку навсегда изгнаны из рая, уготованного избранным. Чтобы довершить эффект, Раиса Павловна послала доктору записку: "Яша, я должна была бы выцарапать тебе глаза за твое коварство, но я тебе прощаю... Приезжай сейчас же, если желаешь застать меня в живых... Горемыкина". Когда в гостиной появился доктор и с детским недоумением посмотрел на всех, как оглушенный теленок, все сдержанно замолчали и даже сделали вид, что не замечают его.

— Ага, вот и сам Мазепа явился! — заметил вполголоса Сарматов, глядя на доктора прищуренными глазами.— Ну, Яшенька, сознавайся: кто заварил кашу? — спросил он уже громко.— Раиса Павловна, рекомендую вашему вниманию этого молодого человека. Не правда ли, хорош?

Но Раиса Павловна встретила и Яшу Кормилицына с той же любезностью и даже поцеловала его в порыве чувства, проговорив вполголоса:

— Ну, Яшенька, как видишь, я совсем здорова: чем ушибся — тем и лечись... Чего тебе: чаю или кофе? Эй, Афанасья, кофе доктору, да покрепче, чтобы привести его в чувство... Ха-ха!..

Мы избавим читателя от описания того, как заблудшие, но возвращенные овцы ели, пили, льстили Раисе Павловне и наперебой рассказывали самые смешные анекдоты про набоба и генерала с его "болванкой" и про его свиту. Проделывалось то же самое, что проделывается всеми и, к сожалению, слишком часто.

— Я, Раиса Павловна, могу про себя сказать только одно,— откровенничал Сарматов, целуя руку у Раисы Павловны,— именно, что один раскаявшийся грешник приятнее десяти никогда не согрешивших праведников...

— Совершенно верно,— соглашалась Раиса Павловна.— А что ваш спектакль?..

— Гм!.. спектакль. А вы про который изволите спрашивать?..

— Конечно, про настоящий...

— Ну, я теперь сижу, как Сципион Африканский на развалинах Трои!..

— Да ведь Сципион Африканский никогда не сидел на развалинах Трои!

— Это все равно, Раиса Павловна.

В этом общем торжестве не принимал участия только один Платон Васильич, который еще не выходил из своего кабинета. Он лежал на широкой кушетке и бредил без конца новыми машинами, которые стучали и вертелись у пего в голове всеми своими колесами, валами и шестернями. Доктор часто навещал его, но до сих пор никак не мог определить болезни: и хворал Платон Васильич так же бесцветно и неколоритио, как жил. Вообще странный был человек, ставивший в тупик даже Яшу Кормилицына, который выбивался из сил, измеряя температуру, считая пульс и напрасно перебирая в уме все болезни, какие знал, и все системы лечения, какие известны в науке. Платон Васильич оставался какой-то патологической загадкой, которая неожиданно разрешилась сама собой, то есть Платон Васильич открыл глаза и почувствовал себя на положении выздоравливающего человека.

Генерал, покончив все дела в Кукарском заводе, давал прощальный обед, на котором, по плану Прейна, должно было состояться примирение враждовавших сторон в окончательной форме. Но как заманить на этот обед и Нину Леонтьевну и Раису Павловну, притом заманить так, чтобы это было незаметно обеим и чтобы они встретились поневоле? Выполнением этого плана занялись все. Прейн с своей стороны обещал за Раису Павловну, но никто не брал на себя ответственности за Нину Леонтьевну, которая теперь в качестве потерпевшей могла наделать неприятностей всем. О визите Тетюева и других единомышленников она, конечно, знала и пылала справедливым негодованием к этой общей измене. В самом деле, сколько она хлопотала, старалась, интриговала — и вот награда! Бедный генерал переживал самую критическую минуту.

— Благодаря вашему ротозейству вы и Евгения Константиныча прозевали,— корила его Нина Леонтьевна.— Я уж не говорю о себе... А теперь вы затеваете парадный обед, чтобы устроить мне публичный скандал.

— Нина, пойми же, ради бога, что я делаю обед не для собственного удовольствия,— пробовал уговаривать генерал.— Ведь это официальный прощальный обед, который я обязан дать заводскому обществу...

— Ну, и прекрасно: давайте ваш обед, а я уеду одна.

После долгих и напрасных просьб и увещаний Нина Леонтьевна предложила генералу компромисс: она будет на

271

обеде, но за это генерал должен так замарать формулярный список Прозорова, чтобы ему никуда носу нельзя было показать. Условие было слишком жестокое, но Нина Леонтьевна была неумолима, как судьба, и обещала совсем бросить генерала, если он по исполнит ее требования. Все это было высказано настолько категорически, что добрый генерал в конце концов не устоял и, желая спасти самого себя, погубил своего университетского товарища... В формулярном списке Прозорова собственной рукой генерала было прописано несколько таких замечаний, которыми дальнейшая карьера Виталия Кузьмича в каком бы то ни было ведомстве сделалась невозможной.

— Это будет всегда на моей совести...— проговорил генерал, бросая перо.— Нина, что ты наделала?

— Ничего, самая простая вещь: око за око — не больше того. А что касается твоей совести, так можешь быть совершенно спокоен: на твоем месте всякий порядочный человек поступил бы точно так же...

Все это было устроено совершенно келейно, так что на этот раз Нина Леонтьевна перехитрила решительно всех.

Обед имел быть устроен в парадной половине господского дома, в которой останавливался Евгений Константиныч. Кухня набоба оставалась еще в Кукарском заводе, и поэтому обед предполагался на славу. Тетюев несколько раз съездил к Нине Леонтьевне с повинной, но она сделала вид, что не только не огорчена его поведением, но вполне его одобряет, потому что интересы русской горной промышленности должны стоять выше всяких личных счетов.

Идея примирения двух враждовавших женщин сделалась настоящей злобой кукарского дня, причем предположениям, надеждам и сомнениям не было конца. Женщины, кровно заинтересованные в этом чисто женском деле, ходили как в тумане, внося в общую сумятицу новые усложняющие соображения. Когда все собрались в обеденную залу, в которой принимал гостей генерал, общее напряжение достигло последних границ. В числе гостей были приглашены и дамы. В комнатах господского дома гудела и переливалась пестрая и говорливая волна кружев, улыбок, цветов, восторженных взглядов, блонд и самых бессодержательных фраз; более положительная и тяжеловесная половина человеческого рода глупо хлопала глазами и напрасно старалась попасть в тон салонного женского разговора. Да мужчинам было, собственно говоря, и не до дам, потому что все ожидали с нетерпением близившейся развязки. Ведь этот последний обед, на котором собрался весь "малый двор" и обломки большого, имел решающее значение, потому что им должно было увенчаться все здание. Все недоразумения, пререкания, сомнения — все должно было исчезнуть, и даже навсегда готовилась быть засыпанной та пропасть, которая до сих пор разделяла "малый" и "большой" дворы.

Публике было известно, что Нина Леонтьевна явится в сопровождении Тетюева и Братковского, а Раиса Павловна в сопровождении Прейна и Родиона Антоныча. Две женщины превращались в миртовые ветки, делаясь символом общего мира. Прошло полчаса общего томительного ожидания, а главные действующие лица все не появлялись на горизонте. Генерал несколько раз тревожно посмотрел на часы и поморщил лоб. Но вот растворились двери, и в них вошли Прейн и Тетюев одни, а за ними плелись Братковский с Родионом Антонычем. По толпе гостей пробежал трепет, как порыв ветра, который перед грозой шелестит в траве.

— Нина Леонтьевна больна...— объявил Тетюев, принимая министерскую позу.

— Раиса Павловна тоже больна...— отозвался Прейн.

Наступило гробовое молчание, точно в ожидании вердикта присяжных. Приходилось садиться обедать одним, причем генерал испытывал крайне угнетенное состояние духа. Прейн тоже ругался на пяти языках, хотя по его беззаботному виду и невозможно было разгадать эту лингвистическую внутреннюю бурю.

Таким образом, торжественный обед начался при самых неблагоприятных предзнаменованиях, хотя все записные специалисты по части официальных обедов лезли из кожи, чтобы оживить это мертворожденное дитя. В надлежащем месте обеда сказано было несколько спичей, сначала Вершининым и Тетюевым, причем они, подогретые невольным соперничеством, превзошли самих себя. Когда было подано шампанское, генерал поднял бокал и заговорил:

— Милостивые государыни и милостивые государи! Мне приходится начать свое дело с одной старой басни, которую две тысячи лет тому назад рассказывал своим согражданам старик Менений Агриппа. Всякий из нас еще в детстве, конечно, слыхал эту басню, но есть много таких старых истин, которые вечно останутся новыми. Итак, Менений Агриппа рассказывал, что однажды все члены человеческого тела восстали против желудка...

— Отлично, генерал!..— раздалось среди общей тишины.

273

В дверях стоял пьяный Прозоров и, пошатываясь, слезившимися глазами нахально смотрел на обедавших...

— Отлично... ха-ха!.. Мений Агриппа... прекрррасно!..— продолжал он, поправляя волосы неверным жестом.— А Мений Агриппа не рассказал вам, Мирон Геннадьич, о будущей Ирландии, которую вы насаждаете на Урале с самым похвальным усердием? Мений Агриппа!.. О великие ловцы пред господом, вы действительно являетесь великим российским желудком... Ха-ха!.. А я вам прочитаю лучше вот что, господа:

> Умерла Ненила; на чужой землице
> У соседа-плута — урожай сторицей;
> Прежние парнишки ходят бородаты,
> Хлебопашец вольный угодил в солдаты,
> И сама Наташа свадьбой уж не бредит...
> Барина все нету... барин все не едет!

— Ради бога, уведите его! — шептал генерал, причем нижняя губа тряслась у него от бешенства.

— Мений Агриппа и Тетюев... ха-ха! — хохотал Прозоров, когда его выводили в переднюю два лакея, а Родион Антоныч осторожно подталкивал сзади.— Иуда, и ты здесь? Ну, нам с тобой и бог велел быть подлецами! Видел Тетюева, будущего юрисконсульта? Ха-ха! Продал Тетюев за чечевичную похлебку свое земское первородство и посему далеко пойдет: нынче крупным подлецам везде скатертью дорога... Родька! наплюй за меня в рожу Тетюеву, он сам меня просил об этом! Мений Агриппа — и Мирон Геннадьич Блинов! поистине, от великого до смешного один шаг. Насаждаем российский капитализм и вступаем в конкуренцию с Западными Европами чисто желудочными средствами... Ха-ха! Тетюев и генерал, генерал и Тетюев! — черт с младенцем и дважды два стеариновая свечка!

— Виталий Кузьмич, ради истинного Христа, удержите вы свой язык! — умолял Родион Антоныч, помогая Прозорову найти дверь в передней.

— А... это ты, Иуда! — бормотал Прозоров, выделывая вензеля ногами.— Знаешь, что я тебе скажу: я тебя люблю... да, люблю за чистоту типа, как самородок подлости. Ха-ха!

Парадный обед, задуманный на таких широких основаниях, закончился благодаря Прозорову полнейшим фиаско.

Вечером этого многознаменательного дня Прозоров сидел в будуаре Раисы Павловны, которая сама пригласила его к себе.

Дело шло о погибшем формуляре, о чем Раиса Павловна только что успела узнать от своего Ришелье.

— Куда вы теперь, Виталий Кузьмич? — спрашивала Раиса Павловна своего друга.

— А сам не знаю, царица Раиса... Нужно будет приискивать род занятий; может, волостным писарем пристроюсь где-нибудь.

Подумав немного, Прозоров улыбнулся пьяной улыбкой и прибавил:

— Давеча, царица Раиса, генерал Мирон рассказывал басню Менения Агриппы... Я часто думаю о ней и все не нахожу себе места в числе членов человеческого тела, а теперь нашел... Ха-ха!..

— Именно?

— То есть, собственно, это не часть тела, а только одна из его необходимых принадлежностей: я — больной зуб, царица Раиса! Собственно, и не зуб, а гнилой корень, который ноет, а вытащить нечего.

— Если дело пошло на сравнения, так вы можете сравнить себя вернее с чирьем... Ну, да дело не в сравнениях, а я пригласила вас по серьезному делу. Именно: поговорить о судьбе Луши, которая дальше не может оставаться при вас, как это, вероятно, вы и сами понимаете...

— О, понимаю, царица Раиса, слишком хорошо понимаю!.. Только позвольте мне еще одно сказать: на генерала Мирона я не сержусь, видит бог — не сержусь!

— И прекрасно... Ваше положение теперь совсем неопределенное, и необходимо серьезно подумать о Луше... Если вы не будете ничего иметь против, я возьму Лушу на свое попечение, то есть помогу ей уехать в Петербург, где она, надеюсь, скорее устроится, чем здесь. Не пропадать же ей за каким-нибудь Яшкой Кормилицыиым...

— Да, да... Лукреция уже, кажется, и без того на хорошей дороге! Впрочем, я это говорю так... Нынче выгоднее жить ногами, чем головой, Раиса Павловна.

Раису Павловну удивило безучастное отношение Прозорова к дочери, хотя он, по-видимому, и подозревал печальную истину.

— Послушайте, царица Раиса, я пьяница, а кое-что еще в состоянии понимать,— бормотал Прозоров, моргая глазами.— Везде жертвы... да! Это то же самое, что побочные продукты в промышленности. Лукреция совершеннолетняя, и сама понимает, что делает, а я молчу... Не мне и не вам ее учить... Оставимте ее в покое!.. Боже, боже мой!

Прозоров вдруг заплакал, закрыв лицо руками.

— Перестаньте, что вы, Виталий Кузьмич! — проговорила Раиса Павловна, трогая своего друга за плечи.

— Вы думаете, царица Раиса, я плачу о том, что Лукреция будет фигурировать в роли еще одной жертвы русского горного дела — о нет! Это в воздухе; понимаете, мы дышим этим... Проституцией заражена наука, проституция — в искусстве, в нарядах, в мысли, а что же можно сказать против одного факта, который является ничтожной составной частью общего "прогресса". Не об этом плачу, царица Раиса, а о том, что Виталий Прозоров, пьяница и потерянный человек во всех отношениях, является единственным честным человеком, последним римлянином... ха-ха!.. Вот она где настоящая-то античная трагедия, царица Раиса! Господи, какое время, какие люди, какая глупость и какая безграничная подлость! Тетюев с Родькой теперь совсем подтянут мужиков, а генерал будет конопатить их подлости своей проституированной ученостью... Я вчера шел по мосту: там сидит здоровенный мужик с выжженными глазами... Ему на заводской работе в горе порохом выжгло глаза, и он сидит пятнадцатый год нищим на глазах у всех, и кукарское заводоуправление пальца не разогнет для него. Да это что! ничтожная пылинка, одиа капля в море... Это только иллюстрация тому, что мы должны были сделать и не сделали. В Кукарских заводах нет даже богадельни для престарелых, нет пенсии изработавшимся и увечным, нет приюта для сирот... Конечно, все это филантропия, но и филантропия лучше той мутной воды, какую разводит генерал Мирон! Посмотрите, какой разврат царит на заводах, какая масса совершенно специфических преступлений, созданных специально заводской жизнью, а мы... Наука, святая наука, и та пошла в кабалу к золотому тельцу! И вашему царству, царица Раиса, не будет конца... Будьте спокойны за свое будущее — оно ваше. Ваш день и ваша песня...

> Подождите! Прогресс подвигается,
> И движенью не видно конца:
> Что постыдным сегодня считается,
> Удостоится завтра венца...

— Царица Раиса, дайте вашу ручку! — лепетал Прозоров, падая на колени.— И слабая женщина нашла наконец свое место на пиру жизни... Да. Теперь честной женщине нечего делать. Я понимаю вас! А вот мы, пьяненькие да несчастненькие, будем стоять у кабацкой стоечки и любоваться вами... ха-ха!..

На другой день после парадного обеда генерал Блинов уехал из Кукарского завода, а за ним потянулась длинным хвостом нахлынувшая с Лаптевым на Урал челядь. Так после веселого ужина или бала прислуга выметает разный сор из комнаты! Этот человеческий хлам выметал сам себя из зала недавнего пиршества.

Прейн уехал последним. Луша отправилась в Петербург вместе с Раисой Павловной, которая чувствовала потребность немного освежиться.

Результаты приезда барина на заводы обнаружились скоро: вопрос об уставной грамоте решен в том смысле, что заводским мастеровым земельный надел совсем не нужен, даже вреден; благодаря трудам генерала Блинова была воссоздана целая система сокращений и сбережений на урезках заработной рабочей платы, на жалованье мелким служащим и на тех крохах благотворительности, которые признаны наукой вредными паллиативами; управители, поверенные и доверенные получили соответствующие увеличения своих окладов.

Тетюев занял свой новый пост юрисконсульта, а Родион Антоныч единогласно был избран председателем Ельниковской земской управы, причем в первый же год своей земской деятельности поставил дело так, что знаменитая гора Куржак, обложенная двумя рублями семнадцатью копейками земских налогов, была освобождена от этой непосильной тяготы, как освобождены на Урале от земского обложения все золотые прииски.

www.ingramcontent.com/pod-product-compliance
Lightning Source LLC
Chambersburg PA
CBHW011352010726
47494CB00008B/2272

* 9 7 8 1 6 4 4 3 9 7 6 7 1 *